AF356954

LES ABORDS

DE LA

RÉGION INCONNUE

LES ABORDS

DE LA

RÉGION INCONNUE

HISTOIRE DES VOYAGES D'EXPLORATION
AU POLE NORD

PAR

CLEMENTS R. MARKHAM

COMPAGNON DE L'ORDRE DU BAIN, MEMBRE DE LA SOCIÉTÉ ROYALE,
SECRÉTAIRE DE LA SOCIÉTÉ GÉOGRAPHIQUE DE LONDRES

TRADUIT DE L'ANGLAIS

PAR

Henri GAIDOZ

Professeur de Géographie et d'Ethnographie à l'École des Sciences Politiques,
Membre de la Société de Géographie de Paris

PARIS

A LA LIBRAIRIE GÉOGRAPHIQUE

16, RUE DU CROISSANT, 16

1876

PRÉFACE DU TRADUCTEUR

—

« Le goût des grandes entreprises scientifiques tend à se perdre en France. Un regret pénible se dégage pour nous de cette abstention dans les explorations, auxquelles la France a pris autrefois une part plus active. En ce moment même (1873), trois expéditions considérables, équipées par les États-Unis, par l'Autriche, par la Suède, fixent l'attention du monde savant, et passent l'hiver au sein de la zone glaciale, pour marcher à la découverte du Pôle Nord. Toute la presse étrangère nous montre ces œuvres viriles suscitées et soutenues à la fois par les encouragements des gouvernements, et par des souscriptions publiques, et elle appelle l'attention générale sur leurs progrès. L'attention, à Paris, est fixée par les journaux sur les scandales de Cora Pearl, tandis que la société polie charme ses loisirs en escomptant les ruines de ses petits crevés. Dans notre pays, après des désastres inouïs que d'autres mœurs et une intelligence plus élevée auraient conjurés certainement, on continue à se soucier peu des intérêts de la science, on redoute encore bien plus de lui faire des sacrifices. Au lieu de relever la marche de la science par son concours, l'État, chez nous, persiste à exploiter les établissements d'instruction supérieure, comme une source de revenus directs, mais il continue ses subventions aux théâtres. L'achèvement du nouvel Opéra engloutit encore des millions, pendant que les délégués des sociétés savantes du pays sont convoqués dans les salles branlantes de la vieille Sorbonne !.... A défaut d'une exploration française des contrées polaires, souvent projetée, mais dont rien ne fait maintenant espérer la réalisation, nous devons nous borner à enregistrer les résultats acquis par les expéditions des pays étrangers (1). »

Ainsi s'exprimait, il y a deux ans, un écrivain français qui s'est tout particulièrement occupé de la géographie des régions arctiques. Ses paroles sont encore de circonstance. Ce n'est pas que nous n'assistions à un véritable réveil des études géographiques, et que notre public ne sorte d'une trop longue torpeur. La Société Géographique de Paris, qui garde l'honneur d'être l'aînée de toutes les sociétés qui se proposent la géographie pour but de leurs recherches, a vu naître deux jeunes sœurs dans notre propre pays, la Société de Géographie de Lyon et la Société de Géographie commerciale de Bordeaux. On sait que, récemment, elle avait organisé à Paris un congrès et une exposition des sciences géographiques, qui ont certainement produit une impression féconde. Le public commence à s'intéresser aux grandes entreprises scientifiques, mais, comme il est bien naturel et nous nous en félicitons plutôt, son attention va d'abord aux questions que revendiquent également le patriotisme et la science. Ces entreprises ce sont, par exemple, le projet de mer

____

(1) Charles Grad, dans le *Bulletin de la Société de Géographie*. Octobre 1873, p. 337.

intérieure à créer au sud de l'Algérie, ce sont de hardies tentatives pour relier l'Afrique centrale à notre France africaine, c'était hier encore Francis Garnier renouvelant au Tonquin les exploits presque fabuleux de Cortez et de Pizarre !

Mais en dehors des régions où s'étend le nom et l'influence de la France, que de découvertes, que de questions du plus haut intérêt scientifique mériteraient un peu de notre curiosité dépensée au hasard! Les entreprises maritimes sont à cet égard au premier rang. La France a cessé d'y prendre grand intérêt, quoique des expéditions comme celles de Bougainville et de Lapérouse, et, dans notre siècle, de Dumont d'Urville, tiennent une belle place dans l'histoire de notre marine (1). La gloire militaire suffisait à la France, et, absorbait les rêves de sa vanité. On pourrait dire qu'elle s'intéresse moins que jamais à sa marine et aux entreprises maritimes, et l'aisance avec laquelle gouvernement et parlement, exagérant l'économie jusqu'à la parcimonie, ralentissent les constructions navales, et ce qui est plus grave, réduisent dans une proportion considérable le cadre des officiers de marine, cette aisance n'a d'égale que l'indifférence du public en une aussi grave circonstance. Notre marine n'est pourtant pas seulement une des forces défensives du pays, elle est aussi une pépinière de savants, quand la science

(1) « Pendant près d'un siècle, c'est-à-dire de 1766 à 1810, la France surpassa toutes les autres nations par une longue suite d'importants voyages maritimes entrepris à la recherche des pays inconnus, sous la conduite de Bougainville, Kerguélen de Trémarec, Lapérouse, l'agès, Marchand, Labillardière, D'Entrecasteaux, Freycinet, Duperré, Vaillant, Dupetit-Thouars, Laplace, Tréhouart, Dumont d'Urville, tous noms qui occupent la première place dans l'histoire de la géographie ; mais depuis 1810, c'est-à-dire depuis un quart de siècle, la France a renoncé à ces glorieuses expéditions. »   PETERMANN.

lui demande des volontaires. Ils en sont témoins, ces marins, improvisés astronomes et physiciens, qui viennent de représenter si brillamment la science française dans l'observation du passage de Vénus.

La faute n'est certes pas à nos marins, si la page de la France est blanche ou peu s'en faut dans l'histoire des explorations arctiques. La découverte du Pôle Nord, derrière sa ceinture encore impénétrée de glaces et de ténèbres, est une entreprise ardue, mais pleine de fascination, où se sont essayées les marines des principales nations. Anglais, Hollandais, Russes, Suédois, Norvégiens, Américains, Allemands, Autrichiens, ont de divers côtés donné l'assaut à ce grand inconnu. On trouvera dans ce volume le récit de leurs tentatives, l'inventaire de leurs conquêtes, les résultats que la science peut attendre de la fin de cette lutte avec la nature. Les obstacles, en effet, ne font que piquer davantage la curiosité humaine, et redoubler le courage des hommes d'élite qui se dévouent à cette grande œuvre. Cette année même, une expédition anglaise a quitté l'Europe dans ce but, et si jamais expédition a eu des chances de succès, par la construction spéciale de ses navires, par la nature de son approvisionnement, par la perfection de ses instruments et de ses armes, par la science de ses officiers, par la discipline de son équipage (pris entièrement dans la marine de l'État) et enfin par l'expérience des tentatives antérieures, c'est bien celle qui a été confiée à *l'Alerte* et à *la Découverte*. Ces deux navires ont quitté Portsmouth en mai 1875, et après avoir complété leur approvisionnement à Godhavn, dans l'île de Disco (Groënland occidental), ils ont résolument pénétré dans la mer chargée de glaces, qui mène à la région inconnue. On trouvera dans le post-scriptum de ce livre, les dernières nouvelles qui nous soient parvenues de ces courageux explorateurs. Ils hivernent en ce moment dans la glace par une haute latitude, maintenant que, pour reprendre les paroles d'un de nos poëtes, ils sont entrés

> Par delà la Norvége et l'Islande,
> Seuls dans le grand silence et dans la grande nuit !

On a pu croire un instant que, jalouse de l'amirauté anglaise, l'amirauté allemande allait faire flotter le drapeau allemand dans les mers arctiques. Les journaux annonçaient récemment qu'une commission avait été nommée à Berlin, pour étudier la question de savoir s'il ne serait pas utile pour l'empire de faire entreprendre à ses frais un voyage d'exploration au Pôle Nord. Cette commission s'est prononcée pour la négative. Une semblable décision étonne chez le gouverment d'un pays célèbre par sa science géographique, d'autant plus que la jeune marine de l'empire d'Allemagne avait là l'occasion de se faire connaître au monde par de pacifiques exploits. En regard de cette décision, il n'est pas inopportun de mettre quelques lignes écrites en 1867 par le célèbre géographe allemand M. Petermann, qui devait, en 1868, organiser à ses propres risques une expédition arctique, celle de *la Germania*. M. Petermann écrivait au président de la Société Géographique de Paris, à l'occasion du projet d'expédition polaire de Gustave Lambert : « En ma qualité d'Allemand, j'aurais été heureux que l'Allemagne, qui s'est vouée à l'étude des sciences géographiques avec une prédilection toute particulière, et qui prend aussi à cette entreprise (celle de Gustave Lambert) un intérêt des plus vifs, eût contribué pour quelque chose à solution de ce grand problème..... Il est triste que, de nos jours, les gouvernements des nations les plus civilisées, qui possèdent en grande quantité les vaisseaux, les hommes et l'argent nécessaires pour les expéditions maritimes de ce genre, n'emploient toutes ces richesses que comme machines de guerre et moyens de destruction, et refusent leur participation à ces grandes œuvres de paix et de civilisation. » Nous ne saurions mieux juger la décision de l'amirauté allemande qu'avec ces paroles de la première autorité géographique de l'Allemagne.

Il y a deux noms que le lecteur français sera étonné de ne pas rencontrer dans ce livre, et à cet égard il nous faut compléter par quelques lignes l'œuvre de M. Markham. Ce sont les noms de Bellot et de Gustave Lambert.

Bellot, un des plus distingués parmi les jeunes officiers de notre marine, esprit ardent d'activité, subissait comme la fascination des explorations arctiques. C'était à l'époque où les infructueuses recherches de l'expédition de Franklin donnaient un doulourenx attrait de plus au mystère de la nuit polaire. Bellot, alors enseigne, obtint du ministre de la marine la permission de servir comme volontaire sur *le Prince-Albert*, que l'infatigable et courageuse Lady Franklin envoyait de nouveau, en 1851, à la recherche de son mari. Le capitaine Kennedy, qui commandait *le Prince-Albert* et tous les marins de ce navire, ne parlèrent qu'avec admiration des services rendus par le jeune volontaire français, et, revenu en 1852 en Angleterre, avec *le Prince-Albert*, Bellot ne trouva que témoignages d'estime dans l'Amirauté anglaise et dans la Société Géographique de Londres. Le gouvernement français récompensa ces services en le nommant lieutenant de vaisseau.

Ce premier hiver dans les glaces n'avait fait qu'augmenter son enthousiasme pour les explorations arctiques, et comme il n'avait aucun espoir que la France envoyât à son tour une expédition dans les mers du Nord, il repartait, en 1853, avec le navire anglais *le Phénix*, commandé par le capitaine Inglefield. La place nous manque pour raconter ici les détails de sa mort; il était parti avec un quartier-maître et trois matelots, pour porter à travers la glace d'importantes dépêches à Sir Édouard Belcher. Une crevasse s'ouvrit sous ses pieds et la mer l'engloutit (18 juin 1853). Bellot n'avait pas vingt-sept ans (1).

Il y a quelques mois, un frère cadet de Bellot comme lui officier de marine, demandait à l'amirauté britannique la faveur de prendre part comme volonlontaire à l'expédition anglaise qui vient de partir pour le Pôle. C'est ainsi qu'en 1872, un lieutenant de la marine italienne avait obtenu de prendre part à une expédition suédoise (voir p. 96). M. Bellot pouvait espérer que son nom, celui d'un marin français *mort au service de l'Angleterre*, vaudrait un accueil favorable à sa demande. Il n'en a rien été, et malgré toute notre estime et toute notre sympathie pour la nation anglaise, nous sommes forcés de dire, en face de ce refus, que l'amirauté anglaise a perdu là une belle occasion de payer la dette de reconnaissance que l'Angleterre a contractée envers la France, par la mort du lieutenant Bellot !

La propagande et la mort du capitaine Gustave Lambert, sont chose trop récente pour que son nom soit encore oublié. Ancien élève de l'école polytech-

---

(1) Le journal que Bellot tenait dans son premier voyage a été publié après sa mort sous ce titre ; *Journal d'un voyage aux mers polaires*; Paris, 1854, 2ᵉ édition, 1866.

nique, devenu marin, ayant pratiqué les mers sibérien-
nes et la région du détroit de Behring, Gustave Lambert se proposait de pousser au Pôle par le détroit de
Behring (1). Son projet reçut la cordiale adhésion de
M. Petermann, directeur de la célèbre Revue géographique de Gotha, et nous venons de donner quelques
extraits de cette lettre. La Société de Géographie de
Paris couvrit de son autorité la propagande de Gustave
Lambert, et ouvrit une souscription.

Malheureusement, la souscription fut loin de produire la somme estimée nécessaire (600,000 fr.) et dans
ces circonstances un désaccord s'éleva entre Gustave
Lambert et la Société de Géographie. Le comité de surveillance que la Société avait constitué, engageait
Lambert à réduire les frais de son expédition en se
contentant d'un navire d'un moindre tonnage. Lambert
ne voulut pas se résoudre à cette mesure, et la Société
de Géographie lui laissa désormais porter seul la responsabilité de la propagande et de l'entreprise. La
souscription publique avait donné tout ce qu'on pouvait attendre d'elle, et l'entreprise semblait ajournée.
Mais l'opinion publique s'était émue de cet ajourne-
ment et au mois d'août 1870, le Corps législatif était
saisi d'une proposition de subside qui aurait permis
au *Boréal* de Lambert de voguer vers le Pôle ; nous
croyons même qu'un subside était voté... Il n'est pas
besoin de dire quelles circonstances rendirent ce vote
illusoire. Vint le siége de Paris. Lambert s'engagea
comme volontaire dans sa défense, et fut tué, à la fin
du siége, dans la malheureuse affaire de Buzenval. Il
semble un instant que son projet ne devait pas mourir

(1) Gustave Lambert a exposé son projet dans une brochure : *L'expédition au Pôle Nord ;* Paris, 1868, extrait du *Bulletin de la Société de
Géographie.*

avec lui, mais les prétendus continuateurs de Lambert, qu'il est inutile de nommer ici, n'avaient ni son talent ni sa persévérance, et l'on a bientôt cessé d'entendre parler d'eux. Par la mort malheureuse de l'énergique Lambert, la France est personnellement désintéressée des entreprises arctiques (1); elle ne peut que suivre avec curiosité et intérêt les entreprises des autres nations.

L'auteur du livre que nous avons traduit est un des géographes les plus distingués de l'Angleterre. M. Clements R. Markham est d'origine française par sa mère qui descend des comtes de Ligondes, famille d'Auvergne (2). Né en 1830, il entra dans la marine en 1844, et prit part, entre autres campagnes, à une expédition arctique, celle de l'*Assistance*, en 1850-51, à la recherche de Sir Jean Franklin. Ayant quitté la marine, il passa les années 1853 et 1854 au Pérou, explorant ce pays, étudiant ses anciens monuments ainsi que la langue et la littérature quichua. En 1855, il entra dans l'administration de l'*India Office*. En 1860 et 1861, il fut employé au Pérou et dans l'Inde, pour introduire dans ce dernier pays, la culture et l'exploitation du *chinchona*, ou arbre à quinquina. En récompense des services

(1) Nous ne mentionnons que pour mémoire le projet français de traverser le Pôle Nord en ballon. Le projet n'est pas à dédaigner, car il émane de Sivel, qui avait présenté un mémoire sur cette question à la Société de Navigation Aérienne. Sivel, mort comme on sait dans l'ascension tristement célébre du *Zénith*, n'était pas seulement un aéronaute consommé; il avait en ces matières une autorité particulière que lui donnait son ancienne profession de marin. C'est ainsi qu'il avait inventé un *cône-ancre*, qui donnait une certaine sécurité aux voyages aéronautiques au-dessus de la mer. Au récent congrès tenu à Nantes (août 1875) par l'Association française pour l'avancement des sciences, cette question a encore été soulevée.

(2) Il est cousin germain du capitaine Albert H. Markham, plusieurs fois nommé dans ce volume.

qu'il rendit en cette occasion, il fut nommé par son gouvernement, « compagnon de l'*Ordre du Bain*, » et il obtint un grand prix à l'exposition universelle de Paris en 1867. En 1867 et 1868, il accompagna comme géographe l'expédition anglaise en Abyssinie. M. Clements H. Markham est maintenant secrétaire du département géographique et forestier de l'*India Office*. Les deux sociétés géographiques d'Angleterre l'ont pour secrétaire : la Société Hakluyt depuis 1858, la Société Géographique depuis 1864. Il vient d'accompagner jusqu'à Disco *l'Alerte*, l'un des navires de l'expédition arctique de 1875.

M. Clements R. Markham est un écrivain des plus féconds, aussi ne pouvons-nous ici indiquer que ses principaux ouvrages : un récit de l'expédition arctique à laquelle il a pris part; plusieurs volumes sur ses voyages en Pérou; une histoire de l'expédition en Abyssinie; une grammaire et un dictionnaire de la langue quichua, une traduction d'*Ollanta*, drame quichua, etc. Il est l'auteur de ce volumineux et intéressant ouvrage : *Rapport sur le progrès moral et matériel de l'Inde en* 1873 *et* 1874, dont nos principales revues ont parlé. Il a publié de nombreuses traductions (principalement d'ouvrages espagnols relatifs au Pérou) et de nombreuses brochures. En 1871, il a doté son pays d'un recueil géographique, appelé d'abord *Ocean Highways* (grands chemins de l'Océan), et plus tard, en 1874, *Geographical Magazine* (revue géographique), qui a du premier coup pris place parmi les premiers recueils consacrés à la géographie.

Si longue que soit déjà cette préface, le traducteur ne peut pas la terminer sans remercier d'obligeants amis qui l'ont aidé à rendre son œuvre moins impar-

faite : M. Charles Baudry, ingénieur de la marine, et
M. Alexandre Beljame, professeur au lycée Louis-le-
Grand, dont les conseils lui ont été précieux pour la
traduction de termes techniques; et M. Louis Leger,
chargé du cours de langues slaves à l'École des langues orientales, qui a bien voulu revoir l'orthographe
des noms russes cités dans ce volume et dans la carte
qui l'accompagne.

HENRI GAIDOZ.

DÉDICACE DE L'AUTEUR

A l'amiral Sir GEORGES BACK

Président du Comité arctique
de la Société Géographique de Londres

Mon cher Sir Georges,

Je suis heureux de pouvoir vous dédier ce livre, car vous êtes le dernier chaînon survivant qui réunisse la génération actuelle des explorateurs arctiques à celle qui l'a précédée. Vous avez pris part au premier voyage d'exploration arctique de ce siècle, et votre nom se rattache à plus d'un des généreux efforts qui furent tentés plus tard. Vous avez aussi appartenu au Comité Arctique qui fut formé lorsqu'on organisa les expéditions à la recherche de Sir Jean Franklin, et vous avez été depuis l'avocat dévoué du renouvellement des expéditions arctiques.

Votre autorité repose sur une expérience de cinquante-sept ans et, pendant ce temps, vous avez été au premier rang des explorateurs, ou vous avez aidé et encouragé une génération plus jeune de vos avis et de vos paroles cordiales. Vous êtes le seul survivant de cette troupe courageuse, qui, sous la conduite de Buchan, fit d'énergiques efforts pour traverser la masse des glaces du Pôle, et aussi de cette troupe plus glorieuse encore qui, sous Franklin, traversa les terres glacées de l'Amérique arctique. Vous fûtes au premier rang quand une expédition difficile devint nécessaire pour secourir les Ross (1), et aucune aventure d'aujourd'hui ne peut se comparer à **votre** hivernage dans la masse glacée et à votre traversée de l'Atlantique dans la *Terror* qui menaçait de sombrer.

Quand vous déclarez qu'avec l'expérience et les inventions de notre temps, les dangers d'une exploration arctique ne sont pas tels qu'il soit insensé de les affronter, il n'y a homme vivant qui puisse **vous** démentir, car il n'y en a aucun qui ait votre science et votre expérience. Nous savons tous que vous avez la connaissance la plus intime de la nature et du caractère de ces dangers, et que vous seriez le dernier officier de notre marine à donner un imprudent avis. Aussi nous vous regardons comme le cham-

(1) Deux célèbres navigateurs arctiques, l'oncle et le neveu, dont le nom se retrouvera dans le courant de ce volume (TRAD.)

pion d'une bonne cause qui est unanimement soutenue par les autres explorateurs arctiques, aussi bien que par les hommes de science les plus éminents.

Le but du présent volume est de donner au public une idée exacte de toute la frontière qui sépare les régions connues de la région inconnue autour du Pôle Nord, de rappeler l'histoire des premiers voyages, de raconter les récents efforts des braves aventuriers de diverses nations pour traverser cette frontière, d'exposer les arguments en faveur du renouvellement des explorations arctiques de l'Angleterre et d'énumérer par le détail les précieux et importants résultats qu'on peut tirer des découvertes polaires. Mon espoir est que ce livre ne sera pas inutile, maintenant que dans la nation anglaise renaît l'intérêt pour les entreprises maritimes ; j'espère aussi qu'il sera utile comme ouvrage de référence. Je suis sûr que l'intention de ce livre recevra l'approbation cordiale du Comité Arctique et du vétéran qui le préside, et que vous accueillerez avec faveur la publication de ce petit volume, pour le bien qu'il peut faire, bien que l'exécution puisse avoir moins de valeur que l'intention.

Veuillez agréer, mon cher Sir Georges, les sentiments de respectueuse considération de votre dévoué,

Clements R. Markham.

LES ABORDS

DE LA

RÉGION INCONNUE

CHAPITRE PREMIER

LES PIONNIERS DES DÉCOUVERTES POLAIRES

La région inconnue. — Les accès à l'aire inexplorée. — Les premiers voyages arctiques. — Voyage d'Étienne Burrough. — Pett et Jackman. — Milton sur les découvertes arctiques.

La région du Pôle Nord, cette immense étendue de terre et de mer, où l'on n'a pas encore pénétré, et qui entoure une des extrémités de l'axe de notre globe, est le champ le plus vaste, comme aussi le plus important, qui reste ouvert aux découvertes de notre génération. Nos compatriotes devraient y trouver un charme tout particulier, car les entreprises maritimes, et plus spécialement les expéditions arctiques, se déroulent comme un brillant fil d'argent à travers l'histoire de la nation anglaise, brillant sur ses périodes les plus obscures et les moins honorables ; et même elles peuvent inspirer un juste orgueil à des moments où tous les autres événements contemporains ne peuvent causer que de la honte et du regret. Car elle est certainement glorieuse, l'histoire de ces voyages septentrionaux qui ont illustré les noms de tant d'héroïques marins des temps passés, et tout bon Anglais devrait ardemment désirer que ces longues annales ne soient pas définitivement closes, et que ce chemin de distinction et d'honneur soit de nouveau ouvert à notre marine.

La région inexplorée est bornée du côté de l'Europe par le 80ᵉ parallèle de latitude, excepté là où Scoresby, Parry et quelques autres ont légèrement forcé sa circonférence ; mais du côté de l'Asie, elle s'étend largement aux 75° et 74°, et, à l'ouest du détroit de Behring, nos connaissances s'arrêtent au 72ᵉ. Ainsi, cette région a, dans certains sens, plus de 1500 milles de largeur (1), et elle couvre une aire de plus de 1,500,000 milles carrés. La parallèle du 70ᵉ borde les rives septentrionales des continents d'Europe, d'Asie et d'Amérique, et entre les 70° et 80°, il y a comme l'intervalle d'une ceinture séparant le monde connu du monde inconnu. Cette ceinture

______

(1) Ici, comme dans tout le courant de son ouvrage, l'auteur emploie le mille géographique de 60 au degré ; cette mesure étant d'un usage général, nous ne la convertissons pas en une autre et nous nous bornons à rappeler qu'elle vaut 1855 mètres (Trad.).

a été, dans différentes directions, plus ou moins explorée par les intrépides marins et voyageurs de différentes nations. Leurs succès et leurs désastres, leurs audacieux exploits et leurs étonnantes aventures forment l'ensemble des récits d'où nous devons tirer tous nos renseignements sur le bord extérieur de la région inconnue du Pôle. Ces renseignements nous aideront dans les raisonnements théoriques que nous pouvons faire sur les avantages et les profits à tirer d'une expédition au Pôle Nord.

Tout au contraire de la région du Pôle Sud que l'Océan ceint de toute part, la région du Pôle Nord est environnée, à la distance d'environ 1200 milles de son centre, par les trois grands continents de notre planète, tandis que l'énorme masse du Groënland, couverte de glaciers, s'étend vers le Pôle pour une distance inconnue. Cette extrémité de notre globe, que la terre environne, a trois accès par la mer : à travers le vaste Océan, entre la Norvège et le Groënland, à travers le détroit de Davis et à travers le détroit de Behring. Un vaste portail et deux portes étroites.

C'est à travers le vaste portail de l'Océan que les hommes essayèrent d'abord d'atteindre la région mystérieuse du Pôle, et, pour cette raison, nous nous occuperons d'abord des découvertes faites dans cette direction. Ces découvertes forment, prises ensemble, un riche amas de renseignements précieux acquis au prix d'une habileté et d'une audace qui commandent l'admiration, et à travers des aventures et des dangers qui doivent bien exciter l'intérêt.

Le louable désir d'explorer des terres inconnues se montre de bonne heure dans les annales des nations européennes, et le roi Alfred d'Angleterre a raconté l'histoire de la première expédition arctique à la date déjà ancienne de 890 (1). Le roi Richard III, l'administrateur le plus actif et le plus habile de nos rois anglais, envoya et encouragea des expéditions en Islande, et, sous le règne d'Henri VIII, le Dr Robert Thorne déclara que « s'il en avait la faculté, la première chose dont il s'occuperait, et même jusqu'à la tenter, serait de voir si nos mers du nord sont navigables jusqu'au Pôle, ou non. » Ainsi fut soulevée cette grande question, et bientôt après la mort du roi Henri, l'esprit des entreprises maritimes se donna carrière avec une vigueur nouvelle. En peu d'années, les navires de l'Angleterre et de la Hollande avaient atteint le bord de la glace polaire.

Le commencement des recherches polaires peut être daté du jour où Sébastien Cabot expliqua pu-

(I) Le roi Alfred le Grand, né en 849, mort en 901, était un des hommes les plus savants de son époque. Il a écrit plusieurs ouvrages en anglo-saxon et traduit dans la même langue les ouvrages latins de Boëce, d'Orose et de Bède. Dans ces traductions il était souvent plus que traducteur. C'est ainsi qu'en traduisant l'*Histoire* d'Orose, il en développa la partie géographique, donnant sur l'Allemagne, sur la mer Baltique et sur les régions arctiques des détails qui ne manquent pas de mérite, si l'on considère la rareté et le manque de précision des renseignements géographiques à cette époque. (Trad.)

bliquement au jeune Édouard VI le phénomène de la déviation de l'aiguille aimantée. Le même jour le vieux marin reçut une pension, et aussitôt après trois navires de découverte furent, sous ses auspices, équipés par la Compagnie Moscovite. Mais ni Willoughby, dont la destinée fut si triste, ni le plus heureux Chancellor, ne purent atteindre la lisière des mers inconnues ; aussi passons-nous à leurs successeurs dans les recherches arctiques.

Le printemps de 1556 trouva Étienne Burrough, plus tard premier pilote d'Angleterre, équipant une petite pinasse appelée *le Search-Thrift* (le Cherche-Fortune), pour une nouvelle exploration au nord. Le vénérable Cabot paraît de nouveau, surveillant l'équipement du navire et souhaitant cordialement bonne chance aux explorateurs. « Le bon vieux gentleman, dit Burrough, vint à bord de notre pinasse à Gravesend, accompagné de divers gentlemen et de diverses dames, et il fit aux pauvres les aumônes les plus généreuses, leur demandant de prier pour la bonne fortune et l'heureux succès du *Search-Thrift*. » Et alors « à l'enseigne du *Christophe*, lui et ses amis banquetèrent et nous firent grande chère, à moi et à tous ceux qui étaient là ; et, pour la grande joie qu'il avait de voir les heureuses dispositions de notre découverte projetée, il prit part lui-même à la danse avec la jeune et joyeuse compagnie ; et la danse étant finie, lui et ses amis nous quittèrent de la façon la plus aimable, nous recommandant à la Providence de Dieu tout-puissant (1). »

(1) Hakluyt, I, p. 307.

Voilà, certes, un agréable tableau que celui du
grand explorateur, dont les travaux ont commencé
près de soixante ans auparavant, maintenant vert
encore dans son vieil âge, encourageant de ses paroles cordiales et de ses sages avis les jeunes gens
qui vont suivre ses traces. Quelques-uns d'entre
nous, qui ont pris part aux expéditions arctiques,
peuvent se rappeler une scène analogue, quand la
haute taille et la figure bienveillante d'un autre
grand explorateur, mort aujourd'hui, rendait plus
vivace la mémoire de ses paroles d'encouragement,
la veille de notre départ !

Burrough nous a laissé un journal très-complet
de son voyage. Au large de Kola, dans la Laponie
russe, il rencontra un grand nombre de *lodias* ou
barques indigènes à vingt rames qui dépassèrent le
Search-Thrift en courant devant le vent ; mais l'obli-
geant pilote de l'un d'eux tint compagnie à ce dernier en baissant ses voiles de temps à autre, et ainsi
il pilota Burrough dans la direction de l'est ; en
outre, il lui fit cadeau d'une barrique d'hydromel.
Burrough découvrit le détroit qui mène dans la mer
de Kara, entre Novaïa-Zemlia et l'île de Vaïgatch ;
mais il se décida à revenir pour trois raisons, à savoir les continuels vents du nord, la « grande et
terrible abondance de glace que nous vîmes de nos
yeux, » et en troisième lieu parce que les nuits devenaient obscures. Il arriva le 11 septembre à Arkhangel, où il passa l'hiver.

La Compagnie Moscovite regarda ce voyage
comme un insuccès, et, en 1568, elle donna ordre à

trois marins, nommés Bassendine, Woodcocke et Browne, de passer à travers le détroit découvert par Burrough, et de là de faire voile à l'est au delà de l'embouchure du fleuve Obi. « Ces découvertes, disaient leurs instructions, ne vous seront pas seulement profitables, si elles sont faites par vous, mais elles vaudront aussi gloire sans fin à vous et à votre pays. » On voudrait que de semblables instructions, inspirées de ce noble esprit, fussent plus communes aujourd'hui.

En mai 1580, la Compagnie équipa deux vaisseaux avec des instructions analogues, *le George* (de 40 tonneaux) commandé par Arthur Pett, avec un équipage de neuf hommes et un mousse, et *le Guillaume* (de 20 tonneaux) commandé par Charles Jackman, avec cinq hommes et un mousse. Pett avait servi dans l'expédition de Chancellor et avait depuis commandé un vaisseau appartenant à la Compagnie Moscovite ; Jackman avait été second à bord de *l'Aide* dans le second voyage de Frobisher. Tous deux étaient des marins capables et expérimentés, et leurs luttes persévérantes avec la glace polaire dans d'aussi misérables petits bateaux est un des actes les plus intrépides de l'histoire de la marine. Pett découvrit le détroit entre Vaïgatch et le continent, et les petits navires, ayant pénétré par là dans la mer de Kara, firent quelques tentatives pour percer à travers la lourde masse de glace, quelquefois parvenant à y entrer, quelquefois avançant un peu en voguant le long des cheneaux laissés entre le rivage et la glace fixe qui touchait le fond. En revenant, *le*

George et *le Guillaume* furent séparés par un coup
de vent. Pett gagna l'Angleterre sain et sauf; mais
Jackman, après avoir hiverné dans un port norvégien, fit voile vers l'Islande au printemps, et on
n'entendit plus parler de lui.

Ces premiers voyages au Nord amenèrent à examiner la lisière de la glace polaire entre le Groënland et Novaïa-Zemlia; car la découverte des obstacles que la lourde glace polaire mettait à la
navigation dans la mer de Kara, poussait les explorateurs à tourner leur attention vers les mers plus
au nord. Pour cette raison, les entreprises des successeurs de Willoughby et de Chancellor forment
à juste titre une introduction aux découvertes des
voyageurs qui plus tard ont touché la frontière de
la grande région inconnue du Pôle. Les explorations
arctiques sont maintenant décriées en certains endroits parce qu'il n'est pas probable, allègue-t-on,
qu'elles produisent grand profit commercial. Milton
avait une opinion différente. Il disait que ces premières expéditions auraient pu paraître presque
héroïques, si un but plus élevé que l'amour excessif
du gain et du commerce avait animé l'entreprise (2).
Ce sentiment peut paraître outré à des oreilles modernes, mais les paroles du grand poëte ont la
sonorité du franc métal, — et l'on en entend rarement autant de nos jours.

(I) Milton's prose works : *A brief History of Muscovia* (éd.
1834), p. 577.

CHAPITRE II

GUILLAUME BARENTS

Premier voyage de Barents. — Troisième voyage de Barents.
— Découverte du Spitzberg. — Barents au large de Novaïa-
Zemlia. — Hivernage de Barents. — Mort de Barents. —
Observations de Carlsen. — Les reliques de Barents.

Les Hollandais ne s'étaient pas bornés à surveiller
attentivement les pionniers anglais des découvertes
arctiques; leurs marchands avaient eux-mêmes
ouvert un commerce avec Kola et Arkhangel dès
1578. Mais l'empêchement d'avancer à l'est, causé
par la lourde glace de la mer de Kara, tourna l'attention des navigateurs hollandais vers la possibilité d'un passage autour de l'extrémité septentrionale de Novaïa-Zemlia et ainsi fut projeté le
premier véritable voyage polaire. Le crédit de la
conception de ce voyage appartient au grand cosmographe Pierre Plancius, qui recommanda cette
route aux marchands d'Amsterdam. En 1594, ceux-
ci équipèrent un navire d'environ 100 tonneaux,
appelé *le Mercure*, et ils furent des plus heureux

1.

dans le choix de l'homme qui devait le commander. Guillaume Barents, était né dans l'île de Terschilling, près du Texel; c'était un homme de quelque éducation, un observateur exact, un marin hardi et entreprenant. Comme plusieurs de nos principaux renseignements sur la glace polaire, entre le Spitzberg et Novaïa-Zemlia, sont dûs principalement aux travaux de Barents, il est certainement heureux qu'on puisse avoir une entière confiance dans les observations de ce chef intelligent du premier véritable voyage polaire.

Le 4 juin 1594, Barents mit à la voile du Texel, dans *le Mercure*, prenant avec lui une petite barque de pêcheur provenant de son île natale de Terschilling, et il arriva en vue de Novaïa-Zemlia par 73° 25' de latitude nord, le 4 juillet.

Il navigua le long de la côte, passant le cap Nassau le 10, et il arriva au bord de la glace le 13. Du 13 juillet au 3 août, Barents continua à tâcher de se frayer un passage à travers la masse polaire, cherchant un chenal dans toutes les directions, depuis le cap Nassau jusqu'aux îles Orange, à l'extrémité nord-ouest de Novaïa-Zemlia.

Pendant cet examen attentif et sérieux de la masse de glace, Barents parcourut plus de 1700 milles et il vira de bord jusqu'à quatre-vingt et une fois. Assurément, si le succès est dû à la persévérance, il aurait dû récompenser cet infatigable explorateur. Barents, de temps à autre, observait exactement la hauteur méridienne du soleil, à la fois avec une alidade, avec une astrolabe et avec un quart de cercle : il découvrit une longue ligne de côte, depuis le cap Nassau jusqu'aux îles Orange, et il fixa les latitudes de différents points, avec une exactitude remarquable. Nous devons au Dr Petermann la carte précieuse, marquant avec exactitude la marche de Barents dans son premier voyage, carte dressée pour accompagner l'édition des voyages de ce grand explorateur, que le Dr Beke a publiée en 1853 pour la société Hakluyt (1). L'équipage fut à la fin fatigué de se heurter sans cesse aux bords de la masse glacée, et il devint nécessaire de retourner. Le second voyage auquel Barents prit part consista seulement à naviguer jusqu'à l'entrée de la mer de Kara, et à en revenir.

Nous arrivons maintenant au troisième voyage de Barents, le plus important peut-être (après celui de Hudson) de tous les voyages qui ont été faits à la frontière de la région inconnue du Pôle.

Les États-Généraux avaient décidé qu'il ne serait pas judicieux de faire de nouvelles tentatives, après l'insuccès de la flotte avec laquelle Barents avait fait son second voyage et qui avait été armée à grands frais. Mais les marchands d'Amsterdam écoutèrent les représentations que leur firent le cosmographe Plancius et le pratique marin Barents, et ils résolurent d'équiper une autre expédition. On envoya en conséquence deux navires, commandés par Jacques van Heemskerch et Jean Corneliszoon

______

(1) Cette société, fondée en 1846, dans le but de publier des récits d'anciens voyages, a pris le nom d'un savant géographe anglais du xvie siècle (TRAD.).

Rijp. Barents accompagnait Heemskerch comme pilote, mais il commandait en réalité, et Gerrit de Veer, l'historien du voyage, était aussi à bord comme contre-maître. Les deux navires mirent à la voile d'Amsterdam, le 13 mai 1596.

Les masses de glace dans le détroit qui conduit à la mer de Kara et la nature impénétrable de la masse glacée près de Novaïa-Zemlia, avaient fortement convaincu à la fois Barents et Rijp, de la nécessité d'éviter la terre et de se diriger au nord, en cherchant un passage dans la haute mer; car alors régnait l'opinion erronée que la glace pouvait se former seulement sous l'abri de la terre. A vrai dire, Rijp insistait pour se diriger beaucoup plus loin dans la direction de l'ouest que Barents ne le jugeait nécessaire, craignant qu'ils ne se trouvassent embarrassés dans les glaces, aux environ de Vaïgatch. Le 9 juin, ils découvrirent une île qu'ils appelèrent *Bear-Island* (île de l'Ours). Étienne Bennet, envoyé en expédition par sir Francis Cherie de Londres, en 1603, la rencontra, et ignorant la découverte antérieure de Barents, l'appela *Cherie-Island* (île Cherie). Les deux navires continuèrent à gouverner au nord, passant devant beaucoup de glace, jusqu'à ce qu'ils furent en vue du Spitzberg, le 19 juin. Ils le crurent faire partie du Groënland et ils naviguèrent dans la direction du nord-ouest, mais là ils furent arrêtés par la masse glacée.

Barents alors côtoya le rivage occidental du Spitzberg et, à l'extrémité nord-ouest, il trouva un si grand nombre d'oiseaux, que ceux-ci volaient à l'encontre des voiles ; il appela cet endroit *Vogelsang* (chant d'oiseaux). Mais il ne remonta pas la côte est, et il n'accomplit pas la circumnavigation de la plus grande île du groupe, comme le pensent le Dr Beke et le Dr Petermann. Cet exploit n'a encore été accompli que par le capitaine Carlsen en 1863. Le Dr Beke adoptait la théorie de la circumnavigation, d'après cette déclaration du journal de Gerrit de Veer que Barents gouverna un peu à l'est du nord, en quittant Bear-Island, mais le journal est vague et d'autres passages tendent à prouver que le navire de Barents ne fut jamais sur la côte est. De Veer parle de terres à sa droite et d'un vent d'est venant de là terre. La question est résolue par la carte presque contemporaine de Hondius, spécialement préparée pour accompagner la *navigation admirable* de Barents, et publiée en 1611 dans l'ouvrage de Pontanus sur Amsterdam. Cette carte montre une petite portion des côtes ouest et nord du Spitzberg et l'itinéraire de Barents. Celui-ci arriva de nouveau à Bear-Island le 1er juillet, et là, lui et Rijp résolurent de se séparer. Rijp remonta la côte est du Groënland, espérant trouver une ouverture dans la glace, pendant que Barents dirigeait sa course plus à l'est. On n'a aucun renseignement sur la conduite ultérieure de Rijp, mais, sans aucun doute, il fut arrêté par la glace polaire et il retourna en Hollande la même année.

Le récit des aventures ultérieures de Barents et de son équipage, de leur fameux voyage autour de l'extrémité nord-ouest de Novaïa-Zemlia et de leurs terribles souffrances pendant le premier hiver arctique que des Européens aient jamais affronté, est extrêmement intéressant, raconté comme il l'est dans le style simple et sans prétention de Gerrit de Veer. Le voyage de Bear-Island à Novaïa-Zemlia dura du 2 au 17 juillet et, bien qu'ils aient été à beaucoup près dans la direction du sud, ils furent souvent obligés de changer leur direction à cause de la glace.

Le 14, à vrai dire, « ils s'avancèrent si loin dans la glace qu'ils ne pouvaient aller plus loin; car ils ne voyaient aucun endroit où elle s'ouvrît, mais ils furent forcés, avec grand'peine et labeur, d'en sortir en louvoyant, et ils étaient alors par 74° 10′ nord.» Ils furent en vue de la côte de Novaïa-Zemlia par 74° 40′ nord, et ils la longèrent jusqu'à ce que, le 7 août, ils passèrent le cap Comfort. La côte, en cet endroit, court à l'est et à l'ouest et fait face au nord, de sorte que la masse polaire, quand elle dérive au sud, est entièrement poussée sur elle.

Après plusieurs tentatives inutiles de se dégager de la glace en louvoyant dans différentes directions, Barents se trouva sur la côte ouest d'une baie qu'il appela le *Havre de Glace*, et «là ils furent forcés, en grand froid, pauvreté, misère et tristesse, de demeurer tout l'hiver. » C'était le 26 août. La lourde masse glacée dériva dans la baie, donna au vieux bateau quelques coups violents et le fixa d'une façon inébranlable pour l'hiver. Par le temps calme qui suivit, la glace nouvelle commença à se former sur la surface de la mer; mais, comme il arrive souvent juste avant que l'hiver ait entièrement commencé, le vent se mit à souffler vers l'ouest à la fin de septembre, chassa la glace loin du rivage et ouvrit un large espace d'eau libre dans la direction de la mer. Les Hollandais n'en tirèrent pourtant aucun profit, car leur navire était fortement fixé dans la baie par de solides masses de glace. C'était peut-être heureux, car s'ils s'étaient trouvés dans la mer traîtresse d'octobre, ils auraient bientôt été pris dans la glace nouvelle et ils auraient eu à hiverner dans la masse glacée, position des plus dangereuses. Aussi tard que le 8 novembre, quelques jours après que le soleil avait disparu, on voyait des chenaux d'eau libre par delà de la baie quand le vent avait soufflé de la terre; et même, le 24 décembre, la glace était en mouvement.

Les dix-sept courageux Hollandais avaient maintenant à se préparer pour un hiver arctique, et on ne saurait trop louer la bonne humeur avec laquelle ils se mirent à l'œuvre, leur discipline et leur détermination résolue de soutenir le pis qui pût leur arriver avec courage et patience. Leurs compatriotes peuvent être fiers de la conduite de ces braves marins. Heureusement pour eux, ils trouvèrent une grande quantité de bois poussé en dérive, et avec ces matériaux, augmentés de planches de la poupe et du gaillard d'avant du navire, ils construisirent une maison dans laquelle ils transportèrent toutes leurs provisions et ce qu'ils avaient de précieux.

Une cheminée fut établie au centre du toit, une

pendule hollandaise (1) fut dressée et arrangée pour sonner les heures, des lits furent disposés le long des murs et un tonneau fut transformé en baignoire. Le chirurgien ordonna sagement des bains comme une condition nécessaire de la santé. Des tempêtes de neige et des ouragans régnèrent pendant tout l'hiver et eurent l'heureux effet d'amasser la neige autour de la maison jusqu'à la hauteur du toit, ce qui élevait la température à l'intérieur. Mais leurs souffrances furent extrêmes et il est touchant de lire l'histoire de ces pauvres gens demandant à leur capitaine de leur faire un joyeux jour des Rois avec un peu de vin et deux livres de farine.

Le soleil reparut le 24 janvier. Le 24 février, ils virent de nouveau « beaucoup d'eau libre dans la mer, ce que nous n'avions pas vu de longtemps, » et une énorme quantité de neige tomba pendant tout le mois. Le 6 mars, ils virent encore beaucoup d'eau, et le 8, ils n'avaient plus de glaces en vue au nord-est, tandis qu'au sud la mer en était couverte. Mais le 12, un vent du nord-est ramena toute la glace et l'eau disparut. « La glace s'amassait avec un grand bruit et ses fragments se précipitaient les uns contre les autres d'une façon terrible à ouïr ; » et le 14, on ne voyait que de la glace. Un vent du sud-ouest fit reparaître l'eau libre le 28, mais seulement pour un jour, et du 29 au 8 avril, la glace était aussi solidement pressée que jamais. Le 11 mai, la mer était tout à fait navigable, bien que

(1) Sorte d'horloge à poids. (TRAD.).

les vents du nord-est apportassent toujours de la glace.

Barents avait été longtemps malade et quand les Hollandais mirent à la voile, de la triste scène de leurs souffrances, en deux bateaux ouverts, le 14 juin 1597, il était trop faible pour se tenir et on l'emporta de la maison. Le 16, le capitaine héla de l'autre bateau et demanda comment était le pilote. « Très-bien ! camarade, fut la réponse, j'espère bien me rétablir avant que nous arrivions à Wardhouse (1). » Mais il mourut le 19, et, comme la Pérouse et Franklin, il trouva un tombeau au milieu de ses découvertes.

La glace causa bien des difficultés aux survivants ; de temps à autre des banquises arrivaient à la dérive de la terre, et à d'autres moments, les Hollandais étaient obligés, pour atteindre l'eau libre, de haler leur bateau par-dessus la glace pour de grandes distances. Enfin, après un voyage long et dangereux, il atteignirent Kola, en Laponie, vers la fin d'août et, par une étrange coïncidence, ils furent recueillis par un navire hollandais, et ce navire était commandé par le même Corneliszoon Rijp, qui, l'année précédente, était le capitaine de leur navire de conserve. La dernière fois que nous entendons parler de ces braves gens, c'est quand ils racontent leur histoire an prince d'Orange et à l'ambassadeur danois, après un grand dîner. Alors ils se dispersent et nous perdons leurs traces.

(1) Ile sur la côte de Laponie.

Dans ce remarquable voyage, deux points méritent tout particulièrement notre attention par leur rapport avec l'exploration du Pôle Nord.

La pression de la masse de glace sur la côte nord de Novaïa-Zemlia, du cap Nassau aux îles Orange, est décrite par de Veer comme terrible. Les courants, sans doute, contribuent à former cette épouvantable masse.

L'apparition d'eau libre à l'extrémité nord-est de Novaïa-Zemlia, pendant les mois de mars et d'avril, à différentes reprises, est le second point à noter. Il paraît que, pendant ces mois et une fois même en février, quand il régnait un vent du sud-ouest, la glace était toujours poussée à distance de la côte, laissant libre un espace d'eau, et que, aussitôt que le vent soufflait du côté opposé, la glace revenait et battait le rivage, en fureur et avec bruit. De la même façon, un vent de terre chasse la glace de l'ouverture de la baie de Baffin, dans toutes les saisons de l'année. Cela naturellement atteste l'existence de quelque espace libre par derrière, au nord-ouest, dans lequel la glace pourrait être poussée. Ce serait dans la direction des caps Taïmour et Tchéliouskine, les points les plus septentrionaux de la Sibérie, et il est très-aisé à comprendre, par conséquent, que des trous d'eau existent le long de la côte de Sibérie, en février et en mars, causés par des courants et des coups de vent. Ces trous d'eau ont été rencontrés par Anjou et par Wrangell, et le renseignement fourni par Gerrit de Veer confirme l'exactitude de ces rap-

ports russes. La succession continue de grandes
tempêtes de neige que Barents eut à subir à Novaïa-
Zemlia prouve aussi l'existence d'eau libre à peu de
distance. Quand les régions arctiques sont dans leurs
conditions normales pendant l'hiver, une surface
glacée sans interruption est accompagnée d'une
atmosphère claire et sèche, tandis qu'un état diffé-
rent de l'Océan produit des résultats atmosphériques d'un caractère opposé. Les tempêtes de neige
pendant l'hiver de Novaïa-Zemlia, sont la conséquence naturelle des trous d'eau sur la côte de Sibérie. Le même fait, provenant d'une cause semblable a été observé par Hayes à Port-Foulke et par
Mac Clintock à Port-Kennedy.

Nous n'avons aucun récit authentique de vaisseaux ayant visité le lieu d'hivernage de Barents
jusqu'en 1871. Barents, quoique le premier en date,
resta le seul explorateur qui ait fait le tour de cette
extrémité nord-ouest de Novaïa-Zemlia ; et la maison
de Barents resta sans visiteur pour deux cent soixante-
dix-huit ans. Mais le charme fut rompu en 1871. Le
10 mai, Elling Carlsen, capitaine norvégien, qui était
occupé dans le commerce de la mer du Nord depuis
dix-huit ans, fit voile d'Hammerfest dans un sloop
de 60 tonneaux, appelé *le Solide*. Il atteignit le
Havre-de-Glace de Barents le 7 septembre, et le
9, il vit une maison debout à l'ouverture de la baie.
Il trouva cette maison longue de trente-deux pieds
et large de vingt, et les planches dont elle se composait étaient épaisses d'un pouce et demi (1) et

(1) Le pouce anglais vaut 0ᵐ025 (TRAD.).

large de quatorze à seize pouces. Ces matériaux avaient évidemment appartenu à un navire et dans le nombre il y avait plusieurs barrots de chêne.

Autour de la maison se trouvaient plusieurs grands tonneaux et il y avait aussi des amas d'os de rennes, de phoques, d'ours et de morses. L'intérieur est décrit par le capitaine Carlsen exactement comme il est représenté dans la curieuse vieille gravure de Gerrit de Veer, qui a été reproduite dans l'édition de la société Hakluyt. La rangée des lits installés le long d'un côté de la pièce était exactement comme elle est figurée dans le dessin, et plusieurs des objets représentés dans le dessin, la pendule, la hallebarde et les mousquets, étaient encore à leurs anciennes places. Ce qui suit est le catalogue des objets trouvés par le capitaine Carlsen dans les quartiers d'hiver de Barents :

Un châssis de fer, sur le foyer avec une barre de rechange.	Trois gouges.
Deux casseroles marines de cuivre, trouvées sur le châssis en fer avec les restes d'une cuiller de cuivre.	Six limes.
	Une plaque de zinc.
	Une jarre de terre.
	La partie inférieur d'un autre pot.
Des cercles de cuivre qui probablement entouraient des seaux.	Six fragments de pots à poivre.
	Un filtre en étain.
Une barre de fer.	Une paire de bottes.
Une pince de fer.	Un sabre.
Un long canon de fusil.	Fragments d'un grand nombre de gravures, avec des vers latins en dessous.
Deux plus petits canons de fusil, dont l'un carré à l'extérieur.	Trois livres hollandais.
	Un petit morceau de métal.
Trois forets ou tarières de trois pieds de longueur.	Dix-neuf cartouchières, avec leurs cordons d'attache et quelques-unes encore pleines de poudre.
Un ciseau.	
Un cadenas.	
Un calfait.	Une caisse de fer avec son cou-

vercle, et une serrure com-pliquée.
Fragment d'une anse en métal qui appartenait à la caisse.
Meule.
Morceau de fer pesant huit li-vres.
Petit boulet à canon.
Platine de fusil avec batterie et pierre à briquet.
Une râpe.
Une petite tarière.
Quelque fragments étroits d'un cercle de cuivre.
Deux pots à sel et à poivre d'en-viron huit pouces de hauteur.
Deux paires de compas.
Le fragment d'un couteau avec un manche de fer.
Trois cuillers.
Un foret.
Une pierre à rasoir.
Un taraud de bois.
Un taraud de bronze.
Une pendule.
Un timbre de pendule.
Un marteau de sonnerie.
Deux bouchons de bois pour des canons de fusil.
Deux fers de lance ou de bâton à glace.

Quatre instruments nautiques.
Une flûte.
Une serrure avec sa clef.
Une autre serrure.
Un fer de marteau de forge-ron.
Un poids de pendule.
Vingt-six chandeliers d'étain et leurs fragments (dont six en parfait état).
Une cruche de forme étrusque d'un beau travail.
La partie supérieure d'une au-tre cruche.
Une assiette en bois, peinte en rouge.
Un réveil d'horloge.
Trois balances.
Quatre médaillons circulaires, d'environ huit pouces de dia-mètre et trois d'entre eux montés avec des cadres de chêne.
Une enfilade de boutons.
Une garde, le bout d'une lame de sabre.
Un fer de hallebarde.
Plusieurs morceaux de bois travaillé, l'un d'eux avec un manche de couteau.

Le sol de la maison dans laquelle Barents et son brave équipage avaient passé l'hiver ne peut avoir été foulé par aucun pied humain pendant les années, près de trois siècles! qui étaient écoulées depuis. Tout était là, les casseroles au foyer, la vieille pen-dule contre le mur comme l'indique le dessin, les armes et les outils, les gobelets, les instruments et les livres qui avaient trompé les heures d'ennui de cette longue nuit, deux cent soixante dix-huit ans auparavant. L'*Histoire de Chine* montre le but que

Barents cherchait, tandis que le *Manuel de la Navigation* indique la science qui guidait ses efforts. Plus étranges témoignages n'ont jamais raconté une histoire plus profondément intéressante.

Le capitaine Carlsen fit voile enfin du *Havre-de-Glace* le 14 septembre, et il descendit le long de la côte est de Novaïa-Zemlia. Il rencontra le même temps que Barents : un vent du sud-ouest poussait la glace loin du rivage jusqu'à ce que le vent passant au nord-est ramenât la glace et bloquât le navire. Vers la fin du mois la situation devint très-précaire, car la glace nouvelle commençait à se former et ils étaient cernés quand, heureusement, un vent du sud se mit à souffler poussant la glace au nord; le 6 octobre, ils passèrent à travers le détroit de Burrough, et ainsi achevèrent heureusement la circumnavigation de Novaïa-Zemlia. Mais Carlsen n'évita que bien juste la destinée de Barents.

Le 4 novembre 1871, le capitaine Carlsen mit fin à son aventureux voyage en jetant l'ancre une fois de plus dans le port d'Hammerfest, et M. Lister Kay, qui se trouvait justement là au retour de son voyage en Laponie, acheta les reliques de Barents et se procura aussi une copie du livre de loch et des cartes du capitaine Carlsen. Le gouvernement hollandais, en remboursant à M. Kay la somme qu'il a donnée pour ces objets, s'est assuré la possession de ces précieuses reliques pour les conserver dans la patrie du grand navigateur.

M. de Jonge a certainement rendu service en publiant les résultats de son examen attentif des reliques de Barents. Lui et ses compatriotes ressentent un orgueil plein d'affection pour ces actes glorieux de leurs *ancêtres maritimes*, et ils entoureront d'un respect attentif ces témoignages d'un noble exploit. Ces objets ont été déposés au musée naval de la Haye, et là, une maison ouverte par devant a été construite pour les recevoir, imitant exactement le dessin, dans ce volume. Dans une brochure publiée à la Haye, en 1872, M. de Jonge prouve d'abord l'authenticité des reliques, donne ensuite un récit du voyage de Barents et de son hivernage à Novaïa-Zemlia, puis examine la question de savoir si aucun voyageur n'a visité le lieu d'hivernage avant 1871, et enfin il donne une description détaillée de chaque relique, y joignant des notes historiques et archéologiques (1).

Le point le plus important du voyage de Carlsen est la correction de la prolongation nord-est de Novaïa-Zemlia. Au nord du détroit de Matochkine, il rencontra un autre capitaine norvégien, le capitaine Mack, dans un navire de Tromsœ et ils décidèrent de naviguer de conserve. Mack avait de bons instruments que lui avait fournis l'Institut météorologique de Christiana et le résultat de leurs observations fut que la pointe nord-est de Novaïa-Zemlia est rapportée inexactement dans les cartes modernes;

(1) Nova-Zembla. De voorwerpen door de Nederlandsche zeevaarders na hunne overwintering aldaar in 1597, achtergelaten en in 1871, door kapitein Carlsen teruggevonden. Beschreven en toegelicht door Jhr. Mr. J. K. J. De Jonge, Adjunct Rijks Archivaris Gravenhage, 1872.

elle est placée par 73° de longitude est (1), tandis que les observations de Mack et de Carlsen donnent 67° 30'. Le 3 septembre, les deux navires furent séparés dans un brouillard épais. La carte de cette extrémité de Novaïa-Zemlia, dressée par Carlsen, est d'accord avec celle publiée par Gerrit de Veer, l'historien du voyage de Barents en 1598, et M. de Jonge donne une carte qui montre les deux, en même temps que la prolongation erronée à l'est d'autres cartes modernes. M. de Jonge montre aussi que les Russes n'ont jamais visité les quartiers d'hiver de Barents et que, quoique le navigateur hollandais Vlamingh en fût bien près en 1664, cependant il ne débarqua pas et ne vit pas la maison. Le récit du voyage de Vlamingh est donné par Witsen.

M. de Jonge donne une note très-intéressante sur la vieille pendule et une autre sur un curieux méridien de cuivre au milieu duquel est tracé un méridien. Il croit que ce cadran est un instrument pour déterminer la déviation de la boussole. Plancius, le célèbre cosmographe et le maître de Barents, avait inventé cet instrument pour fonctionner sur une astrolabe et par là calculer la longitude en mer. Au moment où l'expédition mit à la voile en 1596, Plancius était très-occupé de son idée de trouver la longitude par la déviation de la bous-

(1) La longitude est, dans le courant de ce volume, indiquée d'après le méridien de Greenwich ; nous rappelons au lecteur que le méridien est à 2° 20' 14" à l'ouest du méridien de Paris. (TRAD.)

sole. Dans ce but, il construisit un cadran de cuivre qui devait être fixé sur l'astrolabe; et il est probable que cette relique est le seul exemple en existence de l'invention de Plancius. Des trois livres qui figurent parmi les reliques, l'un est la traduction de l'ouvrage de Médina sur l'art nautique, édition de 1580; une édition corrigée fut publiée en 1598, preuve que le navire avait mis à la voile avant cette année, car un pilote aussi soigneux que Barents aurait certainement emporté la dernière édition d'un semblable ouvrage.

M. de Jonge regarde ce fait comme une nouvelle preuve de l'authencité de ces objets. Les autres livres sont une chronique de Hollande et une traduction hollandaise de l'*Histoire de Chine* de Mendoza. Ce sont là peut-être les reliques les plus précieuses au point de vue archéologique; mais ce ne sont pas les moins intéressantes, la flûte qui donne encore quelques notes et les souliers du pauvre petit mousse qui mourut pendant l'hiver.

CHAPITRE III

HENRI HUDSON

Hudson au large de la côte est du Groënland. — Hudson au large du Spitzberg. — Tucthes d'Hudson. — Résultats du voyage d'Hudson. — Hudson au large de Novaïa-Zemlia. — Secours à H. Hudson. — Jonas Poole. — Robert Fotherby. — Jean Wood.

Parmi les voyages les plus importants qui aient jamais été entrepris dans la direction de la région inconnue du Pôle, il faut certainement compter ceux de Henri Hudson; car ce marin capable et persévérant a examiné dans toute son étendue l'océan qui y mène, cherchant un passage le long de la masse glacée depuis le Groënland jusqu'à Novaïa-Zemlia.

On ne sait rien de certain de la première histoire de Hudson, bien que le général Meredith Read, dans ses intéressantes *Recherches historiques*, ait fait quelques conjectures probables sur son origine (1). Il

(1) L'opinion du général Read est que le grand navigateur est le petit-fils d'un autre Henri Hudson, qui mourut alder-

paraît d'abord équipant un petit navire pour la Compagnie Moscovite, appelé *le Hopewell* (Bon Espoir), de 80 tonneaux, pour découvrir un passage par le Pôle Nord.

Le 1er mai 1607, il leva l'ancre à Greenwich. Quand nous considérons les moyens dont il était pourvu pour accomplir cette grande découverte, nous sommes étonnés de l'audace intrépide de la tentative. Voilà un équipage de douze hommes et un mousse dans un malheureux petit bateau de 80 tonneaux, parlant sérieusement de faire voile au Japon en passant droit par le Pôle, et en vérité essayant la possibilité de cette entreprise avec autant de soin et de jugement qu'on en a montrés dans les expéditions modernes les mieux équipées. Hudson n'ignorait ni les difficultés ni les dangers d'un semblable voyage, car il connaissait le résultat des trois expéditions de Barents et il avait avec lui les meilleures cartes existantes.

Imaginez ce hardi marin faisant voile de Gravesend, à destination du Pôle Nord, dans un navire à peu près de la dimension d'un des plus petits de nos modernes bricks charbonniers. Nous pouvons nous faire une idée assez exacte de son apparence générale, car trois semblables navires sont dessinés sur la carte dressée par Hudson lui-même. *Le Bon-Espoir* ressemblait plus à un vieux *buggalow* de

mann de Londres en 1555. Henri le navigateur était citoyen de Londres; il y avait une maison et fut élevé dans le service de la Compagnie Moscovite. — *An Historical Inquiry concerning Henry Hudson, by John Meredith Read, jun., Albany, 1865.*

Surate (1) qu'à tout autre chose qui vogue actuellement sur les mers, avec sa poupe élevée, et son
avant bas et pointu ; il n'avait pas de voile d'avant
à son beaupré, mais, en compensation, son mât de
misaine était planté très en avant. Il y avait, sous
l'étroite et haute poupe, une cabine où Hudson et
son jeune fils s'installèrent, et les hommes s'établirent à l'avant. Ainsi équipé et pourvu pour le
voyage, Hudson, comme nous l'avons vu, mit à la
voile de Greenwich et passa les îles Shetland le
26 mai 1607. Le 13 juin, il arriva en vue de la côte
est du Groënland qu'il décrit comme un pays très-
élevé avec beaucoup de glaces près du rivage, et il
continua à se tenir le long de cette côte en se dirigeant vers le nord jusqu'au 22. Bien qu'il fût arrêté
dans cette direction, il regarda son temps comme
bien employé, voyant qu'il avait découvert un pays
étendu encore absent de toutes les cartes et,
ajoute-t-il, « pour autant que nous pouvions voir, il
a l'air d'être un bon pays et qui vaut d'être vu. » Il
l'appella *Hold with Hope*. « tenez *ou* tenons bon avec
espoir, » et quand il en fut en vue, le 22, il trouva
pour sa latitude 73° nord. Hudson quitta alors la
côte du Groënland et, gouvernant dans une direction nord-est pour cinq jours, il vint en vue d'une
partie du Spitzberg ou Nouvelle-Terre comme il
l'appela et qu'il supposa être le *Vogelsang* de Barents.

A la latitude de 78° 30' nord, il trouva la glace se

(1) *Buggalow* est le nom des navires indigènes de la côte
ouest de l'Inde. (TRAD.)

dirigeant du Spitzberg vers l'ouest et son petit bateau se trouva « dans de grands dangers au milieu de cette immense quantité de glaces et de brouillards. » Hudson continua à examiner la côte du Spitzberg pendant bien des jours, essayant constamment de se frayer un passage vers le nord, mais toujours arrêté par les glaces. A la pointe nord-ouest du Spitzberg il donna le nom qu'elle porte encore aujourd'hui, cap Hakluyt. Une fois il trouva pour latitude 81° au nord du Spitzberg, quand la terre en vue était les Sept Iles ; il observa que la mer était en certains endroits verte et en d'autres bleue, et il dit : « Nous trouvâmes notre mer verte être la plus libre de glaces, et notre mer bleu d'azur, être la plus glacée. » Scoresby regarde le fait comme accidentel, et il s'est assuré que la couleur verte est causée par des myriades de *medusæ* infiniment petites, 110,592 dans un pied cube.

Ayant achevé l'examen de la côte ouest du Spitzberg, qu'il décrivit comme un pays élevé et montagneux avec d'âpres rochers et de la neige, Hudson forma le magnifique projet de faire voile autour de l'extrémité septentrionale du Groënland et de revenir en Angleterre par le détroit de Davis. Dans ce but, il examina de nouveau la mer entre le Spitzberg et le Groënland vers la fin de juillet, mais il jugea, d'après le fort miroitement des glaces le long de l'horizon septentrional, qu'il n'y avait pas de passage dans cette direction. Alors, après avoir examiné le Spitzberg, il se décida à revenir en Angleterre, et, sur son chemin, il découvrit une île par

71° nord, qu'il appela *Tuethes d'Hudson*. Il ne peut y avoir de doute que cette île découverte par Hudson est la même que celle improprement appelée île de Jean Mayen, d'après un capitaine hollandais qui, sur une très-mince autorité, est dit l'avoir vue quelques années après, en 1611. L'île a environ 30 milles de long et 9 de large, et à son extrémité septentrionale s'élève le remarquable pic volcanique de Beerenberg, haut de 6,870 pieds. Le petit *Bon-Espoir* jeta de nouveau l'ancre sans accident dans la Tamise le 15 septembre.

Les résultats de ce voyage étaient très-importants à la fois au point de vue géographique et au point de vue commercial. Hudson avait découvert une partie de la côte est du Groënland ; il avait par deux fois, en juin et à la fin de juillet, examiné le bord de la glace entre le Groënland et le Spitzberg ; et il avait navigué au nord du Spitzberg jusqu'à ce qu'il fût arrêté par la glace, atteignant presque une latitude aussi élevée que Scoresby atteignit en 1806 (81° 12' 42" nord). La plus haute latitude que Hudson ait observée fut 80·23' ; mais il navigua deux jours de plus dans une direction nord-est. La conséquence pratique du voyage d'Hudson fut que son récit du grand nombre de baleines et de morses dans les mers du Spitzberg, mena à l'établissement de pêcheries riches et prospères qui continuèrent à fleurir pendant deux siècles.

En 1608, Hudson équipa une seconde expédition pour tenter un passage entre le Spitzberg et Novaïa-Zemlia. Son équipage comptait quatoze hommes, le second était Robert Juet et deux des hommes avaient navigué avec Hudson dans son premier voyage, à savoir : Jean Cooke, maintenant promu au rang de maître d'équipage, et Jacques Skrutton. Jean Hudson, le fils du capitaine, était aussi à bord. Le 22 avril, ils firent voile de la Tamise et le 9 juin ils atteignirent le bord de la glace par 73° 29′ de latitude. Hudson espérait ouvrir un passage à son navire à travers la masse glacée, aussi s'y tint-il pendant plusieurs lieues; mais il trouva la glace en avant solide et épaisse et il fut obligé de renoncer à cette tentative. Il navigua alors le long de la masse glacée dans la direction de l'est, ayant toujours la glace en vue à babord, et guettant un passage jusqu'au 26, où il atteignit la côte de Novaïa-Zemlia par 72° 25′ de latitude nord.

Il s'était ainsi assuré que la barrière de glace entre Novaïa-Zemlia et le Spitzberg était impénétrable, comme, dans son précédent voyage, il avait trouvé être le cas entre le Groënland et le Spitzberg. Il était parfaitement clair que, pour de petits navires comme *le Search-Thrift*, *le Hopewell*, et leurs pareils, les portails de la région inconnue restaient solidement fermés. Il reste à savoir si un steamer à hélice et à l'avant acéré sera en état de les forcer à s'ouvrir. Le brave Henri Hudson avait échoué, et c'est ailleurs qu'il devait gagner d'autres lauriers. Mais il avait fait tout ce que le plus hardi marin pouvait faire avec rien autre que ce méchant *Bon-Espoir* sous ses pieds; et aucun explorateur n'a fait plus dans la même direction depuis ce

25 juillet 1608, quand il arriva en vue de Novaïa-
Zemlia et qu'il tourna au sud la proue de son navire. Comme explorateur du Pôle nous le rencon-
trerons plus... Il examina une partie de la côte de
Novaïa-Zemlia et arriva à Gravesend le 26 août.
Pendant ce second voyage, Hudson remarqua de
nombreuses pièces de bois flottant à la dérive dans
le Gulf-Stream, depuis le cap Nord jusqu'à la latitude de 75° 30′ nord.

Hudson, comme on le sait, fut lâchement assas-
siné. On a plaisir à voir que ses services furent re-
connus par la généreuse et vieille Compagnie des
Indes-Orientales. Madame Hudson avait été laissée
très-pauvre, et la Cour donna un emploi à son fils à
bord d'un navire, en 1614, parce que son brave
père était mort au service de l'État (1).

Après les voyages d'Hudson, la pêche à la baleine
commença dans les mers du Spitzberg. Le capitaine Jones Poole fit quatre voyages pour la Compagnie Moscovite en 1609, 1610, 1611 et 1612,
allant tuer des baleines et des morses. Le détroit

(1) « Étant informé que madame Hudson, la veuve de
M. Hudson qui a disparu dans la découverte du Nord-Ouest,
demandait la faveur qu'on emploie un jeune homme, son
fils, elle étant laisssée très-pauvre, et comprenant qu'on était
en partie tenu à lui donner assistance, en considération que
son père a péri au service de l'Etat, on a décidé de le recommander au soin de quelqu'un qui est sur le point de partir en
expédition. » (9 avril 1614).

« Le fils de madame Hudson, recommandé au soin de
Hunt, contre-maître du *Samaritain*; cinq livres (125 francs),
devant être dépensées pour lui en vêtements et choses nécessaires. » (16 avril 1614). — *Calendar of State Papers, Colonial Series. East Indies*, 1513-1516, § 709 et 711.

de Horn et le détroit de Bell, au sud du Spitzberg,
gardent encore les noms que Poole leur a donnés ;
et il nous raconte qu'en 1612, un capitaine de Hull,
nommé Thomas Marmaduke, alla jusqu'à 82° nord,
deux degrés au delà du cap Hakluyt. Baffin était
dans les mers du Spitzberg avec la flotte baleinière
en 1613, et dans les deux années suivantes, Robert
Fotherby fut envoyé, avec Baffin comme pilote, pour
faire de nouvelles découvertes. En 1614, Fotherby
et Baffin, dans le navire *Thomazen*, naviguèrent
quelques milles au nord du Spitzberg jusqu'à ce
qu'ils atteignissent 80° et quelques minutes (1); et,
dans la même année, quelques îles à l'est du Spitzberg furent découvertes par d'autres navires appartenant à la Compagnie Moscovite. En 1615, Fotherby
fut envoyé par sir Thomas Smith dans *le Richard*,
de 20 tonneaux, pour chercher un passage au nord.
Comme à l'ordinaire, ils furent arrêtés par la masse
de la glace polaire près du cap Hakluyt, et, comme
Hudson avant eux, ils examinèrent le bord de la
glace pour une distance considérable jusqu'à l'ouest,
mais ils ne purent trouver aucune ouverture. Maître
Fotherby, cependant, était plein d'espérance, et
quoiqu'il ne pût nier que la mer, entre le Groënland et la nouvelle terre du Roi Jacques (Spitzberg),

(1) *Purchas*, III, p. 466. C'est tout ce que nous savons du
voyage de Baffin en 1614. Le Dʳ Petermann, dans une lettre
au président de la Société géographique de Londres, en date
du 7 novembre 1874, dit qu'il est très-probable que, dans ce
voyage, Baffin avait en vue la côte ouest de la terre découverte par l'expédition autrichienne, en 1874. On verra qu'il
n'y a pas l'ombre d'une raison à supposer rien de semblable.

fut très-encombrée de glaces, cependant « il ne lui paraissait pas qu'il dût dissuader l'honorable Compagnie d'aventurer annuellement 150 ou 200 livres (sterling) jusqu'à ce qu'on eût fait de nouvelles découvertes dans lesdites mers et les pays adjacents.» Pour un siècle et demi, nous devons chercher dans les annales du commerce baleinier hollandais et anglais tout renseignement ultérieur sur les mers du Spitzberg, et on peut se procurer à ces sources quelques faits d'un intérêt considérable, qui jettent de la lumière sur l'espace intermédiaire entre le monde connu et le monde inconnu, Nous les examinerons dans le prochain chapitre, mais, en attendant, il est nécessaire de raconter un essai important qui fut fait pour atteindre le Pôle Nord sous les auspices de l'Amirauté de notre «joyeux monarque.»

Depuis qu'Henri VIII avait envoyé divers hommes habiles pour visiter des régions inconnues en 1527, le gouvernement n'avait pris aucune part à ces voyages de découvertes au nord. Mais à la fin, l'Amirauté fut poussée à agir par les paroles persuasives et pressantes d'un contre-maître. Jean Wood avait servi comme contre-maître dans *le Sweepstakes* « la poule » (dans le sens de prix formé de tous les enjeux) sous sir John Narborough, pendant le honteux voyage de cet officier en Patagonie et au Chili. Cloudesley Shovel, alors dans sa vingtième année, et Grenville Collins, le futur hydrographe, servaient aussi à bord de *la Poule*. Le contre-maître n'était pas homme à cacher la lumière sous un boisseau. A son retour, il publia le *Voyage du capi-*

taine Wood à travers le détroit de Magellan, dans lequel le nom de Narborough n'est pas même mentionné, et quoi qu'il pût paraître en sens contraire, Wood commandait l'expédition. En 1676, Jean Wood présenta à Charles II et à son frère le duc d'Yorck un plan pour découvrir un passage aux Indes par le nord-est; il en soutenait le succès probable pour les raisons suivantes. D'abord, prétendait-il, les anciens navigateurs hollandais Rijp et Barents avaient toujours assuré qu'en gouvernant au nord-est du cap Nord de Norvége et en se tenant entre le Spitzberg et Novaïa-Zemlia, à égale distance des deux, on pouvait trouver une mer libre de glaces. Cette idée venait de la croyance erronée des anciens navigateurs que la glace pouvait seulement se former dans le voisignage de la terre. La seconde raison de Wood est que Henri Hamel, dans son récit d'une captivité en Corée, dit qu'on a trouvé dans la mer de Tartarie des baleines avec des harpons européens. Le reste de ces arguments repose sur d'absurdes histoires de baleiniers hollandais ayant navigué au Pôle Nord et au delà. Les motifs d'entreprendre ce voyage furent l'honneur du roi, les intérêts de la patrie, son manque d'emploi dans son pays, en même temps que son aversion pour l'oisiveté. Ces arguments semblèrent irrésistibles à M. Samuel Pepys, alors secrétaire de l'Amirauté, et le capitaine Wood reçut le commandement de la frégate *Speedwell* (Bon Succès) avec la pinque *le Prospère* comme allége Le vieux camarade de Wood, Grenville Collins, partit comme maître sur *le Bon-Succès*, et l'expédition mit à la voile le 28 mai 1667.

Le 22 juin à midi, comme ils se trouvaient dans un méridien à peu près à égale distance du cap Nord et de Novaïa-Zemlia et par 75° 59′ de latitude nord, ils virent le bord de la masse glacée droit devant eux s'étendant à l'est-sud-est et à l'ouest-nord-ouest. Wood alors se tint le long du bord de la glace dans la direction de l'ouest, l'examinant avec soin et voyant un grand nombre d'ouvertures dans lesquelles il pénétra et qu'il trouva être des baies. Le 26, il vint en vue de Novaïa-Zemlia, et, dans la nuit du 29, *le Bon-Espoir* courut sur un banc de rochers et fit naufrage.

Wood et ses hommes montèrent à bord du *Prospère* et arrivèrent dans la Tamise le 24 août. Dans sa lettre à Nicolas Witsen, Grenville Collins dit que les événements du voyage lui donnèrent pleine conviction qu'il n'y avait pas de passage entre le Groënland ou le Spitzberg et Novaïa-Zemlia.

Les voyages d'Hudson, de Poole, de Fotherby et de Wood complétèrent l'examen de toute l'étendue de la masse glacée du Pôle, depuis la côte est du Groënland jusqu'à Novaïa-Zemlia, tandis que Barents jusqu'à une époque toute récente était la seule autorité sur l'état de la glace à la côte nord des dernières îles. Toutes les informations ultérieures qui ont été recueillies de l'expérience des baleiniers et les récits des expéditions modernes servent seulement à compléter l'œuvre de ces intrépides navigateurs du XVII° siècle.

CHAPITRE IV

VOYAGES DES BALEINIERS ANGLAIS ET HOLLANDAIS DANS LES MERS DU SPITZBERG

Aventures des baleiniers anglais. — Le capitaine Edge. — Découverte de l'île de Wiche. — Qui était Richard Wiche. — La géographie du Spitzberg relevée par les Anglais. — Aventures des baleiniers hollandais et leurs pêcheries. — Découvertes hollandaises. — Voyage du capitaine Gilies. — Carte de Van Keulen. — Les baleiniers hollandais. — Réveil des entreprises hollandaises. — Fables de Daines Barrington. — Contes de taverne de Moxon. — Baleiniers anglais. — Contes de Daines Barrington. — Récompenses pour atteindre le Pôle. — Ligne de la glace d'hiver. — La glace dans les mers du Spitzberg. — Voyage de Scoresby. — Chasse au phoque.

Les voyages d'Hudson ouvrirent la voie à un grand et florissant commerce baleinier, dans lequel bien des nations se disputèrent la prééminence et qui ouvrit un des chapitres les plus intéressants dans l'histoire des entreprises commerciales des Anglais et des Hollandais. Dès ce moment, et pour plus de deux siècles, cette partie de la frontière de la région inconnue qui s'étend du Spitzberg au Groënland fut fréquentée annuellement par des flottes de baleiniers. Le bord de la glace polaire dans cette direction est par conséquent bien connu. Mais comme le but principal de ceux qui fréquentaient cette région était de tuer des baleines et des morses et non de faire des découvertes, nous ne pouvons nécessairement tirer que bien peu de renseignements des annales de la navigation baleinière. Ce que nous cherchons principalement dans ces voyages se rapporte à la discussion sur la plus haute latitude qui ait été atteinte dans les méridiens du Spitzberg et aussi à l'état de la lisière de la masse glacée.

Il y a pourtant quelques capitaines baleiniers qui ont fait des observations soigneuses et systématiques, et qui ont joint une culture scientifique à une habileté et à une intelligence considérables. Parmi eux, le nom de Scoresby est au premier rang.

Dans les années qui suivirent le premier voyage d'Hudson, la Compagnie Moscovite et celle des Indes Orientales envoyèrent des navires pour tuer des baleines dans les mers de Spitzberg et après les voyages de Jonas Poole et de Robert Fotherby, le capitaine Edge fut l'inspirateur de ces expéditions baleinières qui partirent annuellement pendant la plus grande partie du règne de Jacques Ier. Les noms de Richard Wiche, Ralph Freeman, Deicrowe, Heley, Barkham et d'autres encore, conservés dans des baies et dans des détroits, sont ceux des honorables et aventureux négociants qui firent les frais de ces expéditions. En 1613 et en 1614, les baleiniers anglais découvrirent Hope Island (île de

l'Espérance) et d'autres îles au sud-est de Spitzberg (1). En 1616, le capitaine Edge envoya une
pinasse à l'est pour explorer l'île d'Edge et une
autre terre sur la côte est jusqu'à 78° de latitude
nord. Cette pinasse était un navire de 20 tonneaux
avec un équipage de douze hommes. Dans la curieuse vieille carte du Spitzberg qui figure dans les
Voyages de Purchas, elle est représentée remontant
à la rame le fiord Stor. Son équipage tua un millier
de morses sur l'île d'Edge, et il avait fait 1300
tonnes (barriques) d'huile le 14 août.

En 1613, les Hollandais suivirent cet exemple,
et les marins hollandais et anglais en vinrent souvent aux coups pour la possession exclusive de la
pêcherie. Une des expéditions anglaises de cette
époque découvrit une grande île à l'est du Spitzberg,
qui ne fut plus visitée jusqu'à ce que trois vaisseaux norvégiens faisant la chasse aux phoques y
touchassent en 1872. Comme le Dr Pétermann a essayé de jeter des doutes sur cette découverte anglaise, il est juste de revendiquer les droits des audacieux aventuriers de la Compagnie Moscovite, en
rapportant les détails de ce voyage. Les voici comme le raconte Purchas :

« En l'année 1617, la compagnie envoya quatorze
voiles et deux pinasses fournies d'un nombre suffisant
d'hommes et de toutes les provisions nécessaires
pour le voyage, sous le commandement de Thomas

(1) Ce sont les découvertes qu'indique Purchas (t. III,
p. 466), comme faites par quatre navires, dans l'année du
voyage de Baffin, en 1614.

Edge..... Ils employèrent un navire de 60 tonneaux monté par vingt hommes qui découvrit à l'est du Groënland, à 69° nord, une île qu'ils appelèrent l'île de Wiche et diverses autres îles comme il paraît par la carte ; ils tuèrent là quantité de chevaux marins (morses) et de là le navire vint au détroit de Bell où il trouva son chargement d'huile laissé par le capitaine et il le prit. Cette année les hommes de Hull envoyèrent un navire ou deux à l'est du Groënland, car les gens de Hull suivaient toujours les traces des Londoniens, et au bout d'un an ou deux ils l'appelèrent leur découverte, ce qui est faux et contraire à la vérité, comme il a été prouvé par serment devant l'Amirauté. Les Hollandais également pratiquent la même conduite. »

Groënland était le nom donné à cette époque au groupe du Spitzberg. Quand l'île de Wiche fut **vue** de nouveau par d'Heuglin, en 1870, le D**r Peter**mann rejeta le vieux et vrai nom d'île de Wiche, et la rebaptisa Terre du Roi Charles. Il fit cela pour ce motif que l'île de Wiche est dite avoir été vue du cap de Stone, dans la direction de l'est, et que, comme il n'y a pas de terre dans cette direction, l'île de Wiche n'avait jamais eu d'existence, et aussi qu'elle est incorrectement placée sur une vieille carte, publiée par Purchas, en ce qui concerne la latitude. Ces allégations peuvent être réfutées d'une manière concluante.

Comme on peut voir par l'extrait que nous citons, le cap de Stone n'est pas même mentionné, et il n'y a aucune autorité pour soutenir que la

carte de Purchas ait été préparée par ou sous
l'autorité d'Edge ou d'aucun de ses officiers. Mais
le récit de la découverte dans le texte de Purchas
résout la question. On nous dit que le navire de
découverte alla jusqu'à 79° nord, latitude exacte
d'une grande île nommée par Petermann Terre du
Roi Charles, laquelle est ainsi prouvée, hors de
tout doute, être l'île de Wiche, découverte par les
Anglais en 1617. On lui donna le nom de M. Robert
Wiche, éminent négociant de Londres et un des
fondateurs de la Compagnie des Indes Orientales (1).

(1) Richard Wiche ou Wyche était un négociant de Londres, de la corporation des pelletiers et au premier rang
parmi ces patriotes aventureux qui firent tant pour encourager le commerce de l'Angleterre, sous les règnes d'Élisabeth
et de Jacques Ier. Nous le trouvons dans la liste des organi-
sateurs du premier voyage aux Indes, en 1599, pour lequel il
souscrivit 200 livres (5,000 francs), et commissionna la four-
niture des haricots et de la moutarde. La Compagnie des
Indes Orientales reçut sa charte d'incorporation le 31 décembre 1599, le jour où le privilége du commerce avec l'Inde fut
accordé par la grande reine au comte de Cumberland et à
deux cent quinze chevaliers, aldermen et marchands, parmi
lesquels était Richard Wiche, en même temps membre du
premier comité de directeurs. M. Wiche aida aussi à former
la Compagnie du Nord-Ouest, en 1612; il était un membre
actif de son comité quand les flottes baleinières, sous le commandement du capitaine Edge, furent envoyées dans les mers
du Spitzberg. Voilà pourquoi l'île, par 79° nord, à l'est du
Spitzberg, découverte en 1617, fut, et très-justement, appelée
Ile de Wiche. M. Wiche épousa Elisabeth, fille de sir Richard
Saltonstall, qui fut lord-maire de Londres en 1598, et il en
eut douze fils et six filles. Il mourut le 20 novembre 1621, et
fut enterré à Saint-Dunstan (partie est). Sa postérité fit
honneur au nom de l'honorable négociant pendant plusieurs générations. Un de ses fils, Sir Pierre Wyche, fut

Dans les années suivantes, il y eut de fréquentes collisions avec la flotte hollandaise, et les Anglais trouvèrent de plus en plus difficile de maintenir leurs droits. Finalement, et pour bien des années, le commerce passa presque entièrement entre les mains des Hollandais.

Mais, pendant le temps que les marins hollandais eurent la suprématie dans les mers du Spitzberg, depuis le voyage du brave Hudson, en 1607, jusqu'à environ 1622, ils firent excellente œuvre de géographie, comme on le voit par la carte de Purchas. Là, nous avons l'ensemble des côtes ouest et nord du Spitzberg, avec leurs fiords et leurs îlots au large, tracés et nommés aussi bien qu'une partie du détroit entre l'île principale et la Terre du Nord-Est appelée Crique de Sir Thomas Smith, mais qui fut plus tard appelée détroit de Waygat ou d'Hinlopen, d'après un riche bourgmestre d'Amster-

ambassadeur à Constantinople et membre du conseil privé. Un autre de ses fils (aussi sir Pierre), fut ambassadeur en Moscovie en 1688, résidant à Hambourg et membre de la Société Royale. Sur la demande de la Société Royale, il traduisit du portugais une *Courte relation du fleuve du Nil*, qui fut imprimée par ordre de son président, lord Brounker, en novembre 1688. Un arrière-petit-fils du vieux Richard, sir Cyrille Wiche, fut ambassadeur eu Russie, créé baronnet en 1729, et mourut en 1758. Uu autre fils de Richard Wiche s'établit probablement à Haselbech, dans le Northampton-shire, et ses descendants furent seigneurs du manoir d'Hasel-bech, pour quatre générations. William Wiche, d'Haselbech, était membre du parlement pour Northampton, et mourut en 1742. — Voyez *Calendar of State Papers*, *Colonial Series*, *East Indies*, 1513-1616, §§ 256, 257, 267, 268, 273, 281, 288. Voir aussi : *Stow's Survey of London*.

dam de ce nom. Nous avons la Terre du Nord-Est, appelée île de Sir Thomas Smith. Nous avons l'ensemble de ce qui est appelé maintenant Stor Fiord par les Suédois, avec les côtes ouest et sud de l'île d'Edge et la crique de l'Alderman Freeman sur son rivage nord ; et nous avons l'ILE DE WICHE loin à l'est, découverte par les Anglais en 1617, mais jamais revue ou tout au moins dessinée sur une carte jusqu'en 1870.

Ainsi la carte de la plus grande partie du Spitzberg avait été bien dessinée par les Anglais, et des noms avaient été donnés à ses points principaux. Quelques-uns de ces points ont improprement reçu de nouveaux noms des Hollandais ; mais les noms plus anciens des Anglais doivent maintenant être adoptés en toute occasion, excepté, bien entendu, ceux donnés par Barents, qui ont la priorité. Les anciens noms devraient être rétablis sur toutes les nouvelles cartes.

Le commodore Jansen, de la marine hollandaise, fait sur les pêcheries de ses compatriotes au Spitzberg les intéressantes remarques que voici : « Quand nos baleiniers vinrent pour la première fois au Spitzberg, ils rencontrèrent les baleines en grande quantité, jouissant à plaisir de cette riche et plantureuse région, la meilleure peut-être de toutes les régions arctiques. On trouvait les baleines prenant leurs ébats en pleine eau au large de la côte, avec leurs immenses dos au-dessus de l'eau, ou faisant leur sieste dans une baie tranquille, entourées de pâture à foison. C'était le plus glorieux temps pour les baleines, — le paradis de leur histoire. Malgré l'accroissement annuel des baleiniers et le grand nombre de baleines tuées en cet endroit, elles revenaient toujours à ce lieu favori. Pendant la première période, appelée la *pêche côtière*, nous avions un établissement, pour faire bouillir l'huile, Smeerenburg, sur l'île d'Amsterdam, près de la pointe nord-ouest du Spitzberg. Chaque année, nos baleiniers allaient droit à cette île; chaque vaisseau avait six ou sept bateaux, et un grand nombre d'hommes étaient employés comme auxiliaires pour tuer les baleines, les amener au rivage et en faire de l'huile le plus tôt possible. Des milliers et des milliers de baleines furent tuées, et enfin, entre 1640 et 1650 environ, elles cessèrent de venir à la côte ouest du Spitzberg. Aussitôt que la rareté des baleines se fit sentir, les directeurs de la Compagnie Baleinière Hollandaise firent de grands efforts pour les suivre jusque dans leur retraite. Plusieurs navires furent envoyés en exploration, mais ils ne trouvèrent pas d'autres îles que celles autour du Spitzberg, ni d'autre lieu de pêche aussi abordable et aussi profitable que l'avait été Smeerenburg et son voisinage. Il avait été remarqué qu'un grand nombre de baleines s'enfuyaient autour de la pointe nord-ouest du Spitzberg, du côté de l'est, et nos baleiniers allèrent dans cette direction chercher les baleines, qui n'approchaient plus de Smeerenburg, cette horrible place de carnage. Ce nouveau lieu de pêche fut appelé *A l'Est*, et la baleine qu'on prenait là différait de la baleine noire qui s'enfuyait vers l'ouest, dans le courant méridional du Groënland, courant chargé de glaces. La glace entre le Spitzberg et le Groënland fut appelée la *Glace de l'Ouest*, ei les baleines qui s'y réfugiaient furent appelées les baleines de la *Glace de l'Ouest*. Après le massacre qu'on en avait fait à Smeerenburg, ces baleines de la *Glace de l'Ouest* devinrent sauvages, rusées, et quelquefois furieuses. Les autres baleines étaient plus abondantes certaines années, quand la glace à l'est du Spitzberg dérivait en grande quantité en banquises plus petites et plus plates, moins élevées que dans les années ordinaires. Une semblable année dans laquelle il y avait, contre l'ordinaire, une grande abondance de cette baleine particulière, s'appelait une année de la *Glace du Sud*. Cette baleine de la *Glace du Sud* n'était pas aussi sauvage et aussi rusée que la baleine de la *Glace de l'Ouest*; ce qui mène à la conclusion que les années de *Glace du Sud* doivent avoir été assez rares. Je ne crois pas qu'aucun navire ait été, du sud, à la côte est du Spitzberg, et je suis sûr qu'aucun navire n'a jamais été dans la glace de l'est, entre le Spitzberg et Novaïa-Zemlia, sinon le long de la côte de Novaïa-Zemlia Dans des années ordinaires, nos baleiniers étaient forcés d'aller chercher les baleines dans la *Glace de l'Ouest*, et beaucoup de navires s'y perdirent. Vers 1630, le commerce de la baleine devint libre. Chaque année, de cent à deux cents navires remontaient la glace du Groënland jusqu'à l'Ile du Prince Charles, tout droit, jusqu'à 79° ou 79° 30′ nord, très-rarement plus haut ou

3.

plus bas ; et de là ils gouvernaient à l'ouest, dans le courant méridional chargé de glaces. Pourtant, dans une année de *Glace du Sud*, ils ne remontaient pas tant au nord, mais gouvernaient à l'est aussitôt qu'ils découvraient que c'était une semblable année. Les véritables champs de glaces, longs de 36 milles, se trouvent à 224 milles à l'ouest du Spitzberg, et les baleiniers y pénétraient, à travers la glace charriée, jusqu'à ce qu'ils les atteignissent. Alors ils se laissaient descendre à la dérive, avec le champ de glaces, jusqu'à 75° ; et, si leur cargaison était complète, ils retournaient chez eux, sinon ils revenaient à 79° pour faire encore le même circuit, ou, autrement, ils tentaient de chasser les baleines à l'est du Spitzberg.

« Theunis Ys, un des navigateurs les plus expérimentés des mers qui avoisinent Novaïa-Zemlia, pensait qu'aucun navire n'a été plus haut que 82° à cause des larges champs de glaces qu'on trouve presque toujours au nord de Novaïa-Zemlia, quoiqu'on ne voie aucune terre. En 1664, le capitaine Guillaume Vlamingh navigua le long des côtes nord et nord-est de Novaïa-Zemlia tout à l'entour de la région est et atteignit la baie où Barents avait hiverné en 1596, bien qu'il n'y débarquât pas. De là il navigua dans une direction est-sud-est par une latitude de 74° nord et il ne vit aucune glace, mais seulement ici et là quelque banquise. Il alla aussi dans une direction nord-ouest de Novaïa-Zemlia jusqu'à 82° 10′ et à mesure qu'il avançait au nord, l'eau devenait de plus en plus tranquille et il y avait de moins en moins de courant. L'état de la mer, relativement aux obstructions de la glace, dépendait des vents qui régnaient. Vlamingh fut ensuite choisi pour commander une expédition d'exploration à la Nouvelle Hollande. »

Mais le plus extraordinaire des voyages hollandais au nord de Novaïa-Zemlia est celui que Witsen a raconté (1). Il dit : « Je suis informé avec certitude que le capitaine Cornélis Roule a été à 84° et demi ou 85° dans la longitude de Novaïa-Zemlia, et qu'il a navigué environ 40 milles entre des terres accidentées et qu'il a vu une grande quantité d'eau libre derrière lui. Il alla à terre avec son bateau, et, du haut d'une colline, il lui sembla qu'il pouvait aller trois jours de plus dans la direction du nord. Il trouva là beaucoup d'oiseaux et nullement sauvages. » Il n'y a là aucune date, mais il semble que Witsen reçut ce renseignement comme son livre était aux mains de l'imprimeur et qu'il n'eut pas le temps de rassembler des informations sur ce sujet.

En l'an 1624, un petit navire hollandais de 84 tonneaux, commandé par le capitaine Williamszoon avec Jacques Jacobszoon comme pilote, essaya de naviguer jusqu'au Pôle ; ils arrivèrent à trois degrés au nord du Spitzberg et de là longèrent le bord de la masse glacée, mais ils ne trouvèrent aucune ouverture. Alors le bon pilote Williamszoon fut convaincu qu'il était impossible d'arriver au Pôle

(1) Voir l'article du commodore Jansens dans les *Proceedings* de la Société Géographique de Londres, t. IX, p. 178.

arctique et il retourna sagement à sa pêche à la
baleine. Sa tentative éveilla chez d'autres le désir
de faire des découvertes et deux capitaines, nommés
Sybrandt et Claas Cornéliszon, s'y essayèrent, mais
furent également malheureux. Toris Carolus, qui
lui-même fit deux voyages au nord, publia en 1634
le tracé de sa navigation dans lequel il déclare que
83° nord est la plus haute latitude qui ait jamais
été atteinte.

Il peut sembler, d'après les faits que nous avons
cités, que les Hollandais qui ont fréquenté le Spitzberg n'ont pas matériellement ajouté à la connaissance de ce groupe jusqu'à la fin du XVII siècle.
Ils n'allèrent jamais plus loin que les Sept Iles et
que le détroit d'Hinlopen sur la côte nord, et dans
une mauvaise année ils tournaient à l'est, doublant
la pointe sud du Spitzberg et gagnant une grande
pêcherie dans la baie de Disco (1), au large de l'île
d'Edge. Cela ressort parfaitement de ce que nous dit
Frédéric Martens, qui alla au Spitzberg en 1671 (2) et
qui écrivit la meilleure description de ce groupe
qui ait paru avant la publication de l'ouvrage de
Scoresby. Il dit : « Alors suivant les Sept Iles, nous
ne vîmes aucun navire aller plus loin et je ne pour-
rais comprendre qu'un navire le fît, ni qu'il allât
aussi loin chaque année vers l'est à cause du danger de la glace. On ne sait si le Waygat traverse le
pays ou non. »

Mais environ trente-cinq ans après l'époque de

(1) Baie distincte de celle du même nom au Groënland.
(2) Voyage publié par la Société Hakluyt, en 1855.

Martens, deux capitaines hollandais, nommés Cornélis Gilies et Outsger Rep, firent des voyages dans la direction de l'est, tels qu'on n'en a pas fait de semblables jusqu'à nos jours. En 1707, le capitaine Gilies passa plus d'un degré au nord des Sept Iles sans en être empêché par la glace, puis navigua à l'est pendant quelques lieues dans une mer ouverte, puis dirigea son cours au sud-est et après cela au sud. Par la latitude de 80° nord, il vit une terre très-élevée, environ 25 milles à l'est de la Terre du Nord-Est, terre qui depuis a été connue sous le nom de *Gilies Land* (terre de Gilies). Il courut alors le long de la côte est de la Terre du Nord-Est, entra dans le détroit d'Hinlopen et jeta l'ancre dans la baie de Lomme, où il prit deux baleines. Ces renseignements ont été donnés par Walig et d'autres capitaines baleiniers au Helder, en 1775, et ils sont rapportés par Daines Barrington (1). Ils concordent à tous égards avec la carte de Van Keulen. Ainsi les Hollandais s'assurèrent que les deux criques découvertes par les Anglais et nommées d'après

(1) Il semble, d'après la liste des capitaines baleiniers que donne Gerret van Saute, que Cornelis Dirkzoon Gilies fit des voyages au Spitzberg, de 1700 à 1714, avec un navire appartenant à la ville de Jhisp, dans la Hollande septentrionale. Son année la plus heureuse fut 1705, dans laquelle il prit seize baleines. En 1707, il semble avoir sacrifié la pêche baleinière pour les découvertes; car, d'après la liste, il ne prit pas de baleines cette année. En quatorze ans, il prit cent vingt-deux baleines. Outsger Rep est sans doute l'Outsger Pieterzoon Rep de la Iisle, qui fit des voyages seulement de 1700 à 1702, de sorte que ses découvertes ne peuvent être dans la même année que celles de Gilies (Voyez *Alpha-*

Sir Thomas Smith et l'Alderman Freeman, étaient
en réalité des détroits et ils les appelèrent détroits
d'Hinlopen et de Walter Thymen. Les Hollandais
découvrirent aussi les Sept Iles, la côte est de la
Terre du Nord-Est, la terre de Gilies et trois îles au
large de la côte est de l'île d'Edge, qu'ils appelèrent
les îles de Ryk-Ys. Mais ils ne virent pas l'île de
Wiche des Anglais plus à l'est, et cette terre était si
bien oubliée qu'à la fois Scoresby et le capitaine
de *la Recherche* (1), dans leurs cartes, mirent Terre
de Wiche comme un autre nom pour les îles de
Ryk-Ys.

La connaissance que les Hollandais eurent du
Spitzberg est réunie dans la carte des Van Keulen
(père et fils), carte qui eut plusieurs éditions et qui
fut la meilleure autorité sur le sujet pendant tout
le XVIII° siècle. Jean Van Keulen le père mourut
environ en 1705 et le fils, Gérard Van Keulen, fit sa
dernière publication en 1728. La dernière édition
de leur carte du Spitzberg fut faite après le retour
du capitaine Gilies et Outsger Rep, et montre leurs

betische Naam-lyst van all de Groenlandsche en Straat Davissche Commandeurs, door Gerret van Saule, Haarlem, 1770).
Walig qui fournit les renseignements relatifs à Gilies, est le
Jean Simonszoon Walig de la liste. Il fit trente et un voyages
au Spitzberg, de 1714 à 1745, et se servit de cartes préparées
par Gilies.

(1) *La Recherche* est une corvette française, qui, en 1838
et 1839, fit un voyage d'exploration scientifique dans les
mers du Nord. Les résultats de cette exploration ont été con-
signés dans un grand ouvrage du ministère de la marine.
*Voyage en Scandinavie, en Laponie et au Spitzberg de la cor-
vette la Recherche,* 16 vol. in-8. Paris, 1845. (TRAD.)

découvertes, leurs noms sont sur le titre. Le Dr Petermann a parlé d'un ton assez méprisant de la carte de Van Keulen et il a changé la position de la terre de Gilies de 80° à 81°30', prenant Barrington pour son autorité. Mais le récit de Barrington est parfaitement d'accord avec la carte de Van Keulen (1) et avec les positions prises par Tobiesen en 1864, de sorte que ce changement est certainement une erreur. M. Foster, qui était un des lieutenants de Parry en 1827, estime bien différemment la valeur de l'œuvre de Van Keulen. Il dit : « Nous reconnûmes distinctement presque tous les points des terres marquées dans la vieille carte hollandaise. » Et il ajoute que plusieurs des glaciers du détroit d'Hinlopen étaient indiqués avec exactitude.

La pêche baleinière des Hollandais continua à fleurir aussi longtemps que cette vaillante petite république maintint sa grandeur maritime. Nous avons des relevés statistiques de 1669 à 1775, d'où il paraît qu'entre 1675 et 1690, plus de cent navires firent annuellement le voyage du Spitzberg et que même une année, en 1684, il partit jusqu'à 242 navires. De 1672 à 1674, la guerre mit fin pour un temps à la pêcherie, et encore en 1691. Le nombre de navires perdus fut en moyenne de dix par an, et en 1678, le nombre monta à dix-huit. Après 1691, le nombre de baleiniers diminua. En 1700, ils étaient 173 ; en 1707, le nombre de ceux qui naviguèrent, fut de 131, et en 1717, ils étaient 194. En 1769, il y

____

(1) Voyez p. 49.

en avait 110 ; en 1775, le nombre tomba à 88 et, à partir de cette année, la pêcherie diminua peu à peu jusqu'à ce qu'elle s'éteignit finalement lorsqu'éclatèrent les guerres de la Révolution française. La principale autorité sur la pêche baleinière de la Hollande, le Scoresby hollandais, est Zorgdrager, pilote hardi aussi bien qu'auteur, qui fit des voyages dans un navire appartenant à Zaandam, de 1700 à 1705 (1).

Ainsi le commerce baleinier des Hollandais diminua graduellement pour prendre fin dans la dernière moitié du dernier siècle. Bien des noms sur les rives du Spitzberg et bien des tombes restent comme souvenir de leurs anciennes aventures. Le nom *Treurenberg*, la grande baie sur la côte du nord vient de *treuren* (se lamenter), et Parry trouva de nombreuses tombes hollandaises presqu'en chaque endroit avec des dates allant de 1640 à 1738. Il est malheureux que les Hollandais ne reprennent pas leurs anciennes entreprises du Spitzberg et qu'ils ne prennent pas place de nouveau parmi les explorateurs arctiques, faisant revivre la mémoire de leurs anciens exploits. Certainement les compatriotes de Barents, de Vlamingh et de Linschoten ont gardé le vieil esprit de leurs ancêtres, ils sont prêts à reprendre leurs places légitimes au milieu

(1) *Cornelis Gysbertzoon Zorgdrayers Groenlandsche Visschery.* Amsterdam, 1720, 330 p., in-4º, avec cartes et illustrations. Voyez aussi un essai récemment couronné et qui traite de cette question : *Geschiedenis der Noordsche Compagnie door M. S. Muller, Fz. Uitgegeven door het provincial Utrechtscha Genootschap van Kunsten en Wetenschappen*, Utrecht, 1874.

des explorateurs des autres pays qui maintenant rassemblent leurs forces pour marcher sur le vaste inconnu du Pôle.

M. Daines Barrington qui, en 1773, prit grande peine pour rassembler toutes les histoires qu'il pouvait trouver sur ce sujet, donne six exemples de navires hollandais dont on prétendait qu'ils avaient presque atteint le Pôle; ils sont tous pourtant si évidemment fabuleux qu'il est étonnant qu'il se soit rencontré un homme ayant son bon sens pour leur donner quelque crédit. Le premier est fourni par un certain Dallie qui dit au docteur Campbell, l'éditeur des *Voyages d'Harris*, que cinquante ans auparavant, il avait été avec un navire à 88° nord, que là le temps était chaud et qu'il n'y avait pas de glaces. Le docteur Campbell raconta l'histoire à M. Barrington trente ans après. Le second vint d'un Hollandais qui, un jour, jura à M. Grey, qu'il avait été à 89° 30′ nord, et M. Grey rapporta l'histoire à M. Oldenburg en 1663. Le troisième vient d'un M. Wheatly à qui trois pilotes hollandais avaient dit avoir entendu parler d'un navire hollandais qui aurait été à 89° nord. Le quatrième est d'un M. Reed qui raconta à M. Barrington que, quinze ans auparavant, un certain Hans Derrick (1) lui avait dit avoir été à 86° nord avec cinq autres navires. Le cinquième exemple est donné par le capitaine Jean Wood, comme sa cinquième raison

---

(1) Un Hans Dickszoon, fit des voyages dans un navire de Krimpen, entre 1753 et 1769. Voyez l'*Alphabetische Naam-Lyst*, etc., p. 49.

de croire qu'il pouvait naviguer au Pôle Nord. Il est fourni par un capitaine Goulden qu'on prétend avoir dit au roi, en 1676, qu'il avait entendu dire à deux pilotes hollandais, vingt ans auparavant, qu'ils avaient été à 89° nord. Ils ajoutèrent que quatre journaux étaient tenus à bord des deux navires et qu'ils étaient d'accord à quatre minutes près.

Mais le sixième exemple est le plus absurde de tous, bien que son autorité ne soit rien moins que M. Moxon, hydrographe de Sa Majesté le roi d'Angleterre. Il paraît qu'environ vingt-deux ans avant que M. Moxon racontât cette histoire, c'est-à-dire en 1654, le crédule vieillard entra dans une taverne d'Amsterdam pour boire un verre de bière, et qu'il s'assit près du foyer au milieu d'autres buveurs. Justement un matelot entra, et voyant en train de boire sa bière un ami qu'il supposait être avec la flotte du Groënland, il lui demanda quel accident l'avait ramené si tôt. « Oh ! dit le buveur de bière, nous avons été au Pôle Nord et nous en sommes revenus. » Cela frappa l'excellent M. Moxon qui entra dans la conversation demandant si le fait était bien vrai. Là-dessus, le plaisant répliqua qu'il n'avait pas seulement été au Pôle mais deux degrés au-delà (1) ; et alors bien évidemment les matelots

(1) Cette gasconnade rappelle un amusant passage de Molière : « MASCARILLE. Te souvient-il, vicomte, de cette demi-lune que nous emportâmes sur les ennemis, au siége d'Arras? — JODELET. Que veux-tu dire avec ta demi-lune? C'était bien une lune tout entière. » (*Précieuses ridicules*, sc. XII). — (TRAD.)

hollandais résolurent de voir ce que l'étranger pourrait avaler. En réponse à ses questions ils lui dirent qu'il y avait autour du Pôle une mer libre et ouverte, qu'ils n'avaient pas vu de glaces et que le temps était aussi chaud qu'à Amsterdam en été. Enfin, l'hydrographe pensa que, comme ils étaient en train de causer entre eux, il ne convenait pas qu'il les interrompît plus longtemps; mais il crut que le matelot hollandais « ne disait que des faits et la vérité, car il semblait une personne simple, honnête et sans prétention, et un homme qui ne pouvait avoir de desseins sur moi. »

Cette conversation fut gravement rédigée et publiée avec une carte, quelques sots arguments pour prouver la vérité de ce bavardage de cabaret, et avec une histoire encore plus sotte pour couronner le tout. Cela trouva beaucoup de lecteurs et une seconde édltion parut en 1697.

Quand M. Barrington interrogea les pilotes hollandais eux-mêmes, il obtint la vérité toute simple. En réponse à ses questions ils dirent : « Nous pouvons rarement aller plus haut que 81° 30′ nord, mais presque toujours nous allons jusqu'à cette latitude. »

La période la plus florissante de la pêcherie anglaise dans les mers du Spitzberg fut de 1752 à 1820. Un acte du Parlement avait accordé des gratifications de 40 schellings (50 francs) par tonne, et de 1733 à 1785 la somme payée en gratifications monta à 1,266,430 livres sterling (31,660,750 francs). La quantité de navires ainsi employés augmenta rapidement, et en 1778 il y avait 255 voiles baleinières employées dans les mers du Spitzberg. Comme elle s'élevaient en général jusqu'à 80° et 81° nord et comme beaucoup de capitaines baleiniers n'étaient pas des observateurs très-exacts, il y eut de nombreuses histoires de navires ayant été plus loin vers le nord, et toutes ces histoires furent soigneusement recueillies par M. Barrington. Mais les histoires des Anglais étaient beaucoup plus modestes que celles des Hollandais, et 84° 30′ est la latitude la plus élevée qui y ait été mentionnée. Et encore ces renseignemenis étaient-ils la plupart donnés de mémoire, soit par des voyageurs qui avaient eux-mêmes fait des observations, soit par d'autres qui avaient eu des rapports avec les premiers. Dans le premier cas, plus de la moitié étaient des témoignages oraux donnés à la distance de dix-huit à trente ans depuis l'époque où ces voyages avaient été accomplis.

La masse de la glace polaire flotte vers le sud pendant l'été et pendant l'automne, et aucun navigateur n'a jamais prétendu s'y être en réalité forcé un passage. Le bord de cette masse varie dans sa position suivant les différentes saisons dans les méridiens du Spitzberg. Quelquefois il presse sur le cap Hakluyt; d'autrefois il est beaucoup plus loin au nord, quelquefois même, dans des saisons peu ordinaires, on peut ne le rencontrer qu'avec le 83me degré. Mais, où qu'il soit, il est certain qu'aucun navire n'a encore fait voile par delà son bord, et de cette façon dans des saisons remarquables, quelques-uns peuvent avoir été à 81°, 82° et même 83°. Cependant, il n'y a aucun exemple authentique d'aucun vaisseau ayant été au nord de 81° 42′, latitude atteinte par les Suédois en 1868.

Les baleiniers avaient un mobile de pousser au nord toutes les fois qu'ils en avaient une bonne occasion, et ce mobile était la récompense offerte à ceux qui atteindraient de très-hautes latitude. Nous pouvons assurer que si quelque navire avait réussi, les preuves d'un semblable voyage n'auraient pas manqué de se montrer. En 1776, une récompense de 5,000 livres sterling (125,000 francs) fut offerte à la première personne qui naviguerait au delà de 89° de latitude. (Act. 16 de Georges III, chapitre VI.)

En 1818, ce mobile fut rendu encore plus puissant par une révision de l'acte précédent et par un arrangement qui offrait une récompense proportionnée à un succès partiel. (Acte 58 de Georges III, chapitre XX.) Par ce nouvel acte, le premier navire qui atteindrait 83° nord devait recevoir une récompense de 1,000 livres (25,000 francs), 85° 2,000 livres (50,000 francs), 87° 3,000 livres (75,000 francs), 88° 4,000 livres (100,000 francs) et 89° 5,000 livres (125,000 francs). Il est satisfaisant de constater que cette excellente loi n'a pas été rappelée dans les actes récents qui ont annulé un grand nombre d'anciens actes. (Actes 24 et 25 de Victoria, ch. CI, et Act. 26 et 27 de Victoria, ch. CXXV).

Bien que les voyages baleiniers n'aient pas fait beaucoup pour étendre nos connaissances au nord, cependant au grand ouvrage de Scoresby et aux observations attentives de lui-même et de son père, nous devons la description la plus utile des mers du Spitzberg et de leurs glaces jusqu'anx masses de la glace polaire.

Le docteur Scoresby a trouvé que le bord de la glace pendant l'hiver et le commencement du printemps s'étendait en une ligne de la côte est du Groënland au nord de l'île de Jean Mayen, traversant le méridien de Greenwich entre les 71 et 72° de latitude, suivant l'année, remontant ensuite au nord pour plusieurs degrés et formant une baie, et finalement se dirigeant à l'est vers Novaïa-Zemlia. La profonde baie ainsi laissée à l'est du méridien de Greenwich, qui est probablement causée par le Gulf Stream, forme la route par laquelle les baleiniers se rendent à leur lieu de pêche et est appelée la *crique du Baleinier*. Quand la glace s'étend au printemps depuis l'ouverture de la baie jusqu'au Spitzberg, c'est ce qu'on appelle *une saison fermée*, et quand la navigation est ouverte le long de la côte ouest jusqu'au cap Hakluyt, c'est *une saison ouverte*. Dans une saison ouverte, un large canal d'eau se trouve entre la terre et la glace, avec de 20 à 50 lieues de largeur, et il va jusqu'à 79 ou 80°, où généralement la glace le ferme et touche les petites îles au nord du Spitzberg; mais, même dans une saison ouverte, la glace paraît de nouveau sur la côte est du Spitzberg et s'étend de là jusqu'à Novaïa-Zemlia. Dans une saison fermée, il y a une barrière de glaçons qui s'étend depuis la côte sud du Spitzberg; les baleiniers y pénètrent sans hésitation et s'y forcent un chemin jusqu'à ce qu'ils atteignent l'eau libre de l'autre côté.

Tel est l'état ordinaire de la glace, quand les baleiniers l'approchent en avril ; mais, par la fin de juin, les obstacles ne s'étendent pas aussi loin au sud. Il est pourtant très-remarquable que, tandis que sur la côte ouest du Spitzberg, l'océan est navigable tous les ans dans les méridiens de 5° à 10° de longitude est de Greenwich jusqu'au 80° de latitude, dans d'autres parties de l'espace entre le Groënland et Novaïa-Zemlia, la masse glacée se rencontre d'ordinaire dès les 74ᵉ et 75ᵉ degrés. Sans aucun doute, cela est causé par le Gulf Stream et par le mouvement de ce courant du nord-est qui chasse la glace sur la côte nord-est du Spitzberg, tandis qu'un chenal navigable est ouvert sur la côte ouest. En été, la ligne de la masse glacée du Pôle s'étend depuis environ le 80ᵉ degré dans le méridien du Spitzberg, dans une direction sud-ouest jusqu'au 74ᵉ et 75ᵉ degrés sur la côte est du Groënland. La côte du Spitzberg présente une ligne de pics montagneux, de cimes et d'aiguilles s'élevant de la mer à une hauteur de 3 à 4,000 pieds (1) et les vallées qui sont dans l'intervalle sont remplies de glaciers d'où se détachent quelques petites banquises. La glace, qui dérive de la région du Pôle sous la forme de champs étendus, commence à paraître dans les mers du Spitzberg en mai et en juin et elle présente le caractère le plus formidable. Ces

(1) « Sommets aigus » ou « montagnes couverte de pics » est la signification et l'origine du nom du Spitzberg. (Trad).

champs de glace ont souvent 30 milles de largeur et 100 de longueur ; ils ont de 12 à 15 pieds d'épaisseur quand ils sont plats ; mais quand la glace est pressée et s'élève en éminences ou *hummocks*, leur épaisseur est souvent de 40 à 50 pieds. Scoresby dit qu'il n'est pas rare de les voir en simples nappes de glace solide et transparente, ayant près de 40 pieds d'épaisseur. Ils dérivent au sud et au sud-ouest, et quand ils se trouvent en contact l'un avec l'autre, la pression est formidable ; on entend un bruit qui ressemble à de longs coups de tonnerre et des monceaux de glace brisée s'élèvent dans les airs. Nombre de vaisseaux ont été détruits par la pression de deux champs de glaces et quand de grandes flottes fréquentaient ces mers, on a vu jusqu'à vingt-trois navires périr ainsi dans une seule saison.

Tous les calculs des premiers navigateurs sur la possibilité d'atteindre le Pôle reposaient sur cette idée fausse que la glace se formait seulement dans le voisinage de la terre et jamais dans une mer libre. Scoresby pourtant prouva que la glace se formait dans les mers du Spitzberg pendant neuf mois de l'année, et que ni un temps calme ni la proximité de la terre n'étaient nécessaires à sa formation. La terre ne fournit aucun secours ni même l'abri indispensable pendant la congélation, et Scoresby vit souvent la glace prendre une consistance capable d'arrêter la marche du navire avec un vent vif et même exposée qu'elle était aux vagues de l'Atlantique. Le docteur Walker, sur *le*

Renard, donne 28° 1/2 Fahrenheit (— 1° 83 centigrade) comme la température à laquelle la surface gèle dans la baie de Baffin. Le docteur Kane trouva 29° Fahrenheit (— 1° 66 centigrade) pour cette température, dans le détroit de Smith.

Le voyage le plus intéressant à l'extrême nord accompli par un baleinier anglais sur les méridiens du Spitzberg est celui qu'on raconte de *la Résolution*, commandée par le capitaine Scoresby, en 1806.

Ils pénétrèrent dans la glace avec leur bon navire *la Résolution* le 28 avril, par une latitude de 76° nord, et ils la trouvèrent extraordinairement large et compacte. Le vieux Scoresby poussa son chemin dans la glace, qui pour les appréhensions ordinaires était impénétrable. Mais alors on vit ce que valent l'expérience et 'intelligence. L'œil expérimenté du vieux navigateur dans les glaces pouvait seul reconnaître l'indication d'une eau libre au nord. Il y avait un fort *miroitement de glace* le long de l'horizon du nord qui faisait perdre l'espérance à tous, sauf à un seul. Scoresby, examinant avec soin ce *miroitement de glace* du haut du grand mât, distingua une raie gris-bleu AU-DESSOUS du *miroitement de glace* et faisant comme bordure à l'horizon. Il savait que cela indiquait la présence de l'eau au delà de la masse glacée ; pourtant cela pouvait être un court chenal ou une flaque d'eau. Mais le vétéran attentif découvrit un autre signe. Il remarquait de temps à autre un très-léger mouvement de l'eau en contact avec des glaçons près du navire ; il savait que cela ne

4

pouvait venir que d'une ondulation éloignée qui devait avoir pour cause une mer libre soit au sud, soit au nord. La distance à laquelle il avait pénétré dans la glace et le miroitement de glaces sans mélange à l'arrière le convainquirent que cette ondulation ne venait pas du sud. Plein de conviction, il résolut de pousser à travers cette masse formidable de glaces solides qui était encore devant lui. On fit tous les efforts possibles; les bateaux étaient élevés et abaissés pour briser la glace en tête; on coupa des chenaux avec des scies à glace; les matelots touèrent, halèrent et firent bouger le navire en se portant tous ensemble d'un côté à l'autre. A la fin, on atteignit une mer libre par 80°. Elle était bornée au nord à environ 81° 30′ par la solide masse de glace polaire; mais elle était large de 50 à 60 milles et s'étendait pour une distance indéterminée de l'est-nord-est à l'ouest-sud-ouest. En voici la cause : pour des raisons dues probablement aux vents qui régnaient, une grande masse de glace s'était séparée de l'ensemble de la masse polaire et avait dérivé au sud très-tôt dans le printemps, avant que la masse centrale ait commencé à se mouvoir, laissant ainsi ce large chenal ouvert, qui naturellement disparaîtrait quand le reste de la masse commencerait à se mouvoir plus tard dans la saison. En attendant, Scoresby traversa cet espace d'eau libre jusqu'au bord de la glace septentrionale, prenant plusieurs baleines, et, le 24 mai, à minuit, une observation attentive lui donna une latitude de de 81° 12′ 42″ nord. Le lendemain matin, il esti-

mait sa latitude de 81° 30′ nord par 19° de longitude
est de Greenwich, là où la glace était fixe et solide
au nord; mais il s'étendait une mer libre de l'est-
nord-est au sud-est.

Les baleiniers nous ont familiarisés avec la nature de la glace entre la côte est du Groënland et
le Spitzberg, et les précieux ouvrages de Scoresby
nous fournissent la meilleure et la plus intéressante
masse de renseignements sur tous les phénomènes
de la région arctique qui ait jamais été publiée. Son
profond désir de rendre ses observations utiles à la
science aussi bien qu'aux navigateurs pratiques
l'amena à faire des études spéciales, et il donna
ainsi un exemple qui, dans bien des cas, a été suivi
et qui a produit les résultats les plus honorables
pour notre marine marchande.

A présent, la flotte baleinière de Dundee et de
Peterhead, dans les mois de février et de mars, ga-
gne, pour tuer les phoques, le bord de la glace qui
s'étend de l'île de Jean Mayen dans la direction du
nord-est. Dans les mois de février et de mars 1874,
on a tué au bord de la glace 46,252 phoques, four-
nissant 577 tonnes d'huile, dont la valeur était de
20,195 livres (504,875 francs), sans compter les
46,252 peaux valant chacune 4 schellings 6 deniers
(5 francs 65 centimes), soit une valeur totale de
10,401 livres (260,025 francs). Ainsi la valeur
totale de la pêche aux phoques, en 1874, a été de
30,604 livres (764,900 francs).

Les navires reviennent en mai, et la plupart
d'entre eux gagnent alors la baie de Baffin pour

chasser la baleine; quelques-uns seulement, qui partent de Peterhead, fréquentent maintenant en été les mers du Spitzberg, abandonnées ainsi à la flotte norvégienne qui va y pêcher le phoque.

CHAPITRE V

LA ROUTE DU SPITZBERG

Expédition russe, sous Tchitchakov. — Expédition de Phipps.
— Expédition de Buchan. — Voyage de Clavering. —
Voyage d'exploration de Lutke. — Parry tente d'atteindre
le Pôle.

Pendant les cent dernières années, plusieurs expéditions envoyées par les gouvernements de Russie,
de Suède et d'Allemagne, ont examiné le bord de
la glace polaire entre le Groënland et Novaïa-Zemlia. Les devants ont été pris par les Russes.

Le plan russe était d'établir un dépôt dans le
détroit de Bell sur la côte du Spitzberg (cinq maisons y furent élevées par le lieutenant Nemtinov
dans l'été de 1764 et des provisions y furent débarquées et ensuite de pousser à travers la glace,
jusqu'au Pacifique, s'il était possible. Trois navires
(le plus grand long de 90 pieds et les deux autres
de 72) furent construit par un Anglais du nom de
Lambe, à Arkhangel, et le 9 mai 1765, l'expédition mit à la voile sous le commandement du ca-

4.

pitaine Vassili Tchitchakov. Il trouva la côte ouest
du Spitzberg obstruée par une quantité inusitée de
glaces, à laquelle il livra bataille pendant deux mois,
mais il ne put aller plus haut que 80°26′ nord. Il
retourna à Arkhangel et fut envoyé avec les mêmes
navires pour faire une autre tentative l'année suivante. Il mit à la voile le 19 mai ; il trouva de
nouveau une barrière impénétrable de glaces épaisses au nord du Spitzberg et, après avoir atteint une
latitude de 80° 30′ nord, il renonça à son projet
comme étant sans espoir. Une troupe de Russes
avait deux fois hiverné au détroit de Bell pour
garder les provisions pendant que durèrent ces
deux tentatives infructueuses de pénétrer au nord.

En Angleterre, l'idée de découvertes polaires fut
remise en avant par M. Daines Barrington, qui réunit avec un zèle scrupuleux les plus petits brins de
renseignements des baleiniers anglais et hollandais sur la matière, et qui lut une série de mémoires devant la Société Royale. Au commencement
de février 1773, il amena cette société à soumettre
au roi un projet d'expédition pour essayer jusqu'à
quel point la navigation est possible vers le Pôle
Nord ; et « des ordres furent donnés pour que cette
expédition fût immédiatement entreprise, avec
tous les encouragements qui pourraient l'appuyer,
et tous les secours qui pourraient contribuer à son
succès. » Les galiotes *le Race-Horse* (le cheval de
course) et *la Carcass* (carcasse) furent choisies
comme les plus solides des navires de Sa Majesté
et les plus propres à ce service, et les capitaines

Phipps et Lutwidge furent appelés à les commander. Un des volontaires de cette expédition était Horace Nelson (1), et quand ceux qui ne peuvent comprendre l'importance des résultats scientifiques mettent en doute l'utilité des expéditions arctiques, on peut leur dire que l'éducation gagnée aux voyages de découverte dans la glace forme le caractère d'un homme de mer, et que la masse glacée du Pôle a donné des leçons qui ont porté leur fruit au cap Trafalgar.

L'expédition fit voile du Nore (2) le 2 juin 1773, et fut en vue de la côte du Spitzberg le 28. Les deux navires furent, comme à l'ordinaire, arrêtés par la glace au large du cap Hakluyt et ils essayèrent de passer dans la direction de l'ouest; mais la glace était tout à fait solide dans cette direction, et ils renoncèrent à se diriger vers l'ouest, après avoir atteint 2° de longitude est de Greenwich, par 80° 30′ de latitude nord. Le capitaine Phipps essaya de passer par toutes les ouvertures qu'il pouvait trouver dans la direction du nord, mais à chaque tentative, il fut arrêté par de larges champs de glaces. Il y avait une grande houle venant du sud-ouest. Pendant les dix derniers jours de juillet, le capitaine Phipps continua à chercher une ouverture le long du bord de la glace, courant dans toutes les

(1) Il prit part à l'expédition comme patron de chaloupe, à bord de *la Carcasse*.

(2) Le Nore est un banc de sable dans l'estuaire de la Tamise, sur lequel est érigé un phare flottant. Ce nom s'étend aussi à la partie de l'estuaire qui avoisine ce banc de sable. (TRAD.)

baies, doublant toutes les pointes de glace, et à force de voiles poussant son navire aussi loin que possible à travers les glaçons. Le capitaine Lutwidge du sommet d'une haute montagne d'une des Sept Iles, vit s'étendre sans interruption une plaine unie de glace compacte pour une distance de douze lieues à l'est et au nord-est, terminée seulement par l'horizon.

Quelques temps après, un *midshipman* (aspirant de marine) du nom de Walden fut envoyé débarquer sur une île pour rendre compte de l'état de la glace, et le capitaine Phipps nomma cette île Ile Walden. C'était le 6 août. La glace, au bord de la masse glacée, avait 24 pieds d'épaisseur, quand ils atteignirent leur plus haute latitude de 80°48', au nord de la partie centrale du groupe du Spitzberg ; et leur point le plus oriental, le 7 août, fut 20° de longitude est de Grenwich, près des Sept Iles, là où la glace, en champ épais et en banquises, se fermait jusqu'à ce qu'elle s'appuyât sur l'île nord-est du Spitzberg. Ils avaient ainsi examiné une ligne s'étendant sur vingt degrés de longitude et dans aucune direction ils n'avaient trouvé d'ouverture dans la masse de la glace polaire. Il était parfaitement évident qu'on ne pouvait trouver de passage au nord du Spitzberg, et l'expédition revint en Angleterre en septembre, après avoir fait un examen attentif et persévérant de la glace et avoir essayé de s'y forcer un passage en tout endroit qui offrait la plus petite chance de succès. Le capitaine Brook fit le lever de la côte nord du Spitzberg en 1807.

On supposait généralement, cependant, que le capitaine Phipps était parti dans une saison particulièrement défavorable ; et quand, en 1817, les baleiniers apportèrent des récits d'une mer remarquablement libre, il fut décidé qu'on ferait une nouvelle tentative. Le capitaine Buchan, qui venait de retourner d'une expédition dans l'intérieur de la Terre-Neuve, fut choisi pour commander ce nouvel et final assaut donné à la barrière jusque là impénétrable. On acheta deux vieux baleiniers appelés *la Dorothée* (370 tonneaux) et le brick *le Trent* (250 tonneaux), on les approvisionna pour deux ans et on nomma pour commander le premier le capitaine Buchon, et le second le vaillant Franklin, alors lieutenant. Feu l'amiral Beechey et ce vieil explorateur arctique, Sir George Back, servaient à à bord du *Trent*.

L'expédition quitta la Tamise le 25 avril 1818 et une voie d'eau, à bord du *Trent*, se déclara presque immédiatement et augmenta d'une façon alarmante. On n'en découvrit pas la cause avant d'arriver à la glace, et cela tenait à ce qu'un trou de cheville était resté ouvert. En mai, *la Dorothée* et *le Trent* furent arrêtés par la masse de la glace polaire par 80° de latitude et ils se réfugièrent dans la baie de Madeleine, dans le coin nord-ouest du Spitzberg. Au début de juin, ils reprirent la mer ; ils furent poussés dans la masse glacée par une forte houle du sud, et ils y furent bloqués de la même façon que toutes les autres expéditions depuis le temps d'Hudson. En examinant de nouveau le bord de la

glace, de bonne heure en juillet, ils trouvèrent
un canal où les deux navires entrèrent à pleines
voiles, mais ce canal finit bientôt, et les navires furent
de nouveau bloqués par la masse glacée. Ils firent
des efforts désespérés pour se forcer un chemin à
travers la glace. Les hommes traînèrent le navire
partout où l'on voyait la plus petite ouverture,
toutes voiles furent mises dehors, et de la sorte ils
atteignirent à la fin leur plus haute latitude, par
80° 34' nord. Mais toute la masse de glace dérivait
au sud, et, après des efforts énergiques à touer et
traîner les navires, ils trouvèrent qu'ils avaient en
réalité, à la fin de la journée, perdu 12 milles dans
la direction du nord. Pendant ce temps, le vaisseau
reçut plusieurs chocs très-graves. La glace avait
15 pieds d'épaisseur et souvent s'empilait au-dessus des rebords des navires. *La Dorothée* eut à subir
des avaries particulièrement graves. A ce moment,
ils avaient pénétré dans la masse glacée pour la
distance de 30 milles et il leur prit dix jours pour
retrouver la mer libre au sud ; ils y revinrent, parfaitement convaincus qu'il n'y avait rien à faire de
plus dans les méridiens du Spitzberg. Le capitaine
Buchan résolut alors d'examiner le bord de la glace
dans la direction du Groënland, et, le 30 juillet,
les deux navires furent. pris dans un affreux coup
de vent qui les força à revenir chercher un refuge
dans la masse glacée. *La Dorothée* eut tant à souffrir
de ses rencontres avec la glace — nombre de ses
barrots avaient cédé et nombre de ses membrures
étaient brisées — qu'il devint nécessaire d'abandon-

ner l'entreprise et de revenir en Angleterre. L'expédition de Buchan accomplit l'examen d'à peu près la même étendue du bord de la glace qu'avait fait son prédécesseur Phipps, faisant voile le long de ce bord de 10° de longitude est à 10° de longitude ouest de Greenwich ; mais tous deux trouvèrent la barrière également impénétrable.

Le voyage de Clavering et de Sabine dans le brick à canons *le Griper* (l'Agrippeur), dans le but de faire des observations sur le pendule, eurent pour conséquence un nouvel examen du bord de la masse glacée entre le Groënland et le Spitzberg. *Le Griper* fit voile du Nore le 11 mai 1823 et jeta l'ancre dans un havre du Spitzberg, près du cap Hakluyt, le 30 juin, jour où le capitaine Sabine descendit avec ses instruments. Pendant que les observations sur le pendule étaient en cours d'exécution, le capitaine Clavering résolut d'examiner la glace, et, se mettant en chemin le 5 juillet, il fit voile de Cloven Cliff, dans la direction du nord pour 25 milles, et trouva le bord de la glace s'étendant à l'est et à l'ouest, aussi loin que l'œil pouvait atteindre, par la latitude de 80° 30' nord. Il examina ensuite la glace à l'ouest pour 60 milles, jusqu'à 11° de longitude ouest de Greenwich ; mais il la trouva fortement serrée et ne vit d'ouverture dans aucune direction. A la fin de juillet, *le Griper* fit voile de la côte est du Groënland.

Pendant que ces efforts se renouvelaient pour pénétrer la barrière de glace entre le Groënland et le Spitzberg, le gouvernement russe poursuivait

de semblables recherches entre le Spitzberg et Novaïa-Zemlia. Ces recherches furent dirigées par l'a-
miral Lutke, qui fut employé à lever la côte de
Novaïa-Zemlia de 1821 à 1824. En 1821, il examina
la côte ouest de Novaïa-Zemlia jusqu'à 74° 45′ nord,
et la trouva libre de glace. En 1822, il alla jusqu'au
cap Nassau, par 76° 35′ nord, en août, mais il
trouva la glace entassée en telle quantité, qu'il
était impossible d'aller plus loin. Une tentative de
doubler le cap Nassau dans le même mois fut également sans succès et pour la même cause. En 1824,
il mit à la voile avec l'ordre d'atteindre une latitude aussi élevée que possible, à distance de la côte.
Il arriva au bord de la masse glacée par une latitude de 75° 30′ nord, et il l'examina dans la direction de l'ouest jusqu'à 43° 49′ de longitude est de
Greenwich (par une latitude de 76° 5′ nord), d'où
il la vit s'étendre au loin vers l'ouest.

Ainsi, tandis qu'Hudson, Poole, Fotherby, Tchit-
schakov, Phipps, Scoresby, Buchan, Clavering et
des centaines de baleiniers avaient soigneusement
examiné le bord extérieur de la puissante masse
de la glace polaire au nord du Spitzberg, les voyages de Barents et d'autres marins hollandais,
d'Hudson, de Wood et de Lutke, remplirent le
même office entre le Spitzberg et Novaïa-Zemlia.
Hudson dans une direction, et Buchan dans l'autre, firent les plus vaillants, mais les plus infructueux efforts pour se forcer un passage à travers la
masse semée d'énormes banquises et champs de
glace.

Une longue expérience a suffisamment prouvé l'impossibilité de faire voile au Pôle Nord, et il se présenta à l'esprit de deux des plus éminentes de nos illustrations arctiques, Sir Jean Franklin et Sir Édouard Parry, que le vrai moyen d'accomplir la plus importante et la plus intéressante des explorations était de voyager en traîneau sur la glace. Ainsi, la seule méthode efficace à employer dans les expéditions arctiques fut enfin suggérée par deux des plus hautes autorités sur le sujet. Parry, comme on vit plus tard, se trompa sur la route à prendre et sur la saison de l'année à choisir pour ce voyage, mais il jeta les fondements de ce système approfondi d'investigations arctiques au moyen de traîneaux, qui a depuis porté d'aussi riches fruits, et qui a été porté à la perfection par le génie de Sir Léopold Mac Clintock. L'exploration de 50 milles de côte par Mac Clintock en une de ses parties de traîneau vaut plus pour la science que la découverte de 500 milles par un navire. Dans le premier cas, la côte est soigneusement relevée et l'on se rend plein compte de sa faune, de sa flore, de sa géologie et de ses caractères physiques. Dans le second, on voit une côte et on la marque d'une façon peu exacte par une ligne de points sur une carte, et c'est tout. Jusqu'à ce qu'on découvrît l'art des voyages en traîneau, l'exploration arctique resta dans l'enfance.

Le projet de Parry, d'essayer d'atteindre le Pôle en voyageant avec des bateaux-traîneaux sur la glace ou à travers les espaces d'eau libre qui pourraient se rencontrer, fut approuvé par l'amirauté, et, le 3 avril 1827, il mit à la voile avec *l'Hécla*, dans l'intention de faire une tentative dans le méridien du Spitzberg. Après avoir doublé le cap Hakluyt, *l'Hécla* atteignit la très-haute latitude de 81° 5′ nord, avec rien que des glaçons en dérive au nord, et nulle apparence de la masse de la glace polaire. C'était le 14. Mais le but de Parry était d'atteindre un port sûr et non de se hâter à gagner le nord avec son navire, et enfin il réussit à trouver un bon mouillage pour *l'Hécla* dans une baie qui fut appelée *crique de l'Hécla*, sur la côte nord du Spitzberg, par 79° 55′ de latitude nord et 16° 53′ de longitude est de Greenwich.

Alors commença cet essai hardi et intéressant, qui, quoique non couronné de succès, devait fournir aux futurs explorateurs des renseignements de grande valeur et qui devait exciter en eux un esprit de généreuse émulation. *L'Hécla* fut amarré sans accident dans la crique qui porte son nom et laissé sous le commandement du lieutenant Crozier, le futur collègue de Ross dans son voyage antarctique et de Franklin dans sa grande, mais fatale découverte du passage du Nord-Ouest. Le 21 juin, par une belle après-midi, par une température de 4° au-dessus du point de congélation (1), les deux bateaux *l'Entreprise* et *la Tentative* furent armés et partirent pour le Pôle Nord. Parry lui-même, avec M. Beverley, était dans le premier,

(1) Il s'agit ici du point de congélation du thermomètre de Fahrenheit, ce qui donne — 14°, 44 centigrade. (TRAD).

tandis que Jacques Ross et Édouard Bird comman-
daient le second. Dix soldats de marine et deux
marins formaient l'équipage de chaque bateau.
Les bateaux étaient à fond plat avec une largeur
maxima de 7 pieds, soutenue très-loin vers l'avant
et vers l'arrière, longs de 20 pieds et avec une
membrure en bois dur de frêne et de noyer d'Amérique. A l'extérieur de la membrure, on avait
adopté un nouveau système de bordé en planche
pour assurer aux bateaux de l'élasticité dans les
fréquentes rencontres avec la glace. Ce bordé consistait d'abord dans une enveloppe de toile imper-
méable, enduite de goudron, puis d'une mince
planche de sapin, puis d'une feuille de feutre, et
enfin d'une mince planche de chêne, le tout assu-
jetti à la membrure par des vis de fer. De chaque
côté de la quille, il y avait un fort patin garni de
métal, comme celui d'un traîneau, et sur lequel le
bateau reposait entièrement quand il était sur la
glace. Les extrémités antérieures des patins étaient
reliées par une patte d'oie en cuir, sur laquelle
s'attachaient deux traits en crin. Chaque bateau
avait deux bancs de rameurs, un coffre à chaque
extrémité, un léger caisson le long des côtés, pour
contenir des provisions et des vêtements de re-
change, un mât de bambou, une voile en toile
tannée, 14 petits avirons et un aviron de queue. Le
temps était clair et calme, et, comme ils passaient
à la rame les Sept Iles, les chances semblaient très-
favorables, avec les glaçons que la mer charriait
devant eux; mais, le 23, ils arrivaient à la masse

glacée, et ils furent obligés de tirer leurs bateaux sur une banquise par 81° 12′ 51″ nord.

Les opérations du voyage commencèrent alors. Le poids de chaque bateau était de 1,539 livres (1), et le poids total, avec les provisions, de 3,753 livres, soit 208 livres par homme, outre quatre légers traîneaux pesant chacun 20 livres. La ration quotidienne de chaque homme était 10 onces de biscuit, 9 de pemmican, 1 de cacao et un *gill* (2) de rhum. Ils dormaient dans les bateaux avec les voiles pour tentes, et ils voyageaient pendant la nuit.

Le voyage de Parry fut un des plus pénibles et des plus décourageants qu'on puisse concevoir, et il demanda un degré étonnant de résolution vigoureuse à la fois chez les officiers et chez les matelots. La saison présentait un caractère tout à fait exceptionnel. Il avait tombé plus de pluie que pendant les sept étés précédents pris ensemble, et le grand champ de la glace polaire, qu'on rencontre généralement dès 80° ou 81°, n'avait pas encore commencé à dériver au sud. Ainsi il fallait voyager sur une masse brisée et partagée en glaçons, délabrée et abîmée par l'eau de la pluie. Les banquises étaient de petite étendue, entrecoupées par de hautes crêtes de *hummocks* (3), et les hommes avaient à faire trois et quelquefois quatre voyages

---

(1) Nous rappelons au lecteur que la livre anglaise vaut 453 grammes. (TRAD.).

(2) Le gill vaut 13 centilitres. (TRAD.).

(3) Faute de mot correspondant en français, nous gardons le mot anglais de *hummock* pour désigner les grosses bosses

avec les bateaux et les provisions ; et les mares d'eau qui séparaient les *hummocks* forçaient sans cesse de mettre les bateaux à l'eau et de les en retirer. La pluie avait creusé dans les banquises des trous d'eau où l'on enfonçait jusqu'au genou, la neige était molle et lourde, et en bien des endroits il y avait de grandes masses de ce que les matelots appelaient « de la glace à canif. » Cette glace est composée d'innombrables cristaux en forme d'aiguilles placés verticalement les uns contre les autres, longs de 5 à 10 pouces et pointus des deux bouts. Parry la décrit comme ressemblant, à distance, à du velours vert, et il pensa qu'elle devait être formée par de grosses gouttes de pluie tombant à travers la glace. Ce n'est que le 7 juillet qu'ils atteignirent une banquise à surface plate ; le 11, ils trouvèrent que la glace devenait de plus en plus lourde, avec des rangées de *hummocks*, hauts de 30 à 40 pieds. du haut desquels on ne voyait que de la glace dans toutes les directions. Le 20, ils hissèrent leurs bateaux sur une banquise d'environ un demi-mille de longueur, épaisse de 15 à 20 pieds, bordée d'énormes *hummocks*, ce qui indiquait une effrayante pression à un moment ou à un autre. Entre les lourdes banquises, il y avait de la glace récente, épaisse de 2 à 3 pieds seulement, qui s'était formée pendant l'hiver précédent dans les interstices de la masse. Le 22, ils arrivèrent à des banquises

ou protubérances de glace sur les banquises. Ces protubérances s'élèvent par la pression et la jonction de plusieurs blocs à la surface d'un champ de glace. (TRAD.)

de 3 milles carrés, épaisses de 15 à 20 pieds, et là enfin ils semblent avoir approché de cette lourde masse glacée du pôle que les autres expéditions ont rencontrée aussitôt qu'elles étaient en vue des rivages septentrionaux du Spitzberg.

Mais il était trop tard. Le mois d'août approchait, et la glace dérivait de plus en plus au sud, à un degré tel, que ce mouvement de dérive leur faisait perdre presque autant qu'ils gagnaient par de longues heures d'un travail pénible et fatigant de hallage. Le mouvement de dérive au sud dépassait 4 milles par jour. Il était inutile de continuer des efforts aussi infructueux, et Parry, à la fin, résolut de revenir sur ses pas. Sa plus haute latitude fut atteinte le 23 juillet, et fut trouvée être 82° 45' nord. De ce point il y avait toujours un fort miroitement jaune de glaces, s'étendant sur l'horizon septentrional, et montrant que la glace polaire s'étendait encore loin dans la direction du nord ; car la teinte jaune dénote un champ de glace. Ils étaient maintenant à 172 milles de *l'Hécla ;* mais ils avaient voyagé sur un espace de 292 milles, 200 par eau, avant d'atteindre à la glace, et 92 sur la glace et les glaçons. Les bateaux retournèrent à la *crique de l'Hécla*, après une absence de soixante et un jours, le 21 août ; et *l'Hécla*, mettant voile quelques jours après, arriva dans la Tamise le 6 octobre. Parry ne vit aucun signe de terre du point extrême qu'il atteignit au nord ; mais il y avait de la boue dans quelques trous de la glace par 82° de latitude nord. Parry vit à distance, à l'est des Sept

Iles, une terre élevée, qui doit avoir été le cap Platen, sur la Terre du Nord-Est et les îles d'Outsger-Ren, de Charles XII, de Broch et de Foyn au nord de celle-ci ; les deux dernières découvertes par M. Leigh Smith, en 1871. Le lieutenant Foster releva une partie du détroit d'Hinlopen, dans la direction du sud, jusqu'à 79° 33′ de latitude nord, et il donna les noms de cap Fanshawe et d'île Foster à une pointe de terre et à un petit groupe de ce détroit à son extrémité.

Par ce courageux essai, Parry, malgré tous les obstacles et toutes les difficultés qui lui barrèrent le passage, parvint à la plus haute latitude jamais atteinte dont il y ait une preuve authentique. La principale cause de son manque de succès fut le caractère extraordinaire de la saison et l'excès inusité de pluies ; mais, dans son système de voyage, il y a plusieurs erreurs que l'expérience devait corriger. La première de ces erreurs était le choix de la saison à préférer pour ce voyage. S'il avait hiverné dans la Crique de l'Hécla et s'il était parti avec de légers traîneaux et des bateaux sur patins au commencement de février, il aurait pu faire de grands progrès avant que la glace eût commencé à dériver, marchant droit au nord d'une façon quotidienne et régulière avant que ses provisions fussent à moitié dépensées.

Une autre méprise fut dans la ration quotidienne de viande, qui était trop petite, comme l'expérience l'a montré, et le poids de 264 livres par homme était trop élevé ; mais ces faits ne pouvaient s'apprendre que par l'expérience, et Sir Édouard Parry a le mérite d'avoir été le pionnier des explorateurs arctiques et d'avoir montré le vrai moyen de pénétrer dans la région inconnue du Pôle. La troupe qu'il conduisait garde l'honneur d'avoir atteint la plus haute latitude au nord qui ait encore été atteinte par l'homme civilisé.

CHAPITRE VI

LA ROUTE DU SPITZBERG (*Suite*).

Courants dans les mers du Spitzberg. — Expédition suédoise,
— Première expédition allemande. — Heuglin. — Lamont
et Birkbeck. — Leigh Smith. — Les Norvégiens. — Cir-
cumnavigation du Spitzberg par Carlsen. — Voyage de
Tobiesen. — Nouvelle découverte de l'île de Wiche. —
Flotte de pêche des Norvégiens. — Expédition suédoise,
de 1872-73. — Expédition de secours. — Voyage de Leigh
Smith, en 1872. — Théories du bassin polaire.

Depuis le dernier voyage de Parry, un grand travail a été accompli, dans les mers du Spitzberg et
sur le bord de la masse polaire, par les Suédois,
des *yatchsmen* (marins amateurs) anglais, des Allemands et des Norvégiens. Ainsi, les côtes ouest et
nord du Spitzberg avaient été bien connues pendant
environ trois siècles, et il est nécessaire de faire
maintenant une courte allusion aux causes natu-
relles qui ont permis à des milliers de navires de
les visiter peudant les deux cent soixante-seize
dernières années, tandis que la côte est et les îles
au large attendent une exploration complète ; car

5.

les efforts modernes ont surtout eu pour but d'étendre notre connaissance de la côte est, la moins connue du Spitzberg.

Le grand archipel du Spitzberg ressent les effets de deux courants océaniques qui coulent de deux directions opposées. Le courant polaire coule de l'est à l'ouest le long de la côte de Sibérie, recevant de grandes quantités de bois que les fleuves asiatiques lui apportent dans leurs eaux. Ensuite, il passe rapidement autour de l'extrémité nord de Novaïa-Zemlia, et il pousse la glace du Pôle et les arbres de la Sibérie sur les côtes nord-est et est du Spitzberg et sur les îles qui sont au large. Voilà pourquoi la côte est encombrée de glaces la plupart du temps et pourquoi ses rives sont couvertes de bois flotté en dérive. Le courant polaire fait aussi descendre la glace entre le Spitzberg et le Groënland, et le long de la côte est du Groënland jusqu'au cap Farewell à la vitesse *maxima*, suivant Scoresby, de huit à douze milles par jour.

Le courant chaud, venant de l'Atlantique, se bifurque à l'extrémité sud du Spitzberg. Une partie continue à couler vers la côte de Novaïa-Zemlia, où elle mêle définitivement ses eaux avec celles du courant polaire. L'autre branche remonte et longe la côte ouest du Spitzberg, la gardant ainsi comparativement libre de glaces, quoique la glace qui s'échappe des fiords du Spitzberg la borne à quelque distance de la terre. Quand elle rencontre le courant polaire, sa plus grande pesanteur spécifique, causée parce qu'elle contient plus de sel que l'eau du Pôle, la fait plonger dans les profondeurs de la mer et, pour un temps, devenir un courant sous-marin coulant dans une direction opposée à celle du courant polaire. L'eau salée pèse 28 $^o/_o$ plus que l'eau distillée, et le Gulf-Stream contient trente-cinq millièmes de sel pour trente-trois millièmes dans le courant polaire. Bien plus, des masses d'eau qui se meuvent rapidement ne modifient pas promptement leurs températures réciproques ; de sorte qu'un courant chaud peut couler sous une couche froide pour une distance considérable sans se mélanger. Quand M. Leigh Smith se rendit compte de la température de la mer à différentes profondeurs, au large de la pointe nord-ouest du Spitzberg, tandis que l'eau à la surface était seulement à 1° ou 2° du point de congélation, il trouva à cinq cents brasses une température de 52° Fahrenhait (11° 11 centigrade), et même une fois de 64° Fahrenheit (17° 77 centigrade).

Scoresby aussi pense que la couche chaude est une extension du Gulf-Stream qui, quand il rencontre près de la glace une eau plus légère que la sienne, plonge sous la surface et devient pour un temps un contre-courant inférieur. La branche du Gulf-Stream, qui devient ainsi un courant sous-marin, mêle lentement et graduellement ses eaux à celles des courants polaires à mesure qu'elle perd sa rapidité par la tendance qu'a l'eau chaude à s'élever. Ainsi, Forchhammer a constaté que le courant froid qui vient du nord et coule le long de la côte est du Groënland contient de l'eau de l'At-

lantique. Les mouvements océaniques expliquent
la facilité avec laquelle ont été explorées les parties
ouest et nord du Spitzberg, tandis que la côte est
garde encore nombre de ses secrets et attend les
explorateurs.

Les investigations suédoises au Spitzberg ont été
continuées, sous la direction du professeur Nordenskiœld, en cinq expéditions consécutives, de 1858,
de 1861, de 1864, de 1868 et de 1872. Ces expéditions ont été envoyées dans le but de faire des collections zoologiques, botaniques et géologiques, et
pour faire les études topographiques préliminaires
à la mesure d'un arc du méridien, depuis les îles
les plus septentrionales jusqu'au point le plus méridional. L'expédition de 1864, dirigée par M. Nordenskiœld et par M. Duner, fit des observations astronomiques à quatre-vingts différents endroits
sur le rivage ; on fixa la hauteur de nombreuses
montagnes, la plus élevée étant le pic du détroit
de Horn, qui fut trouvé être de 4,500 pieds au-dessus du niveau de la mer. Les Suédois poussèrent à
l'est, sur la côte nord, plus loin que Phipps et
Parry n'avaient fait, et ils doublèrent le cap Platen
à l'est des Sept Iles.

En 1864 et en 1868, ils descendirent le détroit d'Hinlopen presque jusqu'à son entrée au sud-est et ils
virent, dans la direction de l'est, une terre qui a été
appelée cap Suédois et qu'il crurent d'abord être la
Terre de Gilies de la carte de Van Keulen. En réalité, c'était l'île de Wiche. En 1868, les Suédois
avaient un steamer en fer appelé *Sophie*, avec lequel

ils atteignirent une latitude de 81° 42′ nord, par 18° de longitude est de Greenwich pendant le mois de septembre.

Les observations des Suédois sur la possibilité de naviguer à la voile ou à la vapeur à travers la masse polaire, confirment celles de tous les explorateurs qui les ont précédés depuis le temps de Barents et d'Hudson. M. Nordenskiœld dit : « Le champ de glace qui dérive au nord du Spitzberg consiste en glaces si fortement amassées et serrées que même un bateau ne peut pas s'y frayer un chemin, encore moins un navire, bien qu'il soit poussé par la vapeur. En automne, le bord méridional de la glace, après de longs vents du sud, se meut considérablement dans la direction du nord. Les vaisseaux peuvent en conséquence naviguer à quelque époque de presque toutes les années le long de la côte nord du Spitzberg dans une mer assez libre ; et en septembre et en octobre, on a la chance de trouver de l'eau libre aussi loin au nord qu'on peut voir du navire. La côte est est presque toujours bloquée par la glace. L'idée que le bassin polaire se compose d'une mer libre, couverte seulement de glaçons çà et là, est en elle-même si contraire à l'expérience qu'elle mérite à peine une réfutation. Toute expérience semble prouver que le bassin polaire, quand il n'est pas couvert d'une glace compacte et unie, est rempli de glaçons fortement serrés qui rendent la navigation impossible. Dans certaines années très-favorables, il peut s'y former de larges ouvertures, mais ces ouvertures ne s'étendent pas très-loin vers le nord. Il serait tout particulièrement imprudent de choisir le printemps pour essayer de passer à travers la masse polaire et par l'est du Spitzberg. A ce moment et par ce chemin, il serait difficile, sinon impossible, d'atteindre même 78° de latitude nord, tandis que sur la côte ouest on peut tous les ans espérer atteindre le 80ᵉ degré ; et dans une année favorable, il pourrait être possible de naviguer même une couple de degrés plus haut. »

En Allemagne, le Dʳ Petermann excita ses compatriotes à joindre la vaillante troupe des explorateurs, et, à ses propres risques, il équipa un petit navire, appelé *la Germania*, qui fit voile de Bergen le 24 mai 1868, sous le commandement de Charles Koldewey, natif de Hoya, en Hanovre. L'équipage tout entier comptait seulement onze hommes. Ne pouvant approcher la côte est du Groënland, le capitaine Koldewey se dirigea vers les mers du Spitzberg et atteignit une latitude de 81° 5′ nord. Il descendit ensuite le détroit d'Hinlopen, ayant en vue l'île de Wiche, et il retourna à Bergen le 30 septembre 1868.

En 1870, le baron d'Heuglin et le comte Zeil firent voile pour le Spitzberg dans un navire commandé par le capitaine norvégien Nils Isaksen et ils explorèrent d'abord le Fiord Stor, entre la terre principale du Spitzberg et les îles d'Edge et de Barents. Heuglin examina aussi dans toute son étendue le détroit de l'Alderman Freeman (appelé par les Hollandais, détroit de Walter Thymen), qui sépare l'île d'Edge de l'île de Barents, et il doubla la pointe nord-est de l'île d'Edge, qui fut appelée cap Heuglin. Le 16 août 1870, Heuglin fit l'ascension d'une colline près du cap, haute d'environ 1,200 pieds, appelée mont Middendorf, et il vit la terre s'étendre au loin à l'est, consistant en une rangée de pics à moitié couverts de neiges avec de la terre derrière eux ; il crut faire une découverte et voir là une partie d'un grand continent que le Dr Petermann nomma Terre du Roi Charles. Mais, comme nous l'avons déjà expliqué, c'est incontestablement l'île de Wiche, découverte par les Anglais, en 1617 (1). Sur la rive sud du détroit de Freeman, Heuglin découvrit un vaste amas de bois poussé en dérive, consistant en troncs de mélèzes et de bouleaux et aussi quelques débris de naufrage. Ce bois de dérive semble déposé là par le courant qui vient de l'est et du nord-est. D'après Heuglin, le courant tourne alors au sud, lavant les côtes orientales de l'île d'Edge, et finalement se mêlant à peu près par la latitude de Bear Island (île de l'Ours), à la branche du Gulf-Stream qui se dirige vers le nord ; et c'est ce qui occasionne souvent des tempêtes et du brouillard autour de cette île (2).

Parmi les *yatchsmen* anglais, M. Lamont a été le premier et le plus opiniâtre navigateur des mers du Spitzberg (3). En 1861, il était au large de la côte sud

(1) Voir plus haut, p 39.
(2) *Reisen nach Dem Nordpolarmer in den Jahren*, 1872-71, von Th. von Heuglin, Brunswick, 1872.
(3) Voir *Seasons with the Sea-Horses, or Sporting Adventures*

de l'île d'Edge et parmi les mille îles s'étendant
aussi loin que les îles Ryk-Ys des Hollandais, que
Scoresby a supposées être l'île de Wiche. M. Birkbeck
a aussi fait un voyage en *yacht* au Spitzberg, en
1864, accompagné par le professeur Newton de
Cambridge et par M. Graham Manners Sutton, et
il loua un sloop norvégien pour l'accompagner.
Les deux navires se séparèrent au large du
Fiord Stor. M. Newton, dans le yacht, essaya en
vain de remonter le fiord, tandis que le sloop se
dirigeait vers le nord-est jusqu'aux îles Ryk-Ys et
voyait à distance, dans la direction de l'est, une
terre qui doit avoir été l'île de Wiche. Le sloop fut
arrêté par la glace, et dut revenir sans avoir fait
autant qu'on avait espéré.

Mais les voyages les plus intéressants qui aient
été faits récemment, sont ceux qui ont été entrepris
par M. Leigh Smith dans le but d'atteindre la plus
haute latitude possible et d'explorer les terres inconnues à l'est du Spitzberg. En 1871, il fut accompagné par le capitaine norvégien Ulve, et il eut le
bonheur de trouver une saison très-favorable à son
dessein. Il descendit le détroit d'Hinlopen en août,
et atteignit à son issue sud-est un point où Koldewey
s'était arrêté en 1868. Il découvrit que ce point, jusque-là regardé comme une péninsule, est une île, en
ayant fait le tour en dix-huit heures dans une partie
de chasse. Cette île est marquée sur la carte comme

in the Northern Seas, by James Lamont, F. G. S. Londres
1861.

l'île Waygat ou Guillaume. De ce point, il pouvait voir la terre sur la rive opposée s'étendant au loin un peu au nord de l'est et le point le plus éloigné fut appelé cap Mohn. Cette découverte de Smith et d'Ulve prolonge considérablement la rive méridionale de la Terre du Nord-Est. La mer à l'est était encombrée de glaces comme à l'ordinaire, de sorte que M. Smith revint à la côte nord et visita les Sept Iles en septembre. Il doubla alors le cap Platen et navigua environ 40 milles à l'est, où la côte de la Terre du Nord-Est s'étendait encore dans la direction de l'est. Le point le plus éloigné à l'horizon fut appelé cap Smith. Ces observations de M. Smith ont considérablement changé la forme et élargi l'aire de la Terre du Nord-Est ; ses rives méridionales et septentrionales à la fois s'étendent beaucoup plus loin à l'est qu'on ne le supposait précédemment. Par la suite, sur le méridien de 18° de longitude est de Greenwich, il atteignit la latitude de 81° 24′ nord en septembre 1871. C'est le point le plus élevé qui ait été atteint avec un navire, excepté par Scoresby en 1806 (81° 30′ nord), et par les Suédois en 1868 (81° 42′ nord). En 1872, M. Leigh Smith fit de nouveau voile pour le Spitzberg dans son yacht *le Samson*, mais l'année était défavorable. Son navire reçut des avaries considérables de la glace et ne put aller plus loin à l'est sur la côte nord-est que la baie de Weyde. En 1873, il entreprit un second voyage qui sera raconté tout à l'heure.

C'est cependant aux hardis capitaines norvégiens qui vont à la chasse du phoque et au professeur

Mohn, de Christiania, qui a surveillé leur œuvre et qui l'a mise à profit, que nous devons presque toute notre connaissance de la côte est de Spitzberg. Cette pêche a été pratiquée par les Norvégiens depuis environ 1820; mais ils se tinrent pendant bien des années à la côte ouest, et ce n'est que par degrés qu'ils étendirent leurs opérations le long de la côte nord. Ils appelèrent le passage entre les Sept Iles et le cap nord de la Terre du Nord-Est, la *Porte du Nord*, et l'extrémité sud-est du détroit d'Hinlopen, *Porte du Sud;* et ces deux portes étaient ordinairement bloquées par la glace. Le capitaine Carlsen fut le premier à s'aventurer par la *Porte du Nord* en 1863, et il compléta ainsi la circumnavigation du Spitzberg. Son navire fut le premier qui navigua jamais autour de ce groupe d'îles montagneuses et couvertes de neiges; c'était un brick appelé *le Jean-Mayen*. Le 2 août 1863, le capitaine Carlsen passa les Sept Iles; le 14, il avait doublé la pointe extrême de la Terre du Nord-Est, et il se frayait un chemin à travers le canal et la Haute Ile, la *Groot Hoog Eyl* des cartes hollandaises. Le 16, il aperçut la Terre de Gilies, et le 18, *le Jean-Mayen* passa le long de la côte des îles de Barents et d'Edge et près du détroit de l'Alderman Freeman; le 21, il tourna Hope Island (île de l'Espérance), complétant ainsi sa circumnavigation, exploit qui n'a jamais été accompli ni avant ni après. Ainsi le capitaine Carlsen a accompli la circumnavigation à la fois du Spitzberg et de Novaïa-Zemlia et, en récompense de ce haut fait, la Société Géographique de Londres lui a offert une montre d'or pour reconnaître ses brillants exploits.

En 1864, les Norvégiens firent un autre voyage important, passant à travers la *Porte du Nord* et revenant en bateau par la *Porte du Sud*, complétant ainsi la circumnavigation de la Terre du Nord-Est, mais ils abandonnèrent leurs navires. Au commencement d'août 1864, le capitaine Tobiesen, qui commandait le schooner *l'Éole*, rencontra les capitaines Aarstrom et Mathilas au large des Sept Iles, et ils résolurent de passer la *Porte du Nord* et de doubler la pointe orientale de la Terre du Nord-Est de conserve. Le 7, comme ils étaient à peu près à douze milles nord-ouest de cette pointe, ils virent la Terre de Gilies courant sud-est-sud. Cette île, qui n'avait pas été visitée, et qui n'avait été vue que par Carlsen l'année précédente depuis que le brave pilote hollandais l'avait découverte en 1707, resta en vue pendant le 7 et pendant toute la durée du 8 du mois d'août, et les jours suivants un grand nombre de phoques et de morses furent pris sur la Haute-Ile, la *Groot Hoog Eyl* des Hollandais. Mais quand ils essayèrent de revenir par le même chemin, les Norvégiens trouvèrent tant de glaces flottant à la dérive du nord et bloquant le passage aux îles des Morses, qu'il leur était impossible de s'échapper dans cette direction. Les trois navires essayèrent alors de se frayer un chemin dans la direction du sud le long de la Terre du Nord-Est qui, comme les Hollandais l'ont décrite, est bornée par un champ de glace continu. Ils ne purent pas atteindre la *Porte du Sud* dans leurs navires, de sorte qu'ils furent obligés de recourir à leurs bateaux et de laisser derrière eux ce qu'ils possédaient, y compris des phoques et des morses pour une valeur de 11,000 livres (275,000 fr.)

Les bateaux remontèrent le détroit d'Hinlopen et tout le long des côtes nord et ouest du Spitzberg, jusqu'au Fiord de la Glace, à une distance d'environ 700 milles, avant d'être recueillis, Tobiesen, par un navire pêcheur de phoques ; Aarstrom et Mathilas, par *l'Axel-Thoresen* de l'expédition suédoise. Cette aventure remarquable tourna l'attention des Norvégiens vers l'est du Spitzberg, comme sur une région abondante en phoques et en morses, et il fut suggéré qu'il serait plus aisé de l'atteindre en naviguant droit à l'est de Bear Island, au lieu de gagner la Porte du Nord en faisant le tour du Spitzberg. En réalité, on dit qu'un semblable voyage fut accompli, en 1864, par un capitaine d'Hammerfest, qui débarqua réellement dans l'île de Gilies ou dans celle de Wiche.

En juillet 1872, le capitaine Altmann trouva la côte est du Spitzberg plus libre de glace qu'elle ne l'avait été pendant vingt ans. Il fit voile des îles Ryk-Ys le 26, et le 28 il vit ce qu'il supposa être la terre de Gilies, mais ce qui était en réalité l'île de Wiche, découverte par les Anglais en 1617. La masse glacée s'étendait près du rivage, mais Altmann navigua le long de la terre, qui lui parut composée de trois grandes îles et de quelques petites. Sur sa carte, ces trois îles sont nommées île de l'Ours, de Gilies et de la Forte Glace, la pointe la plus méridionale de la dernière, étant 78° 43′ nord.

Le capitaine Nils Johnsen, dans le schooner *Lydiana*, vit la même terre par 78° 10′ de latitude nord, le 16 août, et il jeta l'ancre près d'elle, le matin suivant. Il alla à terre avec quelques-uns de ses hommes chercher du bois de dérive pour combustible, et il y en avait une quantité. La côte s'étendait du nord-est au sud-ouest, et se terminait par une haute colline, qui s'élevait droit de la mer comme un coin vertical. On l'appela le cap Tordenkiold. Au delà de ce promontoire, la terre se dirige à l'ouest et elle semblait s'infléchir pour former une baie profonde, mais il y avait alors un épais brouillard. A quelque distance de la terre, trois collines élevées avaient l'air de trois îles distinctes, mais, en approchant davantage, on pouvait voir qu'une terre assez basse les réunissait. Une de ces montagnes, couronnant la pointe nord-est, reçut le nom du capitaine Johnsen. Celui-ci en gravit le sommet et, de là, il vit les deux autres collines, une au sud-ouest et la plus grande à l'est.

Les rivages du sud et de l'est étaient libres de glace, mais, au nord, le bord de la masse glacée touchait la côte. Il y avait sur le rivage une grande quantité de bois flotté en dérive, et quelques débris de naufrage ; l'amas s'élevait à une hauteur de vingt pieds au-dessus du niveau des hautes eaux. Bien qu'endommagé par le temps, une grande partie de ce bois faisait d'excellent combustible. La plus grande partie consistait en troncs de sapins, et leur position favorisait la conclusion que le pays doit avoir été soulevé de vingt pieds, à quelque époque comparativement récente. Entre autres animaux, on tua un beau renne en si bonne condition, qu'il doit y avoir quelque part dans l'île un bon fonds de pâturage.

Le capitaine Nilsen, dans le schooner *Freia*, vit la même terre le 27 juillet, et remarqua ses rochers escarpés, s'élevant à une hauteur de 1,000 à 1,200 pieds. Le 31, *la Freia* était au large d'une petite île, à la pointe extrême est de ce groupe, appelée île Abel sur la carte. A l'est et au nord, la mer était libre de glace, sinon qu'une chaîne de monts de glaces dérivait au sud. Naviguant le long de la côte nord de l'île, Nilsen vit que les îles appelées par Altmann îles de l'Ours et île de Gilies n'en font qu'une. Pendant ce voyage dans la région de l'ouest, on vit au nord de grandes masses de glaces, quelques-unes hautes de 200 pieds et longues d'un demi-mille. Nilsen navigua à l'ouest jusqu'à ce qu'il arrivât en vue du cap Torell, et alors il revint sur ses pas. Le 8 août, il vit une haute montagne sur la terre qu'il avait redécouverte et de là il suivit la côte jusqu'au sud-ouest. Il doit ainsi avoir accompli la circumnavigation de la nouvelle terre, mais, sur la carte, son itinéraire est marqué comme repassant autour de la pointe orientale.

La haute montagne vue par Nilsen fut appelée Haarfagrehangen d'après Harold Haarfagre ; car, en 1872, les Norvégiens célébraient le millième anniversaire de leur réunion en un royaume sous ce roi. Cette grande île, comme nous l'avons déjà montré, a été découverte et appelé Terre de Wiche par les Anglais, en 1617.

En 1871, la chasse aux phoques dans la région arctique occupait trente-trois navires de Tromsœ, vingt-quatre, d'Hammerfest, et un de Vardœ. Ces navires sont d'environ trente-cinq à quarante tonneaux et ont des équipages de dix à douze hommes. Dans la même année, cinq navires, y compris deux steamers de ports plus méridionaux, firent voile de Tromsœ pour prendre des baleines blanches dans les mers du Spitzberg; outre un ou deux yachts à voiles de Chistiania, et le *haakjewing* ou chasse aux requins était représenté par huit navires de Tromsœ qui se livraient à cette chasse sur la rive du Spitzberg. Cette même pêcherie de requins, qui fournit de l'huile de foie de morue, employait cinquante navires d'Hammerfest et de Vardœ formant un ensemble de 1,070 tonneaux et 277 tonnes. Depuis l'abandon passager des entreprises arctiques par la Grande-Bretagne, la Suède et la Norvège ont, avec une habileté et une résolution qui font le plus grand honneur à la vaillante nation scandinave, continué avec persévérance, d'année en année, à poursuivre des recherches scientifiques dans le cercle des régions arctiques. D'année en année aussi, les Suédois et les Norvégiens ont acquis l'expérience de la navigation dans les glaces, et leur résolution déterminée d'arriver au succès est un signe certain qu'ils atteindront définitivement leur but.

L'expédition suédoise de 1872-73, fut équipée

principalement à l'aide de fonds souscrits à Gœttenburg sous la direction du professeur Nordenskiœld et fit voile de Tromsœ le 21 juillet 1872. Elle se composait du steamer *Polhem*, du brick *Gladan* et du steamer *Oncle-Adam*. *Le Polhem* est un steamer de l'État employé jusqu'ici, pendant l'hiver, à faire le service postal entre l'île de Gothland et le continent de la Suède, et il est spécialement disposé pour se forcer un passage à travers la glace. Il a été construit en 1858, a 108 pieds de long par une largeur *maxima* de 20 pieds et il est mû par une machine à haute pression de 60 chevaux, consommant, pour une pleine vitesse de neuf nœuds 15 pieds cubes de charbon. Il porte 1,960 pieds cubes de charbon, quantité suffisante pour une consommation de 131 à 164 heures.

Le Polhem était commandé par le lieutenant Palander, de la marine royale suédoise, et avait à son bord des officiers et des matelots de la même marine. Il devait rester absent tout l'hiver. Il était accompagné par le brick de transport *le Gladan* et par le steamer *l'Oncle-Adam* frété à Gœttenburg. Ces deux vaisseaux prirent une maison d'habitation, des rennes, des provisions de mousse et de charbon, et ils devaient être revenus en Suède avant le commencement de l'hiver.

Le commandant Palander et ses officiers, le professeur Nordenskiœld, le Dr Envall, le professeur Wykander, le lieutenant Parent, de la marine italienne, deux mécaniciens, neuf matelots suédois et quatre Lapons devaient rester tout l'hiver. Mais, pendant l'été, l'expédition devait aussi être accompagné par le Dr Kjellman, naturaliste, par les équipages du *Gladan* et de *l'Oncle-Adam* et par diverses autres personnes.

Outre le charbon, l'expédition était approvisionnée de 1,500 livres d'huile de pétrole pour éclairer et pour servir de combustible dans les voyages en traîneau. La maison d'habitation destinée à l'hivernage consistait en six pièces, y compris la cuisine, l'office, une chambre de bains et un cellier aux pommes de terre. L'une des chambres était munie d'un établi de charpentier, d'un tour et d'autres instruments; il y avait aussi trois grands hangars qui tenaient à la maison et qui étaient arrangés pour servir d'observatoires. Les ressources en provisions et en vêtements étaient abondantes, les premières étant suffisantes pour deux ans, et les seconds comprenant des costumes lapons pour l'hiver, pour la troupe tout entière. Pour les expéditions en traîneau, on avait préparé neuf cents livres de pemmican, du rhum concentré, des appareils de cuisine au pétrole, de chauds sacs à dormir et des tentes en toile à voile. Ils avaient trois légers bateaux à glace, pesant respectivement 150, 200 et 300 livres, et deux plus grands bateaux construits avec doubles planches, tous munis de traîneaux en bois de frêne. Cinquante rennes avaient été embarqués à Tromsœ, la plupart d'entre eux venant de Kola en Laponie, les rennes de ce district étant les plus robustes et formant le meilleur attelage; mais les rennes, quoique robustes, sont très-sensibles au changement de climat. Des Lapons habitués à conduire et soigner les rennes et quatre ou cinq chiens pour aider à les surveiller accompagnaient l'expédition, et on avait emporté 3,000 sacs de mousse à renne comme fourrage. Malheureusement tous les rennes échappèrent peu après le débarquement. Le professeur Nordenskiœld avait emporté une série complète d'instruments magnétiques de Lonaut, à Munich, un instrument à variation magnétique de Wrede, un instrument de passage d'Estel, une boussole méridienne portative de Repsold, un appareil enregistreur communiquant avec une pendule électrique réglée, trois chronomètres en boîtes et deux chronomètres de poche, un appareil de pendule, des sextants, un théodolite pour les mesures de géodésie, tout ce qui est nécessaire pour des recherches zoologiques, botaniques et minéralogiques, et un appareil de photographie.

Le plan de l'expédition était de passer l'automne sur la côte est du Spitzberg et d'hiverner dans la baie de Mussel ou au large de l'île de Parry.

Malheureusement, les deux navires attachés à l'expédition, et qui devaient revenir dans l'automne de 1872, furent retenus par la glace et obligés d'hiverner au Spitzberg avec *le Polhem*. Le navire d'exploration ayant à soutenir pendant l'hiver d'autres navires bloqués dans les glaces fut aussi paralysé dans ses ressources. Six navires de pêche, comptant cinquante-huit hommes, furent aussi pris par la glace, au large de la pointe de Grey sur la côte nord, et dix-huit de leurs hommes atteignirent le

Fiord de la Glace en naviguant le long de la côte dans des bateaux ouverts; deux de ces navires échappèrent en novembre avec le reste des équipages. L'expédition suédoise, avec ses trois navires, passa l'hiver dans la baie de Mussel, petite anse sur la côte est de la baie de Weyde, sur la côte nord du Spitzberg. Un grand mouvement de sympathie s'éleva en Norvége à la nouvelle que des pêcheurs hivernaient dans le Fiord de la Glace, et on prit pour les secourir des mesures immédiates, mais infructueuses. En novembre 1872, le steamer *Albert*, commandé par le capitaine Otto fit voile de Norvége pour le Fiord ¦de la Glace. Mais il fut obligé de revenir à cause du mauvais temps et de l'extrême froid. Le capitaine Kjelsen, dans *l'Isbiorn*, fit alors une autre vaillante tentative pour apporter du secours. Il fit voile de Tromsœ le 24 décembre, et les jours se raccourcirent à mesure qu'il montait au nord. Le froid rendit bientôt la navigation très-difficile; les voiles étaient comme des planches et les haubans étaient couverts de masses épaisses de glace. Néanmoins ils continuèrent vaillamment et vinrent en vue de Bear Island, (île de l'Ours), le 8 janvier, voyant le même jour la glace lumineuse (aspect lumineux du ciel qu'on remarque toujours au-dessus de la glace).

Le navire n'était plus maintenant qu'une masse de glaces et l'espérance d'atteindre le Spitzberg semblait très-mince. En conséquence, la tentative fut abandonnée quoique à regret, et, le 14 janvier 1873, *l'Isbiorn* était de nouveau amarré sans accident à Tromsœ. Sans être effrayé, un troisième navire partit à la rescousse à la fin du même mois. C'était *le Groënland*, navire employé à la pêche du phoque, commandé par le capitaine Jacques Melsom. Il arriva au large du détroit de Bell au Spitzberg, le 6 mars, et le capitaine poussa son navire à toute vapeur à travers les glaçons, jusqu'à l'entrée du Fiord de la Glace où il fut arrêté. Il était impossible d'approcher de terre et le capitaine fut obligé de renoncer à son plan d'envoyer une expédition de secours à travers la glace dans l'intérieur du fiord. La glace était un mélange de glaces récentes et de vieilles glaces, couvertes de *hummocks*, et le navire était à dix milles de la terre. Il courait risque d'être emporté par le vent pendant qu'une expédition en traîneau serait en marche. Le capitaine Melsom mourut le 27 avril.

Les dix-huit hommes qui se retirèrent dans la maison du Fiord de la Glace la trouvèrent abondamment fournie de provisions fraîches et salées et munie d'un bon poêle. L'été dernier, leur destinée fut découverte par le capitaine Mack. Ils étaient tous morts pendant l'hiver et un journal qu'ils avaient tenu du 7 octobre 1872 au 19 avril 1873 révéla la cause de ce désastre. Ils avaient préféré la viande salée à la viande de conserve, et ils n'avaient pas pris régulièrement d'exercice. Leur mort est l'exemple le plus frappant de la nécessité de l'autorité du commandement et de la discipline dans les expéditions arctiques, et avec le destin de ces pauvres Norvégiens sous nos yeux, ajouté à l'espérance tirée des expéditions de Mac Clintock, Ross, Kane, Hayes et Hall, les personnes qui plaident en faveur de l'envoi d'expéditions privées pour hiverner dans la glace, encourent une très-sérieuse responsabilité.

L'expédition suédoise, avec l'avantage de la discipline navale, perdit seulement deux hommes pendant l'hiver, le reste jouissait d'une bonne santé. Les hommes s'occupaient à de durs exercices du corps et un régime salubre leur était imposé. Les officiers se consacraient à des recherches scientifiques et faisaient de riches collections de botanique, de zoologie et de géologie. A la fin d'avril, le capitaine Palander et le professeur Nordenskiœld partirent pour un voyage en traîneau avec quatorze hommes. Suivant la côte nord de la Terre du Nord-Est, ils doublèrent le cap Platen et alors pénétrèrent dans l'intérieur des terres, traversant les montagnes couvertes de neige pour revenir à la baie de Mussel. Ils revinrent après une absence de soixante jours, le 29 juin. Pendant l'été, ils reçurent la visite de *la Diane* et M. Leigh Smith les fournit généreusement de provisions fraîches. Le 6 août 1873, *le Polhem* retourna à Tromsœ. Pour reconnaître ses services en cette occasion, le roi Oscar II conféra à M. Smith l'ordre de l'Étoile Polaire. L'expédition suédoise manqua aussi son but principal qui était de s'avancer jusqu'au Pôle sur la glace.

M. Leigh Smith fit voile de Dundee, le 10 mai 1873, pour son troisième voyage de découvertes dans les mers du Spitzberg. *Le Samson*, son propre yacht, dans lequel il avait fait le voyage de 1872, fit voile de Hull le 1er mai, sous le commandement du capitaine Walker (qui auparavant commandait *la Polynia*, steamer baleinier), chargé de provisions. *Le Samson*, devait stationner à la baie de Cobbe, près de la pointe sud-ouest du Spitzberg, et si quelque accident arrivait au navire de M. Leigh Smith, son équipage avait ainsi un second navire auquel recourir. Le steamer choisi par M. Leigh Smith pour son exploration, était *la Diane*, appartenant à M. Lamont. C'est un navire fortement consolidé pour la navigation dans la glace par une étrave en fer et par des défenses en fer sous les bossoirs, plusieurs pieds au-dessus et au-dessous de la ligne de flottaison ; mais il est à peine assez grand ou assez puissant pour donner l'assaut aux glaçons et s'y frayer un passage. Son tonnage est de 103 et il a une machine de 50 chevaux. Il avait vingt hommes à bord tout compris. Le capitaine Fairweather, qui commandait à bord de *la Diane*, est un jeune marin expérimenté et intelligent qui était premier maître à bord du *Victor* en 1872, dans la baie de Baffin ; il commande maintenant le balenier *l'Actif*. M. Leigh Smith était aussi accompagné par M. Eaton, comme naturaliste ; par le lieutenant du génie M. Chermside et par M. Richard Potter. *La Diane* se dirigea d'abord à l'île de Jean Mayen et de là se poussa au nord le long du bord de la glace. Après avoir secouru l'expédition suédoise, M. Leigh Smith fit différentes tentatives pour pousser au nord et à l'est, mais sans succès. La saison était très-défavorable et la glace se pressait sur la rive nord du Spitzberg. Cependant il atteignit et releva en partie les Sept Iles, explora de nouveau le détroit d'Hinlopen et la rive sud de la Terre du Nord-Est et fit quelques sondages intéressants dans les profondeurs de la mer. Le lieutenant Chermside fit aussi d'excellentes photographies des paysages arctiques. Enfin ils firent une tentative infructueuse d'atteindre l'île de Wiche en doublant l'extrémité sud de Spitzberg, et *la Diane* retourna à Dundee en septembre 1873.

Dans l'été de 1874, M. Rickaby, jeune sportsman, qui avait précédemment fait une croisière dans la baie de Baffin, partit dans *le Samson* pour le Spitzberg, mais la glace était fortement pressée sur la rive septentrionale et il revint sans aucun résultat géographique.

L'expérience de l'expédition suédoise et du troisième voyage de M. Leigh Smith fournit de nouvelles preuves qu'on ne peut avancer que bien peu en explorant la région inconnue du Pôle Nord par la route du Spitzberg.

Cette route a souvent été recommandée pour des découvertes au Pôle par ceux qui croient à un vaste océan navigable, libre de glace, autour du Pôle ; et il peut être convenable en cet endroit de jeter un coup d'œil sur leurs principaux arguments.

Je pense que personne ne peut vraiment croire que le Gulf-Stream, après avoir passé pendant tant de centaines de milles sous une couche d'eau froide, émerge des profondeurs et atteigne la surface de la mer près du Pôle Nord, avec une température assez élevée pour y fondre la glace sur une grande étendue. Le Gulf-Stream se mêle lentement au courant polaire et finalement ses eaux redescendent au sud le long de la côte est du Groënland et remontent à la surface.

Mais il y a deux autres arguments qui méritent l'attention. L'un est que le soleil, avec une plus grande puissance qu'il n'en a à l'équateur, verse ses rayons sur le Pôle Nord pendant six mois sans discontinuer. Scoresby a répondu à cet argument il y a cinquante ans. Il a fait voir que, dans la partie septentrionale du Spitzberg, le soleil aussi a un plus grand pouvoir qu'à l'équateur et qu'il brille pendant quatre mois sans discontinuer. Pourtant, dans cette région, la température moyenne annuelle est de 17° Fahrenheit (— 8°, 33 cent.) et la glace se forme sur la mer pendant 10 mois sur 12. La différence que deux mois en plus pourraient faire est inappréciable, quand on voit que quatre mois de soleil ont si peu d'influence. Les personnes qui ont raisonné théoriquement sur cette question ont omis bien des points. La sécheresse de l'atmosphère polaire est également la cause de la grande puissance calorifique des rayons du soleil, et aussi, par la plus grande rapidité de la radiation terrestre du froid excessif. L'autre argument est beaucoup plus généralement adopté, et, à première vue, il semble plus plausible. C'est que les énormes champs de glaces et banquises qui dérivent au sud pendant l'été laissent un large espace d'eau libre autour du Pôle Nord.

En guise de preuves, on allègue que dans la région antarctique, Sir Jacques Ross a poussé à travers 800 milles de glaçons et atteint une mer libre au sud de ceux-ci, cette mer étant l'espace d'où les glaçons avaient dérivé. Mais l'analogie est fausse, comme l'amiral Collinson l'a bien montré dans une une séance de la Société Géographique de Londres en 1865. La masse glacée du Pôle antarctique dérivait d'une ligne solide de rochers glacés fixés au sol, et naturellement elle laissait de l'eau libre derrière elle, parce qu'il n'y avait pas d'autres glaces plus au sud pour prendre sa place. A moins qu'il n'y ait au Pôle Nord un continent ou une semblable ligne immobile de rochers glacés, la masse de la glace polaire ne présente rien de semblable. L'analogie exacte du voyage de Sir Jacques Ross est fournie par Scoresby. La masse glacée antarctique par 75° de latitude sud est analogue à la glace rencontrée par les baleiniers au début du printemps par 75 à 76° de latitude nord, glace à travers laquelle ils peuvent ordinairement passer. L'eau libre au nord du Spitzberg est analogue à la mer libre, trouvée au sud par Ross; et la masse polaire que Scoresby a trouvée bornant cette eau libre au nord est analogue à la ligne de Ross, barrière impénétrable.

S'il n'existe pas de bassin libre au Pôle, la raison en est qu'il n'y a pas de terre étendue ou de glaces fixées au sol formant une barrière sur les méridiens du Spitzberg, au nord de ce groupe, d'où la glace puisse dériver en laissant une mer libre. Cela peut être présumé pour deux raisons : l'une est que les masses de bois qui dérivent de Sibérie sur les îles du Spitzberg et ailleurs, seraient interceptées s'il y avait un continent étendu sur leur chemin; l'autre est que lorsque Parry s'avança à son point extrême par 82° 45′ nord, il trouva que l'eau au nord du Spitzberg atteignait rapidement une grande profondeur. La terre du Pôle Nord, si elle existe, doit probablement être formée d'îles s'étendant au nord de l'extrême pointe septentrionale, sur la côte ouest du détroit de Kennedy, et c'est une raison pour laquelle la route par le détroit de Smith devrait être choisie pour une expédition arctique du gouvernement.

La masse glacée du Pôle Nord dérive au sud, d'après Scoresby, entre le Spitzberg et le Groënland, à la vitesse *maxima* de 8 à 10 milles par jour. S'il n'y a pas de terre étendue au nord, naturellement cette masse glacée s'étend bien loin au delà du Pôle Nord, là où la glace se forme de l'autre côté par 75 ou 74°, et elle aurait une largeur d'environ 1000 milles. La mer ouverte laissée par la dérive ne serait donc pas au Pôle Nord, mais sur les côtes de la Terre de Wrangell et de la Sibérie, là où commencerait le mouvement de dérive. Sans aucun doute, dans les dégels d'été, il y a une grande extension de la glace, qui crée des chenaux et des mares, quelquefois d'une étendue considérable; et ainsi des mers libres pourraient être formées par les vents et les courants pendant toute l'année; mais les considérations précédentes mènent à la conclusion qu'une grande mer libre permanente autour du Pôle Nord est une chimère.

Néanmoins, l'examen des profondeurs de la mer au nord et à l'est du Spitzberg, présente beaucoup d'intérêt. Avec un bon steamer à hélice, bien commandé par un marin habitué aux glaces, saisissant les avantages que présente chaque ouverture, et sachant quand il faut donner l'assaut à la glace et quand lui céder, on pourrait, par une saison favorable, atteindre une latitude bien plus élevée qu'on ne l'a fait jusqu'ici. On pourrait faire les observations les plus importantes, relativement aux courants et aux températures de la mer. Les explorateurs futurs peuvent jusqu'à un certain point rendre des services jusqu'à un certain degré dans cette direction.

CHAPITRE VII

LA CÔTE ORIENTALE DU GROENLAND

Voyage des Zeni. — Erreur du jeune Nicolas Zeno. — Histoire racontée par les Zeni. — Les rochers de Gunnbjorns. — Le monastère du Groënland. — Découverte de l'Amérique. — Position d'Icaria. — Importance des travaux de M. Major. — Recherches de la colonie perdue. — Scoresby sur la côte est du Groënland. — Expédition de Graah. — Clavering et Sabine. — Expédition de MM. Gibbs. — *L'Erik*. — La seconde expédition allemande. — Opinion du capitaine Koldewey, — Les baleiniers de la côte est. — David Gray.

Pendant des siècles, on a supposé qu'une des colonies créées par les hommes du Nord au Groënland avait été établie sur la côte est de ce continent et avait été isolée pendant des siècles par la masse glacée. Les voyages entrepris dans le but de découvrir cette colonie perdue, allèrent jusqu'au seuil de la région inconnue ; car celle-ci comprend en un sens la côte orientale du Groënland. Mais, dans la démonstration complète qu'il a fournie récemment de l'authenticité des voyages des frères vénitiens Zéno, M. Major a complétement établi ce fait que l'Ostrebygd (baie de l'Est) des Normands était sur la côte ouest et non sur la côte est du Groënland.

Les découvertes de M. Major sont si importantes que notre examen des abords de la région inconnue serait incomplet si nous n'en parlions pas. A la fin du quatorzième siècle, un membre d'une des plus anciennes et des plus nobles familles de Venise, Nicolas Zéno, entreprit à ses frais un voyage plutôt de curiosité que de découvertes dans les mers du Nord. Depuis deux siècles déjà, les voyages de Flandre à Venise étaient chose fréquente et ordinaire. Mais le hasard de l'incertitude donnait à cet autre voyage un intérêt tout particulier. Nicolas Zéno fit naufrage sur les îles Féroë, mais heureusement il rencontra Henri Sinclair, comte d'Orkney et de Caithness, qui s'occupait à augmenter ses possessions par des conquêtes maritimes, et qui prit Zéno à son service comme pilote de sa flotte. Après une année ou deux, Nicolas Zéno écrivit à son frère Antoine, l'engageant à venir le rejoindre, ce que fit celui-ci; et c'est de cette lettre de Nicolas et de lettres subséquentes d'Antoine à un troisième frère, Charles (homme des plus distingués de l'histoire de Venise), que nous tirons notre récit de ce qu'on sait de l'histoire des deux frères.

Cette histoire avait été écrite tout entière par Antoine Zéno; mais un de ses descendants, nommé Nicolas Zéno, né en 1515, déchira, étant enfant, ces papiers dont il ne connaissait pas la valeur; mais quelques lettres ayant survécu, il put plus tard rédiger le récit tel que nous l'avons maintenant et tel qu'il fut imprimé à Venise. On avait aussi trouvé dans le palais une vieille carte pourrie par la vétusté, et qui expliquait ces voyages. Il en fit une copie, malheureusement complétant d'après la rédaction de son récit, ce qu'il croyait nécessaire pour son intelligence. En le faisant d'une façon étourdie, sans être guidé par la connaissance géographique qui nous permet de reconnaître où il se trompe, il mit la confusion la plus déplorable dans toute la géographie qu'il avait tirée du récit, tandis que les parties de la carte qui ne sont pas altérées de cette façon, et qui sont originales, présentent une exactitude en avance de bien des générations sur la géographie même de Nicolas Zéno le jeune, et confirment d'une façon remarquable la position de la vieille colonie du Groënland. Dans ces faits, nous n'avons pas seulement la solution de toutes les discussions qui se sont élevées sur ce sujet, mais la preuve la plus indiscutable de l'authenticité du récit; car, évidemment, Nicolas Zéno le jeune ne pouvait pas inventer ingénieusement une histoire dont il aurait pour ainsi dire défiguré par ignorance la vérité à l'encontre de la carte.

Cette histoire, telle que nous l'avons, comprend d'abord quelques expéditions dans les groupes des Féroë et des Shetland, mais heureusement elle traite avec plus de détails un sujet beaucoup plus important, c'est-à-dire la visite faite par Nicolas Zéno au Groënland. Ce voyage révèle quelques faits importants qui, rapprochés d'observations récentes, fournissent un témoignage contemporain sur le lieu de la colonie perdue d'*Ostrebygd*, sur laquelle on a tant discuté ; et même, pour la retrouver, le roi de Danemark a envoyé le capitaine Graah dans son fameux voyage de 1828 à 1830. Pour éclairer cette partie du sujet, M. Major a apporté un fait géographique important : une de ces découvertes dont l'ignorance a fait tomber le capitaine Graah dans de grandes erreurs et lui a caché la valeur d'un document ancien le plus important, qui autrement aurait répondu à la question dont il allait chercher la solution au Groënland. Ce n'est rien moins qu'une chorographie de l'ancienne colonie du Groënland et des instructions nautiques pour l'atteindre de l'Islande, instructions rédigées par Ivan Bardsen, majordome de l'évêque de la colonie. Dans cet itinéraire, il parle de quelques grands rochers entre l'Islande et le Groënland appelés les rochers de Gunnbjorn, qui servaient comme de noyau à la glace venant du nord ; et quand on les avait atteints, il fallait se diriger au sud-ouest. M. Major a découvert dans une légende de l'édition de Ptolémée de 1507, que l'île, dont ces rochers formaient le sommet, avait été détruite par une éruption volcanique en 1456 ; et dans une carte de Van Keulen d'environ l'an 1700, un récif long de 60 milles formé par ces rochers est marqué et porte le nom de Gombar Scheer, avec les mesures de sondage, 25 brasses aux extrémités nord et sud, tandis que les sondages qui s'en rapprochent le plus au nord vont de 70 à

100 brasses. M. Major montre ensuite qu'il ne faut lire la chorographie d'Ivan Bardsen qu'avec la plus mince attention pour retrouver, et sans discussion possible, la position de cette ancienne colonie.

Le fait le plus remarquable et le plus intéressant dans l'histoire relative au Groënland, est la construction d'un monastère, dédié à saint Thomas, dont les cellules étaient chauffées par une source naturelle d'eau chaude, que les moines employaient aussi à préparer leurs aliments et à cuire leur pain. Les moines avaient de même des jardins couverts pendant la saison d'hiver, et chauffés de la même façon, de sorte qu'ils étaient en état de produire des fleurs, des fruits et des herbes, comme s'ils avaient vécu dans un climat tempéré. On décrit d'autres avantages que se procuraient les moines, par leur judicieux emploi de cette eau chaude que leur procurait la nature. Pour corroborer ce fait et son précieux rapport avec cette question si disputée, du site de la colonie scandinave du Groënland, le témoignage d'Ivar Bardsen a la plus grande importance. Car, après avoir mentionné un monastère dédié à saint Olaus et à saint Augustin, il dit que, dans la baie d'un fiord voisin, appelé Rafnfiord, il y a quelques petites îles abondantes en eaux chaudes. Sans aucun doute, ce sont les sources chaudes d'Ounartok, auprès desquelles on a trouvé quelques ruines des demeures des anciens colons, et M. Major a reçu du docteur Rink, ancien inspecteur du Groënland méridional, l'assurance que, dans le district de Julianashaab, il n'y a pas à sa connaissance d'autres sources chaudes ; cela établit d'une façon définitive le site de l'ancienne colonie.

La position d'Ounartok coïncide parfaitement avec le site du monastère dans la chorographie d'Ivar Bardsen ; ce point une fois établi peut servir de point de départ pour tracer la topographie de la colonie tout entière. La différence entre les noms de saint Olaus et de saint Thomas, donnés au même monastère, s'explique aisément, car l'étrange nom septentrional de saint Olaus, doit, aux oreilles méridionales du Vénitien, avoir beaucoup ressemblé à celui de saint Thomas.

Antoine Zéno resta au service du comte Sinclair dix ans après la mort de son frère Nicolas, et le fait le plus intéressant que nous lui devons est le rapport de pêcheurs qui avaient découvert quelques régions populeuses à l'ouest, régions qui, sans aucun doute, sont l'Amérique du Nord ; on y avait trouvé des livres latins, en possession d'un des chefs ; mais depuis longtemps ces livres n'étaient plus compris. Les habitants faisaient de la bière, « sorte de boisson que les gens du Nord boivent, comme nous buvons le vin. » Hors de chez eux, ils n'avaient de relations qu'avec le Groënland, d'où ils importaient des fourrures, du soufre et de la poix.

Tout cela est en harmonie avec ce que nous savons des établissements scandinaves dans l'Amérique du Nord, et le rapport des pêcheurs est le résumé des connaissances acquises par les Normands, à l'ouest et au sud-ouest. C'est en l'an 1001, que l'Amérique du Nord fut découverte par Lief, fils d'Éric le Rouge. Les contrées découvertes alors furent appelées *Helluland*, c'est-à-dire Terre de l'État, qu'on suppose être Terre-Neuve ; *Markland*, c'est-à-dire Terre du Bois, supposée être la Nouvelle-Écosse, et *Vinland* ou *Vineland*. Il règne beaucoup d'incertitude relativement aux deux premiers, mais le site de *Vinland* est moins problématique. Nous apprenons, en effet, d'un des anciens écrivains, que la longueur du jour y est de neuf heures ; cela nous donne une latitude de 41°. Ce nom doit son origine au fait que les anciens explorateurs ont trouvé la vigne poussant là à l'état sauvage, et plus tard des explorateurs anglais, pour la même raison, mais d'une façon indépendante, ont donné le nom de *Vignoble de Marthe* à la grande île qui est près de la côte, par 41° 23' de latitude.

Il y a une localité, dans la carte de Zéno, qui a donné naissance aux plus grandes perplexités. C'est une grande île appelée *Icaria*, placée là où certainement aucune île ne se trouve, à égale distance entre l'Islande, la Frislande ou îles Féroë et *Estotilande* ou Terre d'État, qu'on suppose être Terre-Neuve. Beaucoup ont imaginé que c'est une partie de l'Amérique, mais Jean Reinhold Forster a le premier suggéré que Kerry y était indiqué, et M. Major a prouvé qu'il avait raison, quoique par des raisonnements ignorés de Forster. Une expédition avait été organisée par le comte Sinclair pour vérifier l'histoire des pêcheurs, mais après avoir quitté les îles Féroë, se dirigeant vers l'ouest et comme ils étaient en pleine mer, la flotte fut chassée, ils ne surent pas où, par une tempête qui dura huit jours. Quand le vent fut tombé, ils découvrirent ce qui est appelé dans l'original italien *da Ponente Terra*. Or cette expression est susceptible de recevoir deux sens ; ou bien qu'ils arrivèrent « sur une île à l'ouest, » ou bien « sur la côte ouest d'une île » ; mais comme ils furent repoussés par les indigènes, ils naviguèrent autour de l'île et arrivèrent à un port sur la côte est ; il est évident que le port où ils pénétrèrent d'abord était à l'ouest et dans une position correspondant parfaitement avec Kerry, en Irlande. Ce point particulier de leur arrivée, et le nom d'Icaria qui, à cet endroit, leur fut donné pour le nom du pays (1), la conduite des indigènes qui ne voulurent pas leur permettre de débarquer, et qui, comme la flotte se dirigeait vers le nord, le long de la côte est de l'île, la poursuivirent de leurs cris du haut des collines, tout cela montre que Kerry et Icaria sont la même chose. Après avoir abandonné la pointe nord de l'île, la flotte navigua six jours à l'ouest sans voir de terre, fait qui concorde avec la situation de l'Irlande, mais non avec celle d'aucune partie de l'Amérique ou de tout autre pays répondant aux autres conditions.

La position anormale de l'île sur la carte, qu'elle soit due à Antoine Zéno ou qu'elle soit l'œuvre de

(1) Le nom irlandais du Kerry. *Ciarraighe*, précédé de la préposition irlandaise *i* « dans » fournit l'explication de ce nom d'*Icaria*. (Trad.)

son descendant Nicolas Zéno, quand il retoucha la
carte, s'explique aisément par l'entière ignorance du
premier sur l'endroit où se trouvait chassée la
flotte après huit jours d'ouragan. Le récit de Zéno
se termine de fait avec cet épisode et le retour
du reste de la flotte en Frislande. Les nombreuses
énigmes qu'il contient, ont, il faut le reconnaître,
reçu la solution la plus complète des mains de
M. Major. Si les faits que M. Major a découverts
avaient été compris, comme ils pouvaient l'être,
il y a trois cents ans, Martin Frosbiher aurait évité
la méprise de prendre le Groënland pour la Frislande de Zéno qui, en réalité, signifie les îles Féroë;
une armée de savants, qui ont commenté ce voyage
depuis la même époque, aurait été dispensée de se
tromper et de tromper les autres par de bizarres
théories. Le site de la vieille colonie du Groënland
aurait été établi depuis longtemps sur la plus haute
autorité possible et les rois de Danemark, depuis
Frédéric II, se seraient épargné la nécessité d'envoyer un grand nombre d'expéditions infructueuses. Plus d'un ouvrage, sorti des plumes de
quelques-uns des plus illustres érudits d'Europe,
aurait été rendu inutile, et le nom d'un noble
personnage, occupant la position de membre du
conseil des Dix dans la république de Venise, aurait été préservé de l'accusation infâme et injusti-
fiable de mensonge et de falsification.

Pourtant cette méprise eut du bon, car la croyance
erronée à une colonie perdue sur la côte eet du
Groënland causa l'envoi de plusieurs expéditions

arctiques. Il n'en fut pas envoyé moins de huit par les rois qui se succédèrent en Danemark, mais aucune d'elles ne put atteindre la côte, le long de la partie sud de la côte est du Groënland, bien que quelques îles aient été découvertes par le capitaine Donnell. Hudson, comme nous l'avons dit (1), vit la terre qu'il appela *Hold with Hope* (Tenons *ou* Tenez bon avec espoir), mais beaucoup plus dans la direction du nord ; et, en 1654, un pilote hollandais, nommé Gale Hamke, fut aussi en vue d'une terre. Une baie fut marquée avec son nom sur les vieilles cartes hollandaises.

La précieuse carte de Van Keulen, dans les archives de la Haye, montre une terre formant partie de la côte est du Groënland par 77° 10′ de latitude nord, appelée *terre d'Edam*, et découverte en 1655 ; plus au nord encore par 78° 20′ nord, une autre partie de la côte fut vue en 1670 et marquée sur la carte comme *Terre de Lambert*. Scoresby a le grand mérite de s'être forcé un chemin à travers les glaçons qui encombraient les abords de la terre en juin 1822, et d'avoir relevé une ligne de côte depuis la baie de Gale Hamke, par 75°, jusqu'à 69° de latitude. Il trouva une ligne de montagnes, élevées de 3 000 pieds en moyenne, entrecoupées de précipices et où des pics et d'âpres rochers dessinaient leurs profils sur le ciel. Il y avait beaucoup d'ouvertures ou de détroits, et Scoresby suppose que la côte qu'il avait examinée pour une distance de 400 milles consistait

(1) Voir page 28.

7.

en un assemblage d'îles. La banquise qui s'étendait du rivage était large de 100 milles ; il y avait des chaînes d'énormes *icebergs*, produit des immenses glaciers de l'intérieur ; pourtant, il y avait peu de difficultés à naviguer le long du canal qui côtoyait la rive.

Du point atteint par Scoresby au sud, par 69° de latitude nord, il y a une longue étendue de côtes qui n'a pas été encore explorée, mais l'extrémité sud de la côte est du Groënland a été explorée par le capitaine Graah, de la marine danoise, qui, en 1828, quitta Copenhague avec cette mission. Il organisa son expédition avec deux canots de femmes et deux kayaks, à Nenortalik, l'établissement de Groënland le plus voisin du cap Farewell et il partit le 20 mars 1829 avec quatre Européens et douze Esquimaux. En atteignant la côte est, ils trouvèrent des masses de glaces empilées sur la rive, de telle façon qu'ils avançaient très-lentement, et le capitaine Graah renvoya tout son monde à l'exception de six Esquimaux, deux hommes et quatre femmes, avec un fragile bateau. Cette séparation eut lieu le 23 juin par 61° 46′ 40″ nord, et avec sa petite troupe il s'avance dans la direction du nord jusqu'à 65° 18′, le 28 juillet. A la fin, il fut arrêté par une barrière insurmontable de glaces et il fut obligé de battre en retraite vers la fin d'août. Le capitaine Graah passa l'hiver en un endroit appelé Nurgalik par 63° 22′ de latitude nord, et il retourna aux établissements de la côte ouest du Groënland dans l'été de 1830. Entre 60° et 65° sur la côte est, il trouva de cinq à six cents habitants, et on lui dit qu'il y en avait beaucoup plus au nord; mais, du point extrême nord atteint par Graah jusqu'au point extrême sud atteint par Scoresby, la côte est du Groënland est encore inconnue (1).

J'ai déjà raconté que *le Griper*, avec les capitaines Clavering et Sabine à bord, après avoir complété les observations du pendule au Spitzberg, fit voile pour la côte est du Groënland vers la fin de juillet 1823. Le 28, on essaya de passer à travers la glace qui isole cette côte orientale, par une latitude de 77° 30′ nord; mais le navire fut arrêté par un champ compacte et uni de glace long de 60 milles. Le 2 août, *le Griper* entra de nouveau dans la glace par une latitude de 75° 30′ nord et passa à travers les glaçons flottants, le long du bord des solides champs de glaces, dans la direction du sud-ouest, réussissant ainsi à atteindre la côte. Pendant qu'on traversait la glace, on ne remarqua rien qui indiquât un courant méridional. On fit, entre les parallèles de 76° et 72°, la terre la plus septentrionale restant au nord 20′ ouest, un lever de la terre qui consistait en montagnes élevées et escarpées, découpées par des baies et par des fiords profonds. Le capitaine Clavering explora aussi la baie de Gale Hamke par 74° nord, baie qui est représentée exacte-

(1) L'ouvrage du capitaine Graah fut traduit et publié par la Société Géographique de Londres, en 1837, avec une carte : *Narrative of an Expedition to the east coast of Groënland, sent by order of the King of Denmark, in search of the lost colonies, by W. A. Graah, translated from the Danish by G. Gordon Macdougal*, Londres 1837, in-8°.

ment en ce qui concerne la latitude dans une vieille carte gravée par Pierre Goos, en 1666, douze ans après le voyage de Gale Hamke. Là, on rencontra quelques Esquimanx, découverte très-importante, car il y a raison de croire qu'ils sont venus là de la région inconnue du nord et non pas du sud. En établissant sa carte de la ligne de la nouvelle côte, le capitaine Clavering eut soin de garder les anciens noms (1).

La dernière expédition qui alla chercher la colonie perdue sur la côte est du Groënland fut entreprise par MM. Antoine Gibbs et fils, ces éminents négociants de Londres et de l'Amérique du Sud; elle le fut à l'instigation de M. T. W. Tayler, chimiste et enthousiaste, que ses lectures de littérature islandaise avaient amené à croire que l'on pourrait retrouver la colonie perdue et établir un commerce florissant. La couronne du Danemark accorda une charte à MM. Gibbs, par l'intermédiaire de M. Tayler, pour le droit exclusif de commerce avec la côte est du Groënland. Le 21 août 1863, une expédition

---

(1) Les noms donnés par lui sont ceux-ci :

1. Ile Shannon;	8. Ailsa;
2. Cap Philippe Brooke;	9. Crique Ardencaple;
3. Iles du Pendule :	10. Cap Borlase Warren;
4. Cap Dresbrowe;	11. Colline Jordan;
5. Rocher Bass;	12. Loch Fine;
6. Le Haystack (rocher);	13. Baie Forster.
7. Crique Roseneath;	

Les anciens noms sont : le *Hold with Hope* d'Hudson, la baie de Gale Hamke et l'île Brontekoe.

partit de Gravesend, consistant en deux steamers de fer tout à fait sans défense, appelés *le Baron Hambro* et *la Caroline*, sous la conduite de M. Tayler, et dans le but de fonder un établissement à Ekalumiut par une latitude de 63° nord. La raison pour naviguer à une époque aussi avancée de l'année était que, comme les ports plus au sud sur la côte ouest du Groënland ne sont pas ouverts jusqu'à ce que la glace en ait été enlevée au passage par le courant arctique, on croyait que la même opération devait avoir rendu la côte est libre ou tout au moins accessible un peu plus tôt. Le 5 septembre, du *Baron Hambro*, dans le voisinage d'Ekalumiut, on vit la terre qu'on estima être à une distance de 40 milles. Mais la glace était si fortement pressée qu'on se dirigea vers le nord et, par 63° 30′, on essaya de pénétrer dans la masse glacée; on la trouva si compacte qu'elle fut impénétrable, et c'est à grand'peine que le navire s'en retira. Le 8 septembre, on fit un autre essai infructueux dans la glace par 62° 30′, et le 10, on en fit encore un par 61°. Il était devenu douloureusement manifeste qu'il était inutile d'essayer de trouver ou de se forcer un passage à travers la banquise qui séparait les navires de la terre, et un seul espoir leur restait, c'était que le vent chassât la glace de la terre. Le 11, un vent violent du sud-ouest se leva et dura trois jours; pendant ce temps *le Baron Hambro* et *la Caroline* furent obligés de se réfugier en pleine mer. Quand le vent se calma, ils revinrent et, à environ 120 milles de la terre, ils furent arrêtés par un immense champ de

glace, que les steamers côtoyèrent à toute vitesse
pendant plusieurs heures. A la fin, ils doublèrent la
pointe méridionale de la glace et arrivèrent à 20
milles de la terre par une latitude de 60' nord; mais
là encore, ils furent arrêtés par une barrière impénétrable que formait la glace pressée sur le rivage.
Il n'y avait aucun chenal entre la terre et la glace.
La tentative fut alors abandonnée et l'expédition
revint en Angleterre (1).

Mais l'insuccès fut attribué à l'emploi de navires
qui n'avaient pas été suffisamment adaptés à la
navigation dans la glace, et MM. Gibbs résolurent
de faire une nouvelle tentative sur une grande
échelle. L'année 1864 fut employée à construire
l'*Érik* à Dundee. C'est un beau steamer de
412 tonneaux avec une machine de 70 chevaux,
vraiment fortifiée pour lutter contre la glace et
l'avant armé de ceinture en cornières pour donner
l'assaut aux glaçons. *L'Érik*, de nouveau sous la
conduite de M. Tayler, fit voile de Rekjavik, où on
avait formé un dépôt de charbon en mai 1865, se
dirigeant alors vers la lisière de la masse glacée.

Bien que *l'Érik* réussît à se frayer un chemin à
travers la glace, plus loin que ne l'avaient fait les
deux petits steamers en 1863, il ne put atteindre la
terre. Deux essais furent tentés et, après cela,
l'entreprise fut finalement abandonnée. *L'Érik* fit
depuis des voyages annuels à la baie de Baffin

(1) Je dois ces renseignements à l'obligeance de M. Jules
Clark, qui accompagnait l'expédition envoyée par MM. Antoine Gibbs et fils.

comme baleinier, sous l'intelligent commandement du capitaine Walker. Cette intéressante tentative d'atteindre la côte est du Groënland jette beaucoup d'honneur sur les négociants qui l'entreprirent et donne droit à M. Gibbs de prendre place parmi ces immortels et aventureux négociants du XVIIe siècle, dont les vaillants navires ont exploré le bord de la masse polaire et navigué les premiers dans le nord de la baie de Baffin. C'est à de tels hommes que l'Angleterre doit beaucoup de sa grandeur commerciale et maritime, et ils tiendront toujours une place dans la liste des illustrations arctiques.

Après le retour de *la Germania* du Spitzberg, en 1868, une autre expédition arctique fut organisée pour explorer la partie nord de la côte du Groënland. La seconde expédition partit de Brème le 15 juin 1869. Elle consistait en un steamer à hélice de 140 tonneaux, du prix de 18,000 thalers (67,500 francs), et qui fut nommé de nouveau *Germania*. Son équipage comptait dix-sept hommes, et, comme navire de conserve et de ravitaillement, on envoya le brick *Hansa*, avec un équipage de quatorze hommes, et commandé par Hegemann, natif d'Hookseel dans l'Oldembourg. L'expédition entière était commandée par Koldewey, qui mit son pavillon sur *la Germania;* et, en outre, on attacha aux deux navires divers hommes de science éminents, pourvus de tout ce qui était nécessaire pour accomplir leur tâche avec succès. C'est là que le lieutenant Payer, qui devait découvrir la Terre de François-Joseph, gagna son expérience, et M. Copeland fut l'astronome de l'expédition. Le roi Guillaume vint leur souhaiter bon voyage ; une réunion d'hommes distingués leur donna un dîner d'adieu, et ils sortirent du bon port de Brême, *more Teutonico*, au son d'un orchestre.

L'expédition entière était approvisionnée pour deux ans. Par une latitude de 70° 46' nord, et par une longitude de 10° 51' ouest de Greenwich, *la Hansa*, qui avait à bord une partie des provisions de charbon pour elle et pour son navire de conserve, fut séparée de *la Germania* et prise dans la glace. Le 22 octobre, les glaçons, pressant de toute part le navire, le brisèrent. Alors, sans abri au milieu de ce lugubre champ de glace, avec l'hiver qui allait venir, l'équipage bâtit sur le glaçon, avec le charbon qu'il avait à sa disposition, une maison dans laquelle ils se réfugia. C'est dans cet étrange abri qu'ils passèrent le jour de Noël et, en somme, sans tristesse, nous disent-ils. En deux mois, le courant les avait portés à 400 milles au sud, et bien qu'ils fussent seulement à 30 milles de la terre, il leur était impossible de l'atteindre. Le 27 novembre, la carte de leur itinéraire montre qu'ils étaient justement à peu près à mi-chemin entre le Groënland et l'Islande. Peu de temps après leur réjouissance de Noël, le glaçon se déchira et leur maison fut démolie. Pendant quelque temps il sembla que leur vie tenait à un fil. Mais un meilleur destin leur était réservé. Le glaçon se remit, ils quittèrent leur bateau dans lequel ils avaient été forcés de se réfugier, et bâtirent de nouveau leur maison de charbon. Le 3 jan-

vier 1870, ils étaient près de la côte du Groënland,
mais ils ne pouvaient que la contempler avec tristesse ; car les glaçons leur enlevaient la possibilité de
l'atteindre. A mesure que le printemps s'avançait
et que l'été arrivait, leur situation devenait plus
agréable en un sens, mais plus décourageante dans
l'autre. Leur île de glace, fouettée par la vague et
amoindrie par le dégel, était réduite au point de
n'avoir plus qu'une centaine d'yards (91 mètres)
de largeur. En mai, leurs sextants leur dirent qu'ils
avaient dérivé 1,100 milles sur leur triste radeau.
Finalement, le 17 juin 1870, ils arrivèrent dans leurs
trois bateaux à Friedriksthal, station de la mission
morave au Groënland, par une latitude de 60° nord,
juste de l'autre côté du cap Farewell. Là ils rencontrèrent leurs compatriotes de la mission des
Frères Moraves, et furent en sûreté après des périls
en comparaison desquels pâlit l'étonnant voyage
que Barents fit de Novaïa-Zemlia en bateau, et auprès desquels la retraite de Kane dans le détroit de
Smith tombe aux dimensions d'une partie de canot.
Malgré toutes leurs misères, personne de l'équipage
ne mourut ; mais l'un d'eux devint fou, quoique,
nous sommes heureux de l'apprendre, d'une façon
passagère.

Une meilleure fortune attendait *la Germania* qui
était un steamer. *La Germania* réussit à remonter
la côte est du Groënland jusqu'à 75° 30′, mais le
13 août, elle fut forcée de se diriger de nouveau
vers le sud et de passer l'hiver au milieu des îles
du Pendule, par une latitude de 74° 30′. De ce

point central on fit plusieurs excursions, et, bien
que quelquefois le thermomètre tombât jusqu'à
— 40° Fahrenheit (— 40° centigrade), pourtant
des bœufs musqués, chose étrange, se rencontraient en abondance (bien que ces animaux
soient inconnus sur la côte ouest au sud du détroit de Wolstenholme). Ils passèrent un hiver qui
ne fut pas désagréable, comme des hivers peuvent
l'être par 74° ½ de latitude nord. Le jour de Noël
fut vraiment chaud, *seulement* —25° (— 31, 66 cent.)
et, les portes ouvertes, ils dansèrent et se divertirent
comme ils avaient coutume de le faire dans leur
Germanie où l'on fête Noël. Comme le raconte
Koldewey : « A la clarté des étoiles nous dansâmes
sur la glace ; nous fîmes un arbre de Noël avec l'*an-
dromeda* toujours verte *(cassiope tetragona)* ; la cabine était décorée de drapeaux et les présents que
des mains amies avaient préparés étaient disposés
sur les tables ; chacun en eut sa part et une joie
universelle régna. » Après ce temps de fête, les
explorateurs se mirent à s'occuper de leurs travaux. On équipa le traîneau et, après un faux départ, une troupe de sept hommes se mit en marche le 24 mars, sous le commandement du capitaine
Koldewey et du lieutenant Payer, un des savants
de l'expédition. Tirant derrière eux le traîneau
chargé de provisions, ils se dirigèrent vers le Nord,
et après avoir parcouru une distance de 150 milles
du navire, par une latitude de 77°, le manque de
provisions les força de revenir. Le 27 avril, chargés
de collections zoologiques, géologiques et botani-

ques, mais décidément sceptiques au sujet de « la
mer ouverte du Pôle, » ils regagnèrent le pont de
la Germania. Un cap farouche qui, avec assez d'à-
propos, a reçu le nom du Prince de Bismarck, marque la limite septentrionale de leurs découvertes.
Aussitôt qu'ils purent reprendre la navigation, ils
commencèrent leurs explorations et furent assez
heureux pour découvrir par environ 78° 15′ nord un
fiord ramifié qui s'étendait pour une longue distance dans l'intérieur du Groënland. Ils l'explorèrent entre 22° et 28° de longitude ouest de Greenwich sans en atteindre la fin, la chaudière fêlée de
leur machine les forçant de revenir. Ce fiord reçut
le nom de François Joseph, en l'honneur du sou-
verain du lieutenant Payer. Le long de ses bords
sont des pics, ceux de Pétermann et de Payer, qui
ont 14,000 et 7,000 pieds de hauteur. Le 11 janvier 1870, ils revinrent à Brême.

Un magnifique ouvrage, publié à la fois en allemand et en anglais, donne les résultats de la seconde
expédition arctique allemande. Les îles du Pendule
et la côte adjacente du Groënland furent le point le
plus septentrional atteint par les Allemands, ainsi
qu'il en avait été cinquante ans auparavant pour
le navigateur Clavering. L'opinion du capitaine
Koldewey, après l'expérience arctique qu'il avait
acquise en commandant deux expéditions, fut
exprimée par lui-même en mai 1871 dans les termes suivants :

« On peut à peine échapper à la conviction que
l'espoir d'atteindre le Pôle Nord avec un navire, ou

de trouver une mer libre autour du Pôle, sont parmi les choses les plus improbables.

« J'avoue que moi-même j'ai été induit en erreur par les représentations de la *Revue Géographique* du Dr Pétermann, et que je regardais comme au moins possible, en suivant une ligne de côte, de pénétrer avec un navire loin dans les régions centrales arctiques et de là de se frayer un chemin vers le Pôle. Un hivernage dans l'est du Groënland, les observations les plus attentives de ces puissantes masses de glaces, de leur mouvement, de leur formation et de toutes les conditions de la température, et finalement l'étude de la littérature arctique, dans sa forme originale, et non au moyen d'extraits empreints de partialité, m'ont radicalement guéri de cette idée, moi et mes compagnons...

« Si le principal objet d'une expédition est d'approcher le plus près possible du Pôle, je suis tout à fait de l'opinion d'Osborn, que le meilleur chemin semble être par le détroit de Smith. »

En citant cette opinion du capitaine Koldewey, l'amiral Sherard Osborn fait la remarque suivante :

« Il est inutile de gloser sur l'opinion de cet honnête marin et il n'y a pas de raisonnements spécieux remplissant autant de pages qu'on voudra, venant de purs théoriciens allemands ou anglais, qui puissent détruire l'effet d'un témoignage aussi fort et aussi concluant. »

L'opinion de toutes les autorités arctiques anglaises en faveur de la route par le détroit de Smith est ainsi fortement confirmée par la principale autorité allemande.

Cinq baleiniers firent voile en 1874 de Peterhead pour pêcher dans les mers du Spitzberg. Ils approchèrent occasionellement la côte du Groënland. Tous, sauf un, sont des steamers. Deux, *l'Éclipse*, de 295 tonneaux, commandée par le capitaine David Gray, et *l'Espérance*, de 307 tonneaux, capitaine Jean Gray, sont des navires construits spécialement pour ces voyages par MM. Hall d'Aberdeen. Deux sont de vieux navires à voiles transformés en steamers à hélice, *le Jean Mayen*, de 337 tonneaux, commandé par le capitaine Salmon, et *Au-Vent* (Windward), de 321 tonneaux, capitaine Sellar. *L'Étoile polaire*, de 215 tonneaux, capitaine Mac Dougall, est un navire à voiles. Dans l'été de 1872, le capitaine David Gray rapporta avoir vu une large étendue d'eau libre avec un ciel d'eau dans la direction du nord, près de la côte est. En 1873, il revint à la fin de juillet avec une pleine cargaison. En 1874, il rapporta avoir vu dans la mer du Spitzberg la glace dériver au sud en une quantité inusitée. En mai, juin, juillet et août, le mouvement de dérive était de 14 milles pleins par jour. En mars et en avril, il doit avoir été le double. En août, le capitaine Gray était par 79° 45' de latitude nord et il trouva la glace toute brisée, tandis que par 77°, les champs de glaces étaient encore entiers et compacts ; on voyait par là que la glace plus au nord avait été brisée par une houle venant du nord. Il y avait un sombre ciel d'eau au delà de la masse glacée qui arrêta le

capitaine Gray, par 79o 45', et de l'eau libre à l'horizon. Cette année, à en juger par les apparences,
aurait été une année favorable pour gagner une
latitude septentrionale plus élevée qu'à l'ordinaire,
et cela à une époque tardive de la saison.

CHAPITRE VIII

LA BAIE DE BAFFIN ET LE PASSAGE PAR LA GLACE DU MILIEU

Jean Davis. — Jean Knight. — Guillaume Baffin. — Découverte de la baie de Baffin. — Justice rendue tardivement à Baffin. — Le courant dans la baie de Baffin, — La *Glace du milieu*. — Voyage de Jean Ross. — Passage à travers la baie de Baffin. — Le *Passage par le nord*. — La baie de Melville. — Dangers de la baie de Melville. — Paysage de la baie de Baffin. — L'*Eau du Nord*. — Les baleinières de Dundee. — Découvertes faites par des baleiniers. — Voyage du capitaine A. H. Markham. — Le capitaine Adams. — Perte de *l'Arctique*. — *Le Victor*. — Le capitaine Bannermann. — Dix ans de la pêche à la baleine.

Jusqu'ici, notre attention a été occupée par les efforts que bien des voyageurs, pendant trois cents ans, ont faits successivement pour pénétrer dans la puissante masse polaire entre le Groënland et Novaïa-Zemlia.

Les hautes qualités des hommes qui s'employèrent à ces efforts, leur zèle dévoué, leur bravoure persévérante, leurs travaux nautiques, nous empêchent seuls de nous fatiguer à ces histoires, qui se terminent toujours par une barrière impénétrable de glace. Ce sera maintenant une tâche plus agréable de raconter les voyages à la baie de Baffin ; car à travers de grands dangers, de ces dangers dont on n'échappe que tout juste, on a pendant bien des années annuellement affronté et surmonté une masse glacée moins formidable. Et cette victoire annuelle a mené à un résultat qui a permis d'organiser un système d'exploration polaire, le seul complet et efficace, c'est-à-dire l'exploration moderne au moyen de traîneaux.

Le pionnier de cette route, l'homme qui a découvert le large détroit qui mène à la baie de Baffin, fut ce savant navigateur et ce brave marin, Jean Davis de Sandrudge, dans le comté de Devon.

Son entreprise fut appuyée par sir Adrien Gilbert et par d'autres *gentlemen* de Devon, et ses petits navires *le Sunshine*, (Clair de soleil), de 50 tonneaux, et *le Moonshine* (Clair de lune), de 35 tonneaux, firent voile de Dartmouth le 7 juin 1585. La vue du Groënland ne réjouit pas nos explorateurs, car Davis dit que « la vue odieuse de ce rivage et le bruit fastidieux de la glace étaient tels qu'ils faisaient naître d'étranges idées parmi nous, » et il l'appela la *Désolation*. Mais ses rapports avec les Esquimaux, qu'il amusa avec de la musique et des danses, furent agréables et satisfaisants ; et à tous égards ces rapports font honneur au caractère du bon *gentleman* anglais qui distribua des présents parmi « ces aimables et gentils sauvages. » Il tra-

versa le détroit qui porte son nom et donna le nom
de cap Walsingham à la pointe sur la côte ouest.
Le second voyage fut en grande partie dans le
même endroit ; mais dans son troisième voyage,
en 1587, dans le même vieux *Clair de soleil*, Davis
poussa plus loin dans la direction du nord, et atteignit jusqu'à ce hardi promontoire auquel il donna
le nom d'un des patrons de l'expédition, Hope Sanderson. C'est un cap magnifique, haut de 3,300 pieds,
au sud de la colonie danoise d'Upernavik. Davis fit
ainsi connaître aux futurs navigateurs qu'il y avait
une large ouverture dans cette direction et menant
vers le nord.

Après les voyages de Davis vinrent les efforts du
malheureux Jean Knight pour découvrir le passage
du nord-ouest. Il alla au Groënland, en 1605, comme
capitaine d'une pinasse appartenant au roi de Danemark ; et le 18 avril 1606, il fit voile de Gravesend dans une barque appelée *le Hopewell* (Bon
espoir), approvisionnée aux frais des Compagnies
Moscovite et des Indes Orientales. Il semble avoir
fait un voyage heureux en traversant l'Atlantique
et avoir débarqué sur la côte du Labrador avec du
papier pour lever la ligne de la côte. On vit le capitaine Knight gravir une colline et l'on n'en entendit
plus parler ; et les derniers mots de son journal
écrits d'une main différente, sont comme suit :

« Ici, M. Knight a cessé d'écrire dans son journal, et ce 26ᵉ jour de juin 1606, ledit M. Knight, le
second son frère et trois autres allèrent dans leurs
chaloupes, et naviguèrent à une île à environ 6 milles

du navire. Arrivant à l'île, ledit M. Knight, le second son frère, etc... allèrent à terre, prenant un
compas et d'autres instruments pour faire un plan
de l'île; ils prirent aussi avec eux des sabres, des
dagues, des mousquets et des demi-piques pour se
défendre des ennemis, s'ils devaient en rencontrer.
Ils allèrent à terre à environ dix heures de la ma-
tinée, commandant aux deux autres qu'ils laissèrent
dans la chaloupe (et le trompette était l'un d'eux)
de les attendre jusqu'à trois heures de l'après-midi;
ceux-ci attendirent et restèrent, disent-ils, jusqu'à
onze heures du soir. Car ni cette nuit ni plus tard,
quoiqu'ils débarquassent de nouveau, et fissent tous
leur possible jusqu'à ce qu'ils fussent attaqués par
les sauvages, ne purent-ils apprendre ou supposer
ce qu'étaient devenus ledit M. Knight ou les autres
qui allèrent à terre avec lui. »

Le navire revint en Angleterre et atteignit Dartmouth le 24 septembre 1606. Le manuscrit original
du capitaine Knight, qui donne le récit de son
voyage et dont un court extrait a été imprimé par
Purchas (1), a été sauvé de la destruction générale
de semblables et précieux documents dans les bu-
reaux de la Compagnie des Indes (2). C'est une
courte et triste histoire, mais elle mérite d'être con-

(1) Voyages de Purchas, liv. IV, chap. xvi.
(2) Les Directeurs de la Compagnie des Indes Orientales et
du Nord-Ouest étaient le même Conseil, et il doit y avoir
eu en manuscrit bien des intéressants journaux de voyages
anciens dans les archives de la Compagnie des Indes-Orientales. En effet, le manuscrit du capitaine Knight est marqué
n° 19. C'est le seul qui ait échappé au marchand de beurre.

servée, et elle sera, nous l'espérons, imprimée et publiée avant longtemps.

Un navire seulement était destiné à continuer avec succès la découverte de Davis pendant les deux siècles suivants, et malheureusement il n'existe de ce voyage que des rapports vagues et peu satisfaisants. Il ne revient pourtant aucun blâme au brave pilote Guillaume Baffin, qui décrivit en détail sur une carte les détroits et les îles qu'il découvrit; mais cette carte est perdue. La faute, et c'en est une sérieuse, doit être mise au compte du vieux Purchas, qui reçut le livre de loch et les cartes de Baffin, mais jeta le tout de côté avec cette remarque que « cela coûterait beaucoup de peine et ferait beaucoup de frais à insérer. » Par suite de cet acte blâmable de Purchas, nous en sommes réduits à recueillir ce que nous pouvons dans une lettre à sir Jean Wolstenholme et à la *brève et véritable relation ou journal de* Baffin. De ces documents, nous apprenons que *la Découverte*, de 55 tonneaux, fit voile de Gravesend le 26 mars 1616, avec Robert Bylot comme capitaine, Guillaume Baffin, et un équipage de quinze hommes.

La petite *Découverte* atteignit le 30 mai Hope Sanderson, le point extrême nord de Davis, et après avoir eu un court arrêt dans la glace, se retrouva de nouveau dans l'eau libre, et atteignit par 72° 45' des îles qu'on appela Iles des Femmes, d'après quelques belles Esquimaudes, jeunes et vieilles, que les marins traitèrent avec beaucoup de bonté et de courtoisie. Après avoir à grand'peine remonté pendant plusieurs jours un chenal entre la terre et la glace, Baffin fut à la fin arrêté par la glace le 9 juin, par 74° 15′ nord. *La Découverte* fit un heureux voyage à travers la glace de la baie de Melville, qui depuis est devenue si célèbre, et elle atteignit le *North Water* (l'Eau du Nord) le 1ᵉʳ juillet ; elle n'y avait été retenue que vingt-deux jours.

Après avoir découvert l'ouverture de la grande baie qui porte son nom, Baffin descendit le long de la côte ouest de la baie, et la petite *Découverte* jeta l'ancre sans accident dans la rade de Douvres. C'était justement deux cents ans avant qu'un autre navire dût se frayer un chemin dans l'Eau du Nord de la baie de Baffin, et les découvertes de ce célèbre pilote étaient à peu près oubliées. Dans les cartes publiées jusqu'en 1818, on voit une ligne circulaire de points à l'ouest du Groënland avec cette légende : *Baie de Baffin, d'après la relation de Baffin en* 1616, *mais à laquelle on ne croit pas* (1). Ainsi la mémoire d'un hardi et savant navigateur devait attendre bien de longues années cette pleine justice qui d'ordinaire finit par arriver.

En attendant, les Hollandais s'ouvrirent une pêcherie baleinière dans le détroit de Davis en 1819. Cette pêcherie fut très-rémunératrice et relativement sûre, car, dans une période de soixante ans, sur 6,372 voyages faits au détroit de Davis, 38 navires seulement firent naufrage (2).

(1) Voir la carte au commencement de l'ouvrage de Daines Barrington sur le Pôle Nord et bien d'autres.

(2) *Generale Lyst den Straat-Davisshe Visschery Zedert 't jaar*, 1719-1775. Haarlem, 1778.

Les baleiniers anglais commencèrent bientôt à fréquenter la même pêcherie ; mais, malgré l'avis judicieux du vieux Baffin, aucun navire ne suivit ses traces jusqu'en 1817, et les baleines continuèrent à jouir de paisibles loisirs dans l'Eau du Nord.

Il est nécessaire de décrire la position ordinaire de la glace et de l'eau, dans la baie de Baffin, pendant la saison navigable. On croit qu'un courant descend toujours la baie à la surface, apportant d'immenses quantités de glaces dans l'Atlantique, et pendant l'hiver et le commencement du printemps de grands glacons dérivent constamment dans cette direction, à travers les larges ouvertures de l'extrémité septentrionale, les détroits de Lancastre, Jones et Smith. Dans l'hiver de 1850 et 1851, l'expédition américaine dériva avec la glace du détroit de Wellington, dans l'Atlantique, à la vitesse d'environ 12 milles par jour. Le D\u02b3 Kane supposa qu'à une certaine époque la glace s'étendait en un champ compacte, du détroit de Lancastre au cap Walsingham, avec une largeur de 200 milles. Cette glace avait en moyenne une épaisseur de huit pieds. En septembre 1855, *le Résolu*, abandonné loin dans le détroit de Barrow en mai 1854, vogua à la dérive dans l'Atlantique ; et l'on sait que le vaillant petit *Renard* éprouva la même fortune, en 1857-58. Sir Léopold Mac Clintock trouva un vent du nord-ouest, régnant constamment de septembre en avril, et il croit que le mouvement de dérive est dû seulement à l'action du vent. Le capitaine Maury pensait qu'il y avait un courant inférieur, apportant de

8.

l'eau chaude dans la haute baie, que ce courant paraissait de nouveau à la surface et formait des chenaux et des mares d'eau libre, au loin dans la région polaire. L'existence de ce courant inférieur était conjecturée du fait qu'on voyait quelquefois de majestueux *icebergs* (montagnes de glaces) remonter la baie, près de la partie sud de la côte ouest, malgré le vent et le courant de la surface. Néanmoins, ce fait peut avoir pour cause de fortes marées ou des contre-courants.

La dérive de vastes masses de glaces, dans la direction du sud, cause invariablement l'existence d'une large nappe d'eau navigable dans la partie supérieure de la baie de Baffin, et, pour quelques distances, dans les détroits de Lancastre et de Smith, pendant l'été et le commencement de l'automne, et c'est ce qu'on appelle l'*Eau du Nord*. Mais il y a une masse formidable de glaces entre cette Eau du Nord et le détroit de Davis, ayant environ de 170 à 200 milles de largeur ; elle bloque le centre de la baie de Baffin, et empêche d'approcher de son extrémité nord-ouest ; on l'appelle la *Glace du Milieu*. Cette glace se compose d'anciens fragments de glaçons de grande épaisseur, qui peuvent venir d'une partie éloignée des mers arctiques, puis d'une large étendue de glaces formées pendant chaque hiver et d'environ six à huit pieds d'épaisseur, et enfin de ces magnifiques monts de glaces, qui font le charme principal du paysage de la baie de Melville. Une immense quantité de cette glace est détruite chaque été, soit par le dégel, soit par la houle et la chaleur de l'Atlantique, à mesure qu'elle dérive au sud. La glace de la baie de Baffin est beaucoup plus légère que celle de la mer du Spitzberg. En moyenne, les glaçons de la baie de Baffin ont à peine un quart de l'épaisseur de ceux qui environnent le Spitzberg. Ces derniers sont souvent en véritables nappes de glaces, solides et transparentes, de 20 à 30 et quelquefois près de 40 pieds d'épaisseur. Dans la baie de Baffin, l'épaisseur moyenne des glaçons, est seulement de 5 à 6 pieds, les fragments de 8 à 10 pieds se rencontrent rarement.

Il est curieux que, bien qu'il y eût une florissante pêcherie baleinière dans le détroit de Davis, le passage ne fut jamais tenté dans la Glace du Milieu, entre les années 1616 et 1817. Le vieux Baffin avait vaillamment ouvert le chemin à l'Eau du Nord et personne n'avait osé le suivre. A la fin deux baleiniers, *le Larkins* de Leith et *l'Élisabeth* d'Aberdeen, firent la tentative et franchirent successivement la barrière, en 1817, trouvant une pêcherie abondante dans l'Eau du Nord de la baie de Baffin; et, depuis ce moment jusqu'à aujourd'hui, bien peu d'années se sont passées sans que les baleiniers forçassent la barrière de la Masse du Milieu.

En 1818, *l'Alexandre*, de 252 tonneaux, et *l'Isabelle*, de 385 tonneaux, furent envoyés par le gouvernement en expédition de découverte dans le haut de la baie de Baffin : l'expédition était commandée par Jean Ross et Édouard Parry. Ils firent voile d'Angleterre, le 18 avril, atteignirent le bord méridional de la glace le 2 juillet, et après avoir été retenus

trente-six jours, ils atteignirent l'Eau du Nord le
8 août.

Le principal mérite de ce premier voyage de Jean
Ross fut qu'il justifia les droits que Baffin avait à sa
découverte, et qu'il prouva que les latitudes de ce
dernier étaient très-exactes. Ross, au point extrême
qu'il atteignit, était trop au sud pour voir plus que
les contours de la terre près du détroit de Smith,
mais il nomma les caps de chaque côté de son
entrée, d'après ses navires, Isabelle et Alexandre.

Depuis ce temps, la flotte des baleiniers, chaque
été, a poussé jusqu'à l'Eau du Nord, et elle en a été
récompensée par la découverte d'une pêcherie très-
abondante. Aucun hardi marinier n'avait suivi l'avis
de Baffin pendant deux cent ans, et les pauvres baleines avaient trouvé une agréable retraite dans ce
coin éloigné de la mer, jusqu'à ce qu'il fût enfin
envahi par les navigateurs modernes de la Glace
du Milieu.

Le bord méridional de l'Eau du Nord s'étend de
la baie de Pond sur la côte ouest, et va du nord-
ouest jusqu'au cap York, et il y a trois routes à
travers la Glace du Milieu, par lesquelles on peut
l'atteindre. La première, la seule qui soit sûre, est
celle que les baleiniers appellent le *Passage par le
Nord*, le long de la côte du Groënland. La seconde
est en pénétrant au centre de la baie, dans la masse
en dérive ; on l'appelle le *Passage du Milieu* et l'on
ne doit le tenter que tard dans la saison, quand la
la banquise de la baie de Melville est très-probable-
ment brisée. La troisième, appelée le *Passage par le*

Sud, est le long de la côte ouest de la baie de Baffin et elle ne peut s'effectuer que tard dans la saison ou après une longue suite de vents du sud. Mais le passage par le nord peut toujours être accompli, sinon en juin, du moins en juillet ou en août. Sur la côte du Groënland, entre les parallèles de 73° et 76°, il y a une échancrure ouverte au sud, appelée la baie de Melville. La glace qui s'y forme depuis la côte n'est pas exposée au mouvement général de dérive de la baie de Baffin et reste solidement fixée à la côte, s'étendant souvent à une distance de 30 à 50 milles. Les vents qui règnent dans le commencement de la saison, viennent du nord, et alors la masse de la glace qui dérive est poussée loin du rivage, laissant ainsi un chenal d'eau libre le long de la banquise de la baie de Melville. Quand le vent vient du sud, la masse dérive dans la baie de Melville, mais, dans ce cas, la banquise est une source de protections; car quand la glace de dérive presse contre elle, la glace de la banquise étant plus ancienne se montre invariablement la plus forte des deux, on peut tailler un dock dans la banquise, et un navire peut y rester mouillé en sûreté, jusqu'à ce que la pression cesse. Ainsi « en se collant à la banquise de Melville, » comme disent les baleiniers, un navire n'est jamais à la merci de la glace qui dérive, et bien qu'il puisse souvent subir une longue détention, le terrain est rarement perdu et le succès récompense à la fin la persévérance. La majeure partie de la glace se rencontre au large du cap Shackleton, ou des îles des Femmes de Baffin, et l'Eau du Nord commence au cap York, à une distance d'environ 170 milles.

Le passage qui a été accompli le plus tôt dans l'Eau du Nord est le 12 juin 1849, et la date moyenne du passage des baleiniers pendant vingt-trois ans est le 13 juillet. De 1817 à 1849 il n'y a pas un seul exemple de baleinier ayant échoué dans ce passage, et dans les années de 1825, 1828, 1832, 1833 et 1834, la flotte tout entière a atteint l'Eau du Nord avant le milieu de juin. Si les baleiniers ne peuvent passer assez tôt pour atteindre la baie de Pond, ce n'est pas la peine de persévérer, et ils renoncent à la tentative. La saison navigable continue jusqu'à la fin d'août, de sorte que les navires de découverte peuvent toujours compter effectuer leur passage entre mai et septembre. La meilleure chance est tôt dans l'année, et ils ne doivent jamais manquer d'être au bord de la glace par le milieu de juin. Des navires de découvertes ont été envoyés trente-huit fois dans le haut de la baie de Baffin, depuis 1818, et en deux occasions seulement ils n'ont pas réussi à atteindre l'Eau du Nord pendant la saison navigable. *L'Étoile du Nord* éprouva un de ces insuccès en 1849, mais elle n'arriva pas au bord de la glace avant la fin de juillet, et si elle était entrée plus tôt en campagne, elle aurait sans aucun doute réussi. Cela est certain, car dans la même année, *le Saint-André* d'Aberdeen atteignit l'Eau du Nord le 12 juin. L'autre exemple d'insuccès est le cas du *Renard* en 1857 ; mais il s'y était pris encore plus tard ; car il n'arriva dans la baie de Melville qu'au milieu d'août. Plus tôt, il aurait réus-

si, et quand Mac Clintock, avec cette persévérance
indomptable qui fut sa devise depuis qu'il commença
des explorations arctiques, attaqua de nouveau la
barrière, le 18 juin de l'année suivante, il fut dans
l'Eau du Nord le 27.

Mais la baie de Melville était d'ordinaire un lieu
de crainte et d'anxiété pour la flotte baleinière, car
lorsqu'un vent du sud poussait violemment la masse
en dérive sur la banquise, les navires qui s'avançaient lentement le long du bord de celle-ci étaient
souvent écrasés comme autant de noisettes. En
1819, quatorze navires furent mis en pièces de cette
façon; en 1821, onze; et en 1822, sept. L'année
1830 fut la plus grande époque de désastres pour
les baleiniers, car dix-neuf navires furent entièrement détruits, causant à leurs propriétaires une perte
totale de 142,600 livres (3,565,000 fr.). Le 19 juin,
un vent qui se mit à souffler du sud-sud-ouest,
poussa des masses de glaces dans la baie de Melville
et serra la flotte tout entière contre la banquise à
environ 40 milles au sud du cap York. Dans la soirée,
la tempête augmenta et les glaçons se mirent à
sauter l'un sur l'autre; un immense glaçon descendit alors sur les malheureux navires, et il s'ensuivit
une scène indescriptible d'horreur. En un quart
d'heure plusieurs beaux navires furent réduits en
fragments brisés ; la glace, avec un grincement ef-
froyable, ouvrit leurs flancs; les mâts tombaient
dans toutes les directions, de grands navires étaient
aplatis et tombaient à plat sur la glace; et un baleinier, *le Rattler*, fut littéralement retourné. Les

hommes n'eurent que le temps de sauter sur la glace ; car il faut comprendre qu'il y a peu ou point de danger de perdre la vie dans la baie de Melleville. Les matelots naufragés prirent refuge à bord de navires plus heureux, car, même en 1830, *le Cumbrian* et divers autres navires échappèrent en creusant de profonds docks dans la banquise. Même quand un baleinier navigant seul est détruit, qu'il n'y en a pas d'autre en vue, la retraite par bateaux aux établissements danois est parfaitement sûre et aisée. Quand la terrible catastrophe arriva en 1830, il y avait un millier d'hommes campés sur la glace, les groupes de leurs tentes furent des scènes de danses joyeuses et d'amusements, car le matelot avait congé, et on se rappela souvent cette saison comme l'année de *la foire de Baffin*.

Les navires de découverte sont construits plus solidement que les baleiniers ; ils peuvent recevoir des chocs dont la conséquence serait fatale à tout autre navire, et par conséquent ils ne courent pas les mêmes risques. La preuve en est que des navires d'exploration ont traversé trente-huit fois la glace de la baie de Melville et qu'aucun n'a été perdu. Un choc violent cause seulement une agitation qui n'est pas sans plaisir. La beauté magique du paysage, les admirables effets de la réfraction sur l'horizon, l'éclat de la glace, de la mer et du ciel, le travail de couper des docks dans la glace, de faire sauter des glaçons ou de leur donner l'assaut, tout cela se réunit pour rendre l'emprisonnement dans la baie de Melville une époque de réjouissance et de plaisir. Là, on peut voir ces effrayants monts de glace qui sont parmi les plus sublimes des œuvres de la nature, avec leurs brillantes teintes d'émeraudes et des saphirs. Là, on peut observer les majestueux mouvements d'irrésistibles glaçons et un spectacle encore plus grand, quand les glaces se pressent, qu'il se forme une longue rangée de *hummocks* de glaces, et que de grands blocs s'élèvent les uns sur les autres avec un horrible grincement. Le passage de la baie de Melville peut être une époque de crainte, mais il serait mort à tout sens du beau dans la nature celui qui n'éprouverait pas une égale sensation de plaisir devant des scènes d'une grandeur et d'un intérêt qui n'ont pas été surpassés. L'habileté et la sagacité à observer et à choisir les points de passage sont nécessaires dans cette navigation. En arrivant de bonne heure dans le détroit de Davis, on a la certitude d'atteindre l'Eau du Nord dans la saison navigable.

Les steamers ont été en moyenne retenus vingt-deux jours dans la baie de Melville, et nombre d'entre eux dans des circonstances extrêmement défavorables ; et, la chose est curieuse à remarquer, c'est justement le temps que le brave vieux Baffin mit à traverser la baie de Melville en 1616, dans un petit bateau de 55 tonneaux. Il serait étrange en vérité que de puissants steamers ne puissent pas faire autant que ce bateau-mouche de 55 tonneaux. Nous pouvons attendre un heureux passage de la Glace du Milieu, d'après la nature de la glace et les causes physiques qui influent sur ce mouvement, du fait que les baleiniers ont atteint l'Eau du Nord presque annuellement depuis 1817, et de l'examen de tous les voyages antérieurs de découverte dans les trente-six cas sur trente-huit où l'on a vaincu les obstacles de la glace dans la baie de Baffin.

Une fois dans l'Eau du Nord, finissent les obstacles à une exploration plus ou moins étendue de la région inconnue. Dans les mois d'été, il y a invariablement une mer navigable du cap York au détroit de Smith.

Dans ces dernières années, la vapeur a apporté de grands changements à la navigation dans la glace, et les baleiniers à vapeur ne sont plus exposés aux mêmes risques ni aux mêmes retards que les anciens navires à voile. L'huile de baleine était surtout demandée pour éclairer les rues et les maisons, et l'invention du gaz eut pour effet de diminuer le nombre des navires envoyés au nord en quête d'huile de baleine. Quoique ce commerce ne fût jamais entièrement abandonné, le commerce baleinier éprouva des fluctuations pendant bien des années (1) jusqu'au jour où l'on découvrit qu'une

---

(1) Dans le *Journal de la Société statistique* (de Londres), de 1853, (vol. XVII, p. 34,) il y a quelques détails sur la pêcherie baleinière du port de Hull, dans les mers du Nord, de 1772 à 1852, En 1772, il y avait 9 baleiniers, en 1782 seulement 3, en 1792 il y en avait 20, en 1802 il y en avait 36, en 1812 il y en avait 49 et 1820 fut une année très-prospère. Il y avait alors 62 baleiniers, qui rapportèrent 7,976 tonnes valant 239,280 livres (5,982,000 fr.). En 1821, dix navires de Hull se perdirent. En 1834 il y en avait seulement huit, dont six se perdirent. De 1835 à 1845, il ne partit qu'un ou deux navires ; mais 1846 vit renaître le commerce et quatorze balei-

fibre de l'Inde, manipulée avec de l'huile de baleine, peut se manufacturer en un grand nombre d'objets utiles. L'extension de la manufacture de jute, à Dundee, fit renaître la pêcherie baleinière dans la baie de Baffin. On importe tous les ans à Dundee un million de balles de jute, équivalant à 143,000 tonnes, et la plus grande partie de l'huile de baleine est prise par les manufacturiers de jute, à Dundee et aux environs. Ainsi le port de Dundee est devenu le centre de la pêcherie baleinière et on peut voir débarquer des cargaisons d'huile venant des régions arctiques à côté des cargaisons de jute venant de Calcutta, les unes et les autres étant nécessaires à la prospérité du port. En 1858, *le Tay*, navire de 600 tonneaux, avec gréement complet, fut converti en un steamer à hélice auxiliaire, étant le premier steamer qui fit voile de Dundee pour un voyage baleinier. *Le Dundee* et *le Narval* furent construits spécialement pour chasser le phoque et la baleine ; et l'expérience de leurs voyages

niers furent envoyés. En 1852 il y en avait encore quatorze, mais à partir de ce moment, ce commerce s'éteignit, et actuellement le port de Hull n'envoie plus de baleiniers. Les plus connus des anciens baleiniers de Hull étaient *le Parfait-Amour*, capitaine Parker, qui fit son premier voyage en 1784 et tenait encore la mer en 1852 ; le *Manchester*, qui fit quatre voyages ; *l'Ellisen* et *le Molly*, De 1772 à 1852, cent quatre-vingt-quatorze baleiniers firent voile de Hull, et il s'en perdit quatre-vingts ; ils rapportèrent 171,907 tonneaux d'huile, valant 5,158,080 livres (128,952,000 francs), et 8,556 tonneaux d'os, valant 1,691,200 livres (42,280,000 francs). Total : 6,849,280 livres (171,232,000 francs). Le prix moyen de l'huile était 30 livres (750 francs) la tonne, et des os 200 livres (5,000 francs).

prouva pleinement l'immense avantage de la vapeur sur la voile pour la navigation dans la glace. MM. Alexandre Stephen et fils, les entreprenants armateurs de Dundee, ont, depuis, construit d'autres steamers baleiniers, et quelques-uns de leurs navires à voiles ont reçu des hélices auxiliaires. En 1867, il n'y avait pas dans le commerce baleinier un seul navire à voiles appartenant à Dundee. Au début, on hésitait entre le bois et le fer, mais la question a été nettement résolue en faveur des navires en bois. Un baleinier en fer, appelé *le Fleuve-Tay*, fut construit à Kirkcaldy, et fortifié de toutes les façons possibles, mais il n'en tira aucun profit quand il se trouva en contact avec la glace et avec le froid. Il coula dans son premier voyage au détroit de Davis, quand plusieurs navires en bois étaient encore auprès de lui.

La valeur de la flotte baleinière des dix steamers de Dundee, avec leur plein équipement, leur appareil de pêche, les provisions pour le voyage d'une saison, avec le matériel nécessaire des barriques et des appareils à bouillir, peut être estimée de 150,000 à 200,000 livres (de 3,750,000 francs à 5,000,000) et la valeur totale du produit de la pêche, dans une saison, en huile de phoque et de baleine, est d'environ 100,000 livres (2,500,000 francs) ; chacun, dans l'équipage, depuis le capitaine jusqu'au mousse, a un intérêt dans le succès du voyage, sous la forme d'argent provenant de la vente de l'huile.

Une baleine fournit d'ordinaire environ dix tonnes d'huile qui valent de 40 à 43 livres (1,000 à

1,075 francs) la tonne, et environ 12 quintaux d'eau de baleine, qui valent de 450 à 500 livres (de 11,250 à 12,500 francs) la tonne. Actuellement dix steamers partent de Dundee pour la baie de Baffin. Quatre appartiennent à la compagnie de la pêche du phoque et de la baleine de Dundee, tous construits par MM. Alexandre Stephen et fils, spécialement pour ce commerce, à savoir : *l'Esquimau*, de 436 tonneaux et de 70 chevaux, construit en 1865, et commandé par le capitaine Yule qui, maintenant, fait avec lui son dixième voyage ; *le Camperdown*, d'environ la même dimension, construit en 1860, commandé par le capitaine Gravill, fils d'un ancien et très-respecté capitaine baleinier et lui-même marin arctique de grande expérience ; *le Narval*, sous le capitaine Maclellan, et *la Polynia*, plus petit navire de 358 tonneaux, construit en 1861 et commandé par le capitaine Kilgour ; *le Victor* et *l'Intrépide* sont des navires à voiles transformés en steamers et appartiennent à la compagnie de la pêche du phoque et de la baleine du Tay ; ils sont commandés par les capitaines Deuchars et Souter ; *l'Arctique*, beau steamer de 439 tonneaux et de 70 chevaux, construit en 1867, était la propriété de MM. Alexandre Stephen et fils, les armateurs de Dundee. Il était commandé par le capitaine Guillaume Adams, hardi et heureux navigateur dans les glaces. *L'Erik*, de 412 tonneaux et de 70 chevaux, est un navire bien construit, bon au service, construit pour MM. Antoine Gibbs et fils de Londres en 1864, et maintenant commandé par le capitaine

J. B. Walker, marin d'un jugement sûr et d'une longue expérience.

Le Ravenscraig, navire à voiles transformé en steamer en 1866, appartient à M. Lockart de Kirkcaldy, et est commandé par le capitaine Bannerman. Tous les baleiniers de la baie de Baffin sont soigneusement fortifiés en vue de la navigation dans la glace ; ils ont des défenses en tôle sur l'étrave qui se continuent tout le long de la hanche et jusque par le travers. Ils sont aussi très-solidement construits et intérieurement à étanches ; leur bordé extérieur est recouvert d'un doubleau en bois de fer (1) depuis la ligne de flottaison jusqu'aux petits fonds. Leur étrave a un élancement considérable, de sorte qu'ils peuvent s'élancer sur la glace à pleine vitesse, s'élever à 6 ou 8 pieds et retomber sur elle avec une force écrasante (2). Ainsi le système tout entier de la navigation dans la glace est très-différent de ce qu'il était dans les anciens jours de la navigation à voile, et maintenant il est très-rare que la flotte baleinière ne traverse pas la baie de Melville en temps opportun, de façon à avoir un mois ou six semaines de reste dans l'Eau du Nord. La plupart des steamers baleiniers ont un gréement complet. Chacun porte huit bateaux baleiniers d'environ 25 pieds de long, manœuvrés par l'équipage presque

(1) Le bois le plus dur connu, importé d'Australie.
(2) Je dois ces renseignements détaillés, sur l'état présent de la flotte baleinière de Dundee, à la courtoisie de M. Yeaman de cette ville, et à M. David Bruce, administrateur de la Compagnie de la pêche du phoque et de la baleine, de Dundee.

entier de soixante hommes, car bien peu restent à bord quand retentit le cri : Un plongeon ! un plongeon !

Il est regrettable qu'on n'ait pas jusqu'ici pris plus de soin à recueillir les renseignements pris chaque année par les hardis et intelligents commandants de ces baleiniers et qu'ils sont si disposés à communiquer. En 1871, le capitaine Walker fit remonter le détroit de l'Éclipse à *l'Erik*, et il trouva du charbon qu'une rivière avait roulé dans ses eaux. En 1872, le capitaine Adams mena *l'Arctique* de la baie de Pond, par le détroit de l'Éclipse et la crique du Conseil de la Marine (*Navy Board Inlet*), dans le détroit de Barrow, puis il remonta la crique de l'Amirauté. Dans la même année, le capitaine Edwards conduisit *le Victor*, pour quelque distance, dans la crique de l'Amirauté. C'est ainsi que les découvertes se font constamment ; et qu'elles sont indiquées soigneusement sur des cartes. Tout ce qu'il faudrait pour utiliser ces précieuses observations année par année, c'est l'établissement d'un système analogue à celui que le professeur Mohn, de Christiana, a inauguré avec succès en Norvège ; par là les commandants de navires pourraient être amenés à faire des observations attentives à chaque occasion favorable, et à les faire connaître. Savoir que de telles observations sont estimées et appréciées sera toujours un encouragement suffisant.

Le premier baleinier qui fit voile de Dundee dans la saison de 1873 fut *l'Intrépide*, le 30 avril. Les autres suivirent, pour la plupart, le 1ᵉʳ mai. Le 2 du mois était un vendredi ; mais le 3, partit *l'Arctique*, sous le commandement du capitaine Adams, avec soixante hommes à bord. Parmi eux était le capitaine A. H. Markham, de la marine royale, comme passager, qui se rendait à la baie de Baffin pour prendre la connaissance de tous les détails relatifs à un voyage baleinier et pour acquérir l'expérience de la navigation dans la glace ; pour apprendre comment on manœuvre ces steamers dans la glace, pour voir les montagnes et les fiords du Groënland, et l'Eau du Nord avec ses détroits qui mènent à la vaste région inconnue ; pour examiner les ports et les criques dans la direction de l'ouest qui sont peu connus ; en un mot, pour observer et noter avec un soin attentif. Ensuite partit *l'Erik*, sous le capitaine Walker, qui avait avec lui un jeune sportsman, M. Rickaby, désireux de faire connaissance avec les ours, les canards sauvages et les guillemots.

Le voyage du capitaine Markham dans *l'Arctique* nous offre un résultat important de la campagne arctique de 1873. Depuis la publication du voyage de Scoresby en 1820, nous n'avions pas eu une description aussi complète de la pêcherie baleinière anglaise par quelqu'un qui y avait réellement pris part ; et il y a eu de bien grands changements dans les cinquante-cinq années qui se sont écoulées. Nous avons donc une précieuse addition à notre connaissance des choses arctiques, dans l'intéressant récit que le capitaine Markham a fait de sa croisière baleinière dans la baie de Baffin. Cet officier a noté avec soin tous les détails de la pêcherie baleinière, partageant ses fatigues et ses risques, prenant le gouvernail dans la chasse aux baleines, et aidant à la capture des ours et des narvals ; il acquit ainsi une expérience pratique dans les nouvelles méthodes pour manœuvrer les navires dans la glace, et il vit par lui-même ce que peut l'avant garni de fer d'un steamer à hélice pour se frayer un chemin à travers la masse glacée : son voyage fut extrêmement étendu, car *l'Arctique* fut le premier baleinier qui pénétra dans la crique du Prince-Régent jusqu'au golfe de Boothia. Il alla ainsi au delà des points les plus extrêmes atteints par l'expédition de Sir Édouard Parry en 1824, par l'expédition de Sir Jacques Ross en 1844, par M. Saunders dans *l'É-toile du Nord* en 1850, par le capitaine Forsyth en 1850, par M. Kennedy en 1851, et à quelques milles du point atteint par Sir Léopold Mac Clintock en 1858. C'est là un exemple remarquable du progrès qu'apporte à la navigation dans la glace l'emploi de puissants steamers à l'avant acéré. Une autre preuve frappante de ce changement est fourni par ce fait que *l'Arctique* a traversé la baie de Melville en soixante heures, tandis que les anciennes expéditions consistant en navires à voiles y étaient ordinairement retenues plusieurs semaines.

Le capitaine Markham fit plusieurs corrections aux cartes, surtout dans la baie de Cresswell et autour du cap Garry, à l'entrée du golfe de Boothia, fixant la position de ce cap avec exactitude. Il visita aussi le Port-Léopold et la Côte de la Furie ; il examina les provisions qu'y avaient laissées Ross et

Parry, et remarqua qu'elles étaient conservées d'une façon surprenante. La saison de 1873 fut une saison heureuse pour la flotte baleinière de Dundee. *L'Arctique* prit vingt-huit baleines qui fournirent 660 tonnes, et les autres baleiniers, quoique moins heureux, revinrent avec de bonnes cargaisons.

Pendant l'année 1874, les dix baleiniers de Dundee furent encore très-heureux, et un baleinier de Peterhead, *le Mazanthien*, remonta aussi la baie de Baffin. *L'Arctique*, encore sous le commandement du capitaine Adams, fit voile de Dundee le 28 avril 1874, et atteignit la banquise de la baie de Melville le 30 mai. Là, les baleiniers s'assemblèrent, mais ils n'eurent pas longtemps à attendre. Cet obstacle autrefois formidable, qui, au temps des navires à voiles, retenait les navires pendant des semaines et même des mois, n'est plus maintenant pour eux une barrière. La flotte baleinière toute entière traversa la baie de Melville en deux jours et montra de nouveau l'étonnant progrès que la vapeur a fait faire à la navigation dans la glace. Après avoir atteint l'Eau du Nord, le capitaine Adams eut beaucoup de chance et, par le 2 juillet, il y avait à bord douze lourds poissons fournissant 150 tonnes d'huile et 10 d'os de baleine. *L'Arctique* remonta ensuite le détroit de Lancaster et entra dans la Crique du Prince Régent, où l'on prit cinq baleine de plus. Le capitaine Adams entra alors dans la Crique d'Elwyn, où l'on vit un grand nombre de baleines blanches dans les hauts fonds ; on en prit trente-deux qui fournirent 6 tonnes d'huile et 2 de peaux de valeur. Le 30 juillet, *l'Arctique* avait pénétré dans la Crique du Prince Régent jusqu'à la pointe sud de la baie de Cresswell quand il fut arrêté par la glace ; et le 2 août, il était au large du cap Garry en compagnie de plusieurs autres baleiniers. Plus tard, le capitaine Adams remonta à la vapeur le golfe de Boothia jusqu'à la baie de Brentford et au cap Scoresby. La glace s'approchait alors de la terre, le temps était calme, et *l'Arctique,* *l'Intrépide* et *le Victor* commencèrent à redescendre la crique. *L'Arctique* alla jusqu'à la Côte de la Furie où il fut bloqué de près, en compagnie du *Camperdown*, du *Victor*, du *Narval* et de *l'Intrépide ;* et le 7, une forte brise commença à souffler du sud-sud-est. La glace dans laquelle *l'Arctique* était bloqué dériva jusqu'à ce qu'elle fût apportée sur le cap Garry, près des hauts fonds qui furent sondés et relevés sur la carte par le capitaine Markham|; alors la glace du large commença à appuyer fortement contre le navire pressé par les extrémités de ses barrots contre la masse échouée ; on découvrit qu'il faisait eau rapidement, sa hanche de bâbord ayant été défoncée. L'eau gagnait rapidement sur les pompes, et bientôt les feux furent éteints dans la chambre de la machine. Tout le monde se mit alors à l'œuvre pour sauver les vêtements et les provisions. Le navire ne se tenait plus que par la pression de la glace; et à sept heures du soir, il prit feu, l'incendie venant probablement de la cuisine à l'avant. Les flammes se répandirent rapidement et quand elles furent à leur plus haut degré, la glace s'ouvrit et le navire coula la poupe en avant. Tel a été la fin du bon navire *l'Arctique* après une carrière longue et exceptionnellement heureuse. Il avait fait huit voyages très-rémunérateurs et il avait remboursé plus d'une fois les frais de sa construction. En 1873, il fit un voyage mémorable revenant avec la plus forte cargaison qu'on ait jamais connue et avec les officiers et l'équipage du *Polaris* qu'il avait secourus. C'est là aussi que le capitaine Markham fit son voyage pour acquérir de l'expérience dans la navigation dans la glace, voyage dont les résultats ont été publiés dans sa *Croisière baleinière dans la baie de Baffin*. Ainsi *l'Arctique* a rendu d'utiles services en son temps. Il a été perdu par un de ces accidents que le plus grand talent de marine ne peut pas toujours prévenir, mais que l'emploi de la vapeur a de nos jours rendus très-rares.

Il faut se rappeler que, tandis que dans d'autres mers de semblables accidents impliquent une terrible perte de vies aussi bien que de propriétés, dans les régions arctiques, la même glace qui cause la destruction du navire assure le salut de l'équipage. Le capitaine Adams et ses cinquante-quatre hommes furent exposés à beaucoup de misères, passant la nuit sous un fort orage de pluie jusqu'à ce qu'on pût élever deux tentes ; et le 8, ils se partagèrent entre les quatre navires qui se trouvaient près d'eux. Les autres navires avaient reçu des chocs assez graves et les équipages avaient même apporté leurs provisions et leurs vêtements sur la glace.

Le Victor ayant achevé sa cargaison, reçut définitivement à son bord le capitaine Adams et tous ses hommes et il revint à Dundee; un nouvel et plus grand *Arctique* est maintenant sur les chantiers. Le capitaine Kilgour, dans *la Polynia*, remonta le détroit de Lancastre et prit jusqu'à dix baleines au large du cap York à l'entrée de la Crique du Prince Régent, entre le 10 et le 12 juillet. Le 26, le capitaine Kilgour débarqua dans la baie de Batty et découvrit le *cairn* (amas de pierres) contenant les relations qui y furent laissées par M. Kennedy le 6 août 1852, quand il commandait le navire de recherche envoyé par Lady Franklin, *le Prince Albert* (1). Cette relation, avec un traîneau, un poêle, deux couteaux à glace, et d'autres objets trouvés sur la côte sud de la baie où *le Prince Albert* avait hiverné, fut apportée à Dundee.

Le 3 août, *la Polynia* atteignit le détroit de Bellot et se hâta vers la glace au large de l'Ile Longue où l'on avait vu plusieurs baleines. C'est la première fois qu'un baleinier est descendu aussi loin dans le golfe de Boothia, et *la Polynia* atteignit ainsi le point extrême atteint par Sir Léopold Mac Clintock dans *le Renard*, en 1859. *La Polynia* fut bloquée au large du cap Scoresby, et encore à l'entrée de la baie de Creswell ; là, elle fut en grand danger et reçut plusieurs chocs sérieux qui rendi

(1) Bellot faisait partie de l'expédition du *Prince Albert*. On a publié, après sa mort, le journal qu'il tenait pour lui-même dans cette expédition : *Journal d'un voyage aux mers polaires*, par J. R. Bellot, Paris, Perrotin, 1854.   (TRAD.)

rent nécessaire de la mettre fortement à la bande pour calfater les voies d'eau, surtout près de la ligne de flottaison. Cela s'arrangea heureusement au large du cap Kater, et *la Polynia*, après une croisière accidentée et heureuse, arriva à Dundee en novembre.

L'ensemble de la flotte, à l'exception de *l'Esquimau* et de *l'Actif*, descendit la Crique du Prince Régent jusqu'à la baie de Creswell, où la glace les saisit et ils en reçurent tous un choc violent. *Le Ravenscraig*, commandé par le capitaine Bannerman, fut bloqué pour près de trois semaines et fut en grand danger. C'était la première fois que le capitaine Bannerman commandait un navire. Il était premier maître de *l'Arctique* l'année précédente quand le capitaine Markham était à bord, et celui-ci fut frappé de son énergie et de ses brillantes qualités de marin. *L'Erik*, commandé par le capitaine Walker, fut entre autres bloqué dans la baie de Cresswell, et il dériva jusque par le travers du détroit de Bellot. Les chocs étaient si violents qu'il fut plusieurs fois soulevé de trois ou quatre pieds hors de l'eau. Il se débarrassa en même temps que *la Polynia*.

La flotte arctique, à l'exception de *l'Arctique*, retourna sans accident dans l'automne de 1874 après une très-heureuse traversée (1).

(1)

	Baleines.	Tonnes d'huile.	Tonnes d'os.
Actif, capitaine Fairweather .	25	160	9
Victor, cap. Deuchars	24	155	8
Esquimau, cap. Yule	16	135	6
A reporter. . . .	65	450	23

	Baleines.	Tonnes d'huile.	Tonnes d'os.
Report	65	450	23
Cumperdown, cap. Gravill . .	32	175	9
Narval, cap. Mac Lennan . .	8	95	5 1/2
Polynia, cap. Kilgour	18	155	8
Ravenscraig, cap. Bannerman .	16	130	6
Intrepide, cap. Soutar.	24	185	10
Erik, cap. Walker.	11	100	5
Total.	174	1290	63 1/2

Le prix de l'huile de baleine est de 40 livres (1,000 francs) par tonne, et des os de baleine, 540 livres (13.100 francs) par tonne. A ce taux l'huile rapportée en 1874 valait 51,600 livres (1,290,009 francs), et les os, 35,910 livres (897,750 francs).

Le tableau qui suit donne le résultat de la pêcherie baleinière depuis 1865 :

	Nombre de navires	Huile.	Os.
1865	7	630	30
1866	11	340	18
1867	11	20	—
1868	13	970	50
1869	10	140	7 1/2
1870	6	760	40 1/2
1871	8	1,165	51 1/2
1872	10	1,010	54
1873	10	1,352	69
1874	10	1,290	66 1/2

CHAPITRE IX

LE DÉTROIT DE SMITH

Sir Thomas Smith. — Baffin, — Ross et Inglefield. — Dr Kane. — Dr Hayes. — Expédition de Hall. — Capitaine Hall. — État-major du *Polaris*. — Départ du *Polaris*. — Voyage du *Polaris*. — Mort du capitaine Hall. — Le bateau du *Polaris* à la dérive. — Situation du *Polaris*. — Déductions à tirer du voyage du *Polaris*. — Importance des explorations arctiques.

Le 6 juillet 1616, Baffin fit la principale découverte de son voyage, à savoir l'entrée « du plus grand et du plus large détroit dans toute cette baie. » C'est le portail qui mène au nord dans la grande région inconnue et le seul point dans tout le circuit du 80e parallèle où l'on sache que des lignes de côte s'étendent au loin vers le pôle. Baffin lui donna un nom bien commun (1). Mais l'honorable personnage dont le détroit de Smith porte le nom, n'était pas un homme ordinaire. Sir Thomas Smith était

(1) Le nom propre anglais *Smith* signifie « charpentier » et est encore plus commun en Angleterre que ne l'est chez nous le nom propre Charpentier. (TRAD.)

l'âme et la vie de la Compagnie des Indes Orientales pendant les premières années de son existence. Il fut son premier gouverneur et il continua à remplir cette charge pendant bien des années. Lorsqu'en octobre 1614, il s'excusa de remplir cette charge plus longtemps en raison de son âge et de sa mauvaise santé, il fut néanmoins réélu à l'unanimité. C'est lui qui obtint la première et la seconde patente d'incorporation pour la Compagnie des Indes Orientales, en 1600 et 1609. Non-seulement il surveilla l'armement des premiers voyages aux Indes et il patronna ceux d'Hudson et de Baffin, mais encore, il y souscrivit une forte somme de son argent. En 1612, il fut choisi comme premier gouverneur de la *Compagnie des marchands pour la découverte du passage du Nord-Ouest*. Il favorisa les premiers efforts de cette puissante compagnie qui, plus tard, fonda un empire. Ses excellents avis et sa surveillance continuelle assurèrent le maintien de l'ordre et de l'honnêteté parmi les nombreux serviteurs de la Compagnie. Il cherchait avec zèle un remède contre les maladies tropicales et s'abaissait même jusqu'à s'intéresser aux amusements des matelots. Il acheta des épinettes pour les navires de la Compagnie, car, disait-il, « c'est chose plaisante de voir les matelots sauter et gambader à leur fantaisie, au son de la musique. »

Tel est l'homme qui a donné son nom au détroit de Smith. Tout ce que Baffin nous dit de ce détroit se ramène aux mots suivants : « Il court au nord de 78° et il est remarquable en un point parce que là est la plus grande variation de la boussole connue dans le monde entier ; car, par de bonnes observations, j'ai trouvé qu'elle était déviée de plus de cinq quarts ou 56° vers l'ouest, de sorte que le nord-est-quart-est, lu sur la boussole correspondait au nord vrai du monde, et ainsi du reste. Ce détroit me semble aussi être bon pour la chasse aux baleines, étant le plus grand et le plus large de toute cette baie. »

Une intéressante tribu d'Esquimaux avaient vécu sur ces bords ; mais aucun Européen n'avait vérifié la découverte de Baffin jusqu'en 1818, quand Ross et Parry, dans *l'Isabelle* et *l'Alexandre*, virent la terre d'une grande distance à l'ouverture de la baie, et que Ross nomma les deux caps d'après ses deux navires de découverte. Des baleiniers peuvent avoir vu le détroit de Smith et y être entrés depuis le voyage de Ross ; cela est même probable quand nous considérons qu'ils ont fréquenté l'Eau du Nord tous les ans depuis 1817 et qu'il n'y a aucune difficulté à naviguer du cap York au cap Isabelle en août. Nous vîmes la terre de chaque côté du détroit de Smith du nid-de-pie (1) de *l'Assistance*, en août

---

(1) Le « nid de pie », en anglais *crow's nest*, est particulier aux navires qui naviguent dans la glace. Voici la description qu'en donne Bellot dans son *Voyage aux mers polaires*, p. 43 : « Ce matin nous avons complété notre armement par la mise en place du *crow's nest*. Le *crow's nest* répond à peu près à la définition du mot hune donnée dans le dictionnaire de l'Académie, dans notre pays où les termes maritimes sont si peu compris : c'est une sorte de guérite placée au haut du mât pour surveiller les mouvements de la glace. La forme en varie suivant le navire, mais se rapproche plus ou moins

1851 quand ce navire était au nord des îles Carey et en 1853 le capitaine Inglefield vint justement à l'intérieur des caps Isabelle et Alexandre, mais il ne débarqua pas.

Après avoir traversé la baie de Melville sans souffrir aucun retard de la glace, *l'Isabelle*, petit steamer de 142 tonneaux et de 16 chevaux, et commandé par le capitaine Inglefied, atteignît le cap Alexandre, le 26 août 1852. Après avoir doublé ce cap, on vit une mer ouverte s'étendant sur un espace correspondant à sept quarts de la boussole, en apparence débarrassée de glace, bornée à l'est et à l'ouest par deux promontoires distincts. On trouva l'entrée du détroit de Smith large de 36 milles, mais après avoir nommé vingt-quatre pointes de terres et d'îles, près et loin, le capitaine

de la nôtre, son but étant le même : abriter l'homme de vigie dont la position, sans cela, ne serait guère tolérable à cette hauteur s'il était exposé au vent et à la neige. Chez nous, on a placé une sorte de barrique de cinq pieds de haut, au fond de laquelle est une trappe s'ouvrant de bas en haut, comme le clapet d'un piston ; on y arrive par des échelons ou enfléchures placées au travers des haubans. Cette échelle, gravie par des gaillards qui ne vont pas au ciel cependant, s'appelle *échelle de Jacob* à bord des baleiniers. Quant à l'étymologie du nom *nid de pie*, je pense qu'il ne peut y en avoir d'autres que la suivante, dans ce langage maritime si pittoresque et si plein d'images dans toutes les nations. Ce lieu est le poste de l'*ice master* (litt. maître de la glace) qui, à chaque instant, prévient en bas de ce qu'il aperçoit, ou commande la manœuvre. Ce babillage a lieu à chaque instant, et quelque bel esprit de gaillard d'avant, ennuyé de ces ordres perpétuels, s'en sera vengé par ce surnom. L'étymologie n'est peut-être pas celle du dictionnaire, mais au moins elle répond à quelque chose. »   (TRAD.)

Inglefield laissa porter le 27, et gouverna de nouveau au sud sans toucher terre, à cause d'un ouragan qui s'était élevé. Le point extrême qu'il atteignît au nord fut 78° 28′ 21″ latitude nord.

Baffin avait découvert le détroit de Smith en 1616, mais aucun homme civilisé n'avait exploré ses rivages ou n'y avait débarqué jusqu'en 1853, quand le Dr Kane, dans le petit brick *l'Avance*, de 120 tonneaux, entreprit de diriger une expédition américaine vers ces régions lointaines du nord. Mais le baron Wrangell, le grand explorateur russe des régions arctiques, avait, en 1847, recommandé la route par le détroit de Smith, comme la meilleure pour faire des découvertes polaires, et il avait donné les conseils les plus détaillés, relativement à l'équipement d'une expédition. Comme la petite *Découverte* de Baffin, *l'Avance* avait seulement un équipage de dix-sept hommes, et ce navire était pauvrement approvisionné pour un hiver arctique. Il n'avait pas un équipement convenable de traîneaux, pas de viandes conservées et du charbon seulement pour un an ; mais les souffrances de son vaillant petit équipage ne sont pas plus un argument contre les entreprises arctiques que celles de Willoughby. Un régime empoisonné de viandes salées dans un sale petit brick, plein de monde, cause inévitablement le scorbut et la débilité, tandis qu'un régime généreux, des vêtements chauds et la ventilation assurent une santé aussi vigoureuse et aussi agréable et autant de forces dans les régions arctiques que dans tout autre climat.

Le plan du Dr Kane était de pousser son petit brick au point le plus loin navigable dans le détroit de Smith et de passer là l'hiver, puis de suivre la ligne de la côte avec des traîneaux jusqu'à ce qu'il atteignît le bassin polaire des faiseurs de théories, et enfin, de s'embarquer sur ses eaux imaginaires dans des bateaux en gutta-percha. Après avoir atteint la lisière de la glace dans la baie de Baffin, *l'Avance* entra dans la masse glacée et eut la chance d'atteindre l'Eau du Nord en dix jours. Le 7 août 1853, elle entra dans le détroit de Smith et dépassa le point le plus élevé atteint par le capitaine Inglefield, l'année précédente. Mais, par une latitude de 78° 45' nord, seulement à 17 milles du point atteint par Inglefield, le Dr Kane fut arrêté par la glace. La côte consiste en rochers escarpés, hauts de 800 à 1,200 pieds, et à leur base il y avait une ceinture de glace d'environ 18 pieds d'épaisseur qui reposait sur la rive. Le Dr Kane adopta le le nom danois *Eise Fod* (pied de glaces) pour cette arête permanente de glace. La masse glacée dérivait au sud et les nombreux *icebergs* (monts de glaces) suivaient le mouvement de la marée. Après un vaillant, mais infructueux effort pour se frayer un chemin dans la direction du nord, la glace nouvelle commença à se former, et le 10 septembre, *l'Avance* fut prise par la glace sur la côte est du détroit de Smith, par une latitude de 77° 36' nord, et par une longitude de 70° 40' ouest de Greenwich ; l'endroit fut appelé port de Van Rensselaer. Le soleil fut cent vingt jours au-dessous de l'horizon. La plus

basse température fut en février, où l'on observa
— 70 Fahrenheit, (— 56° 66 c.). Jusqu'à la fin de novembre, on employa des hommes à établir des dépôts dans la direction du nord pour voyager au
printemps. Pourtant les bandes chargées de ces
expéditions firent peu de chose à cause du petit
nombre d'hommes et de la maladie ; mais, en même
temps, on fit quelques intéressantes découvertes.

Le cap Alexandre, à l'entrée du détroit de Smith,
fut trouvé être par 78° 10′ nord ; et un peu plus
loin au nord, la côte du Groënland se dirige vers
l'est et est interrompue par deux larges baies pleines d'îles. Des pics s'élèvent de la mer glacée à une
hauteur de 800 à 1,400 pieds formés d'ancien grès
rouge et de pierre calcaire silurienne, reposant sur
la syénite. Par une latitude de 79° 9′ nord, un grand
glacier aboutit à la mer, présentant une masse per-
pendiculaire de 300 à 500 pieds. Des *icebergs* s'en
échappent à la file et sont décrits par le Dr Kane
comme donnant au paysage un caractère grand et
sublime. Cette vaste masse de glace, qui fait face à
la mer sur une longueur de 45 milles, fut appelée
le glacier Humboldt. Là cessèrent les investigations
personnelles du Dr Kane. Son *steward* (maître
d'hôtel), nommé Morton, avec un Esquimau et un
attelage de chiens, traversa le fond du glacier et
s'avança le long d'une partie de la côte dans la direction du nord.

D'après le rapport de Morton, il alla 76 milles
plus loin au nord et trouva une eau libre, formant
un canal sans glace jusqu'aux rives occidentales.

A ce point septentrional extrême, Morton dit être venu à une falaise élevée où une houle violente battait contre les rochers. Il donna 81° 22' nord pour la latitude de cette falaise et déclara avoir vu la rive occidentale s'étendre loin vers le nord avec un horizon sans glaces et de fortes lames. Des bandes d'oiseaux se pressaient sur les eaux de cette prétendue mer libre qui était séparée de l'Eau du Nord de la baie de Baffin par une ceinture de glaces, large de 125 milles. Cela était en juin 1854. Morton ajouta que le point le plus extrême, vu dans la direction du nord, était une haute montagne, par environ 82° 30' nord, que le Dr Kane appela cap Parry. Une autre troupe explora une portion de la côte occidentale du détroit de Smith. Le Dr Kane donna le nom de détroit de Kennedy à l'extrémité septentrionale du détroit de Smith.

M. Arrowsmith a placé le point extrême atteint par Morton à 80° 56' nord et le point extrême qu'il ait vu à 81° 50' nord. Un éminent géographe danois, le Dr Henri Rink, a élevé des doutes bien fondés sur les assertions de Morton, et il a montré que les conclusions qu'on en a tirées sont insoutenables. Le Dr Rink est la plus haute autorité sur la géographie du Groënland, et il a tiré ses renseignements de Petersen, l'interprète de l'expédition de Kane, qui lui-même avait reçu le récit de l'Esquimau Hans, le compagnon de Morton. De ce témoignage impartial, il paraît que la mer libre polaire de Morton était seulement un canal formé par la force du courant pendant les chauds mois du cœur de l'été.

Le Dr Kane mentionne qu'un grand nombre de phoques et d'oiseaux de mer furent vus par Morton, et il apporte ce fait comme preuve d'une mer libre au Pôle. Mais le Dr Rink pense qu'au contraire l'attroupement d'un aussi grand nombre d'animaux et d'oiseaux de mer est le signe d'une simple ouverture de la mer, le reste étant couvert de glaces.

En juillet 1854, une tentative fut faite par le Dr Kane pour communiquer par bateau avec les navires anglais d'exploration en haut du détroit de Wellington, et son retour montra que l'équipage mal approvisionné devait affronter un autre hiver. Réduits, comme ils l'étaient, à un régime salé qui était un véritable poison et avec un combustible presque épuisé, leur unique chance était d'adopter, autant que possible, les habitudes et le costume des Esquimaux et de compter pour leur nourriture sur le succès de parties de chasse. Une tribu d'Esquimaux se montra dans leur misère leurs véritables amis et fournit aux pauvres Américains de la viande crue de phoques et de morses, sauvant ainsi leur vie sans aucun doute. Mais le scorbut attaqua bientôt la troupe entière et le Dr Kane resta seul avec un autre homme pour soigner les malades et faire tout l'ouvrage. Pendant ce temps, les obligeants Esquimaux partagèrent le produit de leur chasse avec les hommes blancs, frappés par le scorbut. La moitié du brick ayant été brûlée comme combustible et les provisions étant presque épuisées, le Dr Kane abandonna son navire le 17 mai 1855 et la petite troupe commença sa retraite vers Upernavik. Les Esquimaux apportaient tous les jours aux pauvres gens des oiseaux pour leur subsistance, les aidaient et leur montraient les sentiments les plus bienveillants et la plus stricte honnêteté. Le 18 juin, les Américains atteignirent l'Eau Libre et leurs sauveurs leur dirent adieu sur la lisière de la glace. Dépendant entièrement pour leur subsistance des oiseaux qu'ils pouvaient tuer, la troupe épuisée et affaiblie atteignît l'établissement danois d'Upernavik, le 6 août 1855, quatre-vingt-trois jours après avoir abandonné le brick.

L'histoire des souffrances et des misères de cette troupe américaine est très-intéressante comme elle est racontée dans le charmant volume du Dr Kane, mais il est évident que la nature de l'équipement de la pauvre petite *Avance*, rendait ces misères inévitables. Ce navire n'était en aucune façon préparé pour passer deux hivers dans quelque endroit que ce fût des régions arctiques, et il serait aussi absurde et aussi inconséquent de trouver un argument dans ces aventures que dans celles d'Arnbiœrn le Normand ou dans celles de Sir Hugues Willoughby. Néanmoins les découvertes du Dr Kane sont importantes. Elles prouvent qu'un large détroit mène de la baie de Baffin dans la région inconnue du Pôle; que le Groënland est séparé de la terre à l'ouest et que la ligne de la côte s'étend pour une distance dans la direction du Nord. Ce dernier fait est le plus important parce que c'est là le seul endroit où la terre se dirige vers le Pôle lui-même au lieu de former un cercle de continent et d'archipel autour de la frontière de la région polaire. L'eau libre vue par Morton à la fin de juin est juste un de ces trous d'eau comme il s'en forme dans les régions arctiques pendant la saison navigable. Elle peut avoir été aussi étendue que l'Eau du Nord à l'ouverture de la baie de Baffin ou s'être seulement étendue au point atteint par la vue de Morton ; mais, dans l'un et l'autre cas, il n'y a rien d'étonnant à rencontrer un trou d'eau ou *Polynia*, comme disent les Russes, formé par un fort courant à cette latitude dans le mois de juin. Cette eau libre doit naturellement être le rendez-vous d'innombrables oiseaux et phoques pendant les mois d'été. Pendant que Kane était retenu dans le détroit de Smith, son interprète danois, Petersen, causa avec les Esquimaux qui avaient été à une grande île appelée *île Umingmuck* (île des Bœufs Musqués), bien au delà du point extrême de Morton. Ils dirent qu'il y avait là de l'eau libre avec des morses ; et que quelques hommes de leur peuple vivaient auparavant dans l'île.

Le 10 juillet 1860, le Dr Hayes fit voile de Boston dans un schooner, *les États-Unis*, de 133 tonneaux, avec un équipage de quinze hommes, dans le but de suivre la ligne de recherche ouverte par Kane. Le 27 août, le schooner entra dans le détroit de Smith, mais il n'en fut pas chassé par de forts ouragans moins de trois fois avant que le Dr Hayes réussît à s'établir d'une façon définitive dans le détroit. Il hiverna dans un port appelé Port-Foulke, à 10 milles nord-est du cap Alexandre, par une latitude de 78° 17′ 41″ nord et 20 milles au sud des quartiers d'hiver de Kane au port Rensselaer, bien que la distance par la côte soit d'environ 90 milles. Le 4 avril 1861, le Dr Hayes commença son voyage en traîneau avec douze hommes et quatorze chiens, un bateau de sauvetage en métal sur patins, des provisions pour sept personnes pour cinq mois, et pour six personnes et quatorze chiens pour six semaines. L'essai de haler le bateau de sauvetage sur la glace jusqu'à l'eau libre supposée dans le canal de Kennedy se montra impraticable; alors, renvoyant le bateau avec le gros de la troupe, le Dr Hayes s'avança avec trois compagnons et deux traîneaux traînés par des chiens. Ils atteignirent la côte ouest du détroit le 10 mai et ils continuèrent à se diriger vers le nord jusqu'au 18, où, leurs provisions s'épuisant, ils se virent obligés de revenir, ayant atteint une latitude de 81° 35′ nord. Le schooner fut enlevé de la glace le 10 juillet et revint sans accident à Boston, le 23 octobre 1861. Il paraît y avoir eu grande abondance de vie animale aux quartiers d'hiver du port Foulke. Le Dr Hayes raconte que plus de deux cents rennes furent tués pendant l'hiver, que les morses et les phoques étaient abondants et que, pendant l'été, il y avait des quantités de canards et d'*alcæ* (sorte de pingouins), de sorte qu'il n'avait aucune difficulté de fournir constamment de la viande fraîche à sa troupe. A ce fait il attribue l'entière absence de maladies. Le Dr Hayes examina la côte ouest du détroit de Smith et du détroit de Ken-

nedy pour quelque distance et il découvrit un nouveau canal ou détroit s'ouvrant vers l'ouest du centre
du détroit de Smith. Il trouva la portion du détroit de
Kennedy que Morton rapportait être une mer ouverte en juin 1854, entièrement gelée le 23 mai 1861,
mais la glace était partout en mauvais état. La rive,
sur la côte ouest du détroit, était bordée de lourdes
masses de glaçons pressés, quelques-unes de ces
masses étant hautes de 60 pieds et s'étendant loin
sur la rive, il jugea par là qu'elles devaient avoir
été poussées par des champs de glaces de grande
étendue descendant sous l'influence des vents et
des courants d'un vaste océan au nord. Cette théorie, néanmoins, n'est nullement nécessaire pour
rendre compte de cette lourde glace. Quand le
navire anglais *l'Assistance* reçut des chocs violents dans le haut du détroit de Barrow, en 1850,
les *hummocks* de glaces étaient tout aussi élevés et
la pression qui les formait provenait de champs de
glace d'une étendue peu considérable.

Deux baleiniers anglais, dans de différentes années, ont depuis été à l'entrée du détroit de Smith
et ils ont vu une mer libre navigable s'étendant à
l'horizon.

Le grand succès du voyage du *Polaris*, sous le
commandement du capitaine Hall (dont un récit
détaillé a été donné par le capitaine Markham) (1),
est très-encourageant relativement à une exploration
future dans la même direction. Considérant les

(1) Voir le chapitre XIII de son livre : *Une croisière baleinière dans la baie de Baffin.*

moyens insuffisants qu'il avait à sa disposition et l'absence de discipline chez ses hommes, le succès du capitaine Hall est très-remarquable et montre combien une œuvre importante peut certainement être accomplie par une expédition navale parfaitement équipée. Le capitaine Hall revenait en 1869 d'une expédition de cinq années consécutives dans les régions arctiques, pendant lesquelles il avait vécu au milieu des Esquimaux comme un des leurs ; il avait adopté leur manière de vivre et s'était rendu familier leur langage. Pendant cette longue période, il s'occupa des efforts les plus sérieux pour recueillir de nouveaux renseignements sur la destinée de Sir Jean Franklin, et sans aucun doute il découvrit l'emplacement de l'établissement de Sir Martin Frobisher. Il rapporta nombre d'intéressantes reliques et il reçut pour ses découvertes un juste éloge de l'amiral Collinson, quand cet éminent officier arctique publia les voyages de Frobisher pour la Société Hakluyt.

Au commencement de 1870, le capitaine Hall commença sa propagande pour l'envoi d'une expédition au Pôle Nord. Il semble avoir trouvé un vif concours auprès de M. Robeson, secrétaire d'État pour la marine aux États-Unis, et ce ministre lui donna une canonnière de rivière en bois, de 387 tonneaux, appelée *la Pervenche*, qui fut rebaptisée *le Polaris*. Le congrès lui accorda aussi 50,000 dollars (250,000 francs) mais aucun officier de marine n'accompagnait l'expédition. Le capitaine Hall n'était pas lui-même marin, aussi prit-il avec lui comme maître le capitaine S. O. Buddington de New-London dans le Connecticut. Le capitaine Buddington a maintenant quarante-huit ans et il avait fait treize voyages de baleinier à la baie de Baffin avant de naviguer dans *le Polaris*. Le capitaine Georges E. Tyson se joignit à l'expédition comme aide ; Chester, le second, était bon marin et excellent harponeur ; le Dr Bessels, naturaliste et médecin, était chargé de ce qui touche aux sciences, et M. Meyer partit comme météorologiste. Morton, le steward du navire du Dr Kane, *l'Esquimau*, qui avait pris part aux expéditions de Kane et de Hayes, et Joe et Hannah, les Esquimaux que Hall avait ramenés avec lui de ses anciens voyages avec leur fille Silvia, étaient aussi de l'expédition. Le 26 juin 1871, le capitaine Hall fut reçu par la Société américaine de géographie à New-York, et il annonça son intention de remonter le détroit de Jones, à moins qu'il ne fût arrêté par une glace trop épaisse, auquel cas il prendrait la route du Dr Kane par le détroit de Smith, en essayant de passer par le côté ouest. Il recueillit des récits de Kane et de Hayes ce fait que, par suite de la configuration de la terre, les *icebergs* (montagnes de glaces) depuis les glaciers jusqu'au nord, bloquaient la profonde baie sur la côte est du détroit de Smith et empêchaient la navigation. Il avait surtout confiance dans les chiens pour voyager en traîneau et il n'avait aucun espoir d'atteindre une latitude plus élevée que 80° nord en une année.

Le résultat dépassa ses plus ardentes espérances. A l'occasion de sa réception à la Société géographique américaine, M. Grinnell, le généreux organisateur d'expéditions pour la recherche de Franklin, présenta au capitaine Hall le drapeau qui, en 1838, avait été aux régions antarctiques avec Wilkes, et qui depuis avait été dans les mers du Pôle Nord avec De Haven, Kane et Hayes. « Maintenant je vous le donne, Monsieur, dit M. Grinnell ; emportez-le au Pôle Nord et rapportez-nous-le d'octobre en un an. »

Quelques jours après cette réception, *le Polaris* mit à la voile et, après avoir embarqué des provisions à Disco, quitta finalement, en août 1871, les plus septentrionaux des établissements danois de la côte de Groënland. Le capitaine Hall semble avoir abandonné son intention d'entrer dans le détroit de Jones, et il poussa vers l'ouverture la plus septentrionale. Il réalisa son intention de suivre la côte ouest du détroit de Smith en poussant vers le nord et il y réussit complétement. Il mena *le Polaris* à une distance de 250 milles dans le détroit qui mène au Pôle Nord, et il atteignit la plus haute latitude qu'ait jamais atteinte un navire, et à 30 milles du point septentrional qu'ait jamais atteint l'homme civilisé.

Pendant le mois d'août 1871, le capitaine Hall remonta le long détroit ou canal par l'entrée à laquelle seulement on donne maintenant le nom de détroit de Smith, traversa le Bassin de Kane, le détroit de Kennedy, la baie du *Polaris*, découverte par lui-même, et remonta un détroit auquel il donna le nom de M. Robeson, secrétaire d'État pour la marine

(des États-Unis), atteignant finalement 82° 16′ nord
le 30 août. Là, le petit navire fut bloqué ; mais il y
avait un horizon d'eau au nord-est. La haute côte
orientale, au point le plus extrême qu'on pût aper-
cevoir, semblait se diriger vers le nord-est, mais la
terre occidentale continuait à se diriger vers le nord
pour une certaine distance. *La Polaris* avait atteint
cette haute latitude sans rencontrer un obstacle
d'aucun genre. On hiverna dans un port, appelé la
Baie de Dieu-Merci, par une latitude de 81° 38′ nord
et par une longitude de 61° 44′ ouest de Greenwich,
que *le Polaris* atteignit le 3 septembre. Une grande
crique, large de 20 milles et dont on n'a pas sondé
la profondeur et qu'ils appelèrent le Fiord méridional, rompt la ligne de la côte sur le côté ouest de la
baie du *Polaris*. Le 10 octobre, le capitaine Hall
partit pour un voyage d'automne ; sa troupe se composait de lui-même, de M. Chester le second, et des
Esquimaux Joe et Hans ; mais ils n'allèrent pas au
delà du 82° parallèle, à un endroit du détroit de
Robeson qu'ils appelèrent la baie de Newman (1).
Un hardi promontoire à l'extrémité nord de la baie
de *Polaris* fut appelé cap Lupton. A son retour, le
capitaine Hall tomba malade, fut paralysé partielle-
ment, et mourut le 8 novembre. Il fut enterré sur
la rive et un monument de bois fut élevé sur sa
tombe. Il eut la gloire de mourir au milieu de ses
découvertes.

(1) Le cap Brevoort, la pointe septentrionale de la baie de
Newmann, était par 82° 2′ de latitude nord, et 61° 20′ de longitude ouest de Greenwich.

Le climat des quartiers d'hiver à 81° 38′ nord
fut trouvé beaucoup plus doux qu'il ne l'est à
quelques degrés plus au sud. En juin, la plaine en-
tourant la Baie de Dieu-Merci était libre de neiges ;
l'herbe courait sur le sol et de nombreux troupeaux
de bœufs musqués y trouvaient leur pâture ; les la-
pins et les lemmings (1) y étaient abondants. Les
fleurs sauvages y étaient brillantes et une nombreuse bande d'oiseaux se dirigeait vers le nord
pendant l'été. On trouva des traces d'Esquimaux,
preuve qu'ils ont pénétré loin dans la région in -
connue. Un courant d'un nœud à l'heure descend le
détroit de Robeson du nord, charrie la glace à travers le détroit de Smith et s'en va dans la baie de
Baffin. On observa que les marées du nord et du sud
se rencontrent au cap Fraser sur la côte ouest de la
Terre de Grinnell. Au sud du cap Fraser, le flux se
dirige vers le nord, tandis qu'au nord du cap il coule
au sud. Le flux et le reflux pendant les marées de
printemps dépassaient cinq pieds et demi, et pendant la morte-eau deux pieds (2).

Après la mort du capitaine Hall, le commandement passa au capitaine Buldington, qui semble
avoir résolu de revenir, sans avoir fait de nouvelles
découvertes, au printemps au moyen de traîneaux.
Une expédition fut envoyée dans deux bateaux,
jusqu'à la baie de Newman ; mais les hommes abandonnèrent les bateaux, et revinrent en juillet. Le

(1) Le lemming est une sorte de rongeur appelé aussi lapin
de Norvége.   (TRAD.)
(2) Voyez cap. Markham : *Croisière*, etc., p. 201.

12 août 1872, *le Polaris* fut libre de nouveau et sa proue fut tournée vers le sud. Il semble avoir été bloqué par 80° 2′ nord, et avoir été porté à la dérive dans la baie de Baffin par le courant ; le 5 octobre, il fut de nouveau pris dans la glace par une latitude de 77° 53′ nord, au large de l'entrée septentrionale du détroit de la Baleine. La glace pressait le navire si violemment qu'on transporta les bateaux et les provisions sur la glace et qu'on fit les préparatifs nécessaires pour abandonner le navire. Cela néanmoins ne devint pas nécessaire, car la glace se calma, et le navire cessa d'être en danger. Mais Tyson, le second maître, Meyer le météorologiste, le steward et le cuisinier, six matelots et huit Esquimaux, hommes, femmes et enfants, restèrent sur le glaçon avec les bateaux et les provisions. Dans tout autre pays, un équipage ainsi abandonné au milieu de l'océan aurait certainement péri, mais dans les régions arctiques, il y a des moyens particuliers d'échapper au danger ; la glace amie porta l'équipage en dérive sans accident et lui fournit le moyen de se construire des abris contre les orages et le froid des nuits arctiques. Ils se procurèrent beaucoup d'oiseaux, et tuèrent plus de phoques qu'ils n'en pouvaient consommer. Il n'y a rien d'étonnant dans la dérive de ce bateau sur un glaçon, dans la baie de Baffin. Jacques Ross, de Haven, Mac Clintock et *le Résolu*, dérivèrent juste de la même façon. A la fin, quand le glaçon commença à se briser, les moyens de se procurer de la nourriture devinrent incertains, et la troupe endura beaucoup de priva-

tions. Le 21 avril, leur office fut renouvelé par les Esquimaux qui tuèrent un ours, et le 29, la troupe fut recueillie par *la Tigresse*, steamer de la pêche aux phoques, commandé par le capitaine Bartlett, par 53° 35′ nord et seulement à 40 milles, de la terre près de l'Ile du Loup (Wolf-Island). On les amena à Saint-Jean, Terre-Neuve, en bonne santé. C'est ainsi qu'on reçut les premières nouvelles du succès remarquable des voyages d'exploration du capitaine Hall.

Pendant ce temps, *le Polaris* était poussé au nord par un vent du sud, et il faisait côte à l'île de Lyttleton, près de l'entrée du détroit de Smith. Il passa son second hiver dans ces excellents quartiers, avec les quatorze hommes qui lui restaient pour équipage. Ils avaient des provisions à foison, et ils recevaient beaucoup d'aide des bienveillants Esquimaux. En juin 1873, la troupe construisit deux bateaux avec lesquels elle alla au sud, jusqu'à ce qu'ils fussent recueillis par le baleinier *Ravenscraig* dans la baie de Melville. Ils furent finalement débarqués à Dundee par le baleinier l'*Arctique*, en parfaite santé et sans accident. Pendant ce temps, le steamer des États-Unis *Juniata*, commandé par le lieutenant Merriman, se rendait à Disco pour avoir des nouvelles du *Polaris*. La *Tigresse* fut aussi achetée et fit voile en juillet, sous le commandement du capitaine Greer, de la marine des États-Unis, pour porter secours au *Polaris*, s'il était nécessaire. *La Tigresse* est construite pour naviguer dans la glace, et elle alla jusqu'à l'île de Lyttleton, revenant dans la même saison.

Les nouvelles reçues de l'équipage du *Polaris* fournissent de nouveaux renseignements d'une grande importance. Nous savons maintenant que le navire américain commandé par le capitaine Hall remonta le détroit en une saison, pour une distance de 250 milles, sans rencontrer un obstacle d'aucun genre, et qu'il atteignit la latitude de 82° 16', nord; et qu'à son point extrême la mer était encore navigable, avec un ciel d'eau dans la direction du nord. *Le Polaris* était un simple steamer de rivière, de peu de pouvoir et mal adapté à la navigation dans la glace, avec un équipage, tout compris, de trente hommes, femmes et enfants, dont huit Esquimaux. S'il a pu accomplir un semblable voyage sans difficulté, on peut bien présumer qu'une expédition anglaise bien équipée, dans des circonstances également favorables, pourrait faire davantage.

Un autre point important dans le voyage du *Polaris*, est ce fait qu'il dériva sans accident dans la baie de Baffin, d'une position élevée au nord dans le détroit. Cela prouve que le courant en question maintient la glace en mouvement et l'entraîne au sud, empêchant ainsi que la navigation soit longtemps interrompue. Le salut d'une expédition gouvernementale est ainsi assuré. Et il est bien évident que les dangers des régions arctiques sont, dans la plupart des cas, la conséquence directe de l'envoi de navires mal armés, avec un équipage insuffisant et formé d'hommes mal disciplinés. Les dangers réellement inévitables sont parfaitement connus et la plupart d'entre eux peuvent être prévenus par l'expérience et par les inventions modernes. Deux navires, stationnés à de convenables distances, pourraient rester en communication l'un avec l'autre et l'être en même temps avec les baleiniers qui fréquentent annuellement l'Eau du Nord de la baie de Baffin, et dans les circonstances les plus imprévues et les plus improbables, on a toujours derrière soi une ligne sûre de retraite.

Il y a encore un troisième point dans le voyage du *Polaris*, qui fortifie l'argumentation en faveur de l'exploration par le détroit de Smith. Aux quartiers d'hiver par 81° 38′ nord, le climat était plus doux qu'il ne l'est plus au sud, et les animaux se rencontraient en abondance, y compris les bœufs musqués. Ce récit concorde avec celui du Dr Hayes, qui put fournir à ses hommes quantité de viande fraîche dans la région moins hospitalière du détroit de Smith. Une expédition gouvernementale avec des parties de chasse bien organisées, pourra ainsi se procurer une quantité considérable de viandes fraîches et avoir par là un espoir de plus de maintenir les hommes en santé et en force. Dans de pareilles circonstances, il n'y a pas de climat plus sain que celui des régions arctiques.

Ces considérations sont suffisantes pour montrer que les importants résultats scientifiques de l'exploration arctique peuvent être acquis sans périls excessifs et avec l'assurance raisonnable de ne pas craindre de désastres qui entraînent perte de vie ou de santé. Le système d'explorations arctiques au moyen de traîneaux, que maintenant on connaît parfaitement, assure l'examen d'une vaste étendue de terres nouvelles dans différentes directions en partant du lieu d'hivernage des deux navires ; et les saisons navigables permettront à l'expédition de se procurer des renseignements précieux sur l'hydrographie des mers, maintenant inconnues, qui avoisinent le Pôle. L'histoire des explorations arctiques est une histoire fortifiante et encourageante. Chacune des entreprises successives a ajouté de plus en plus au trésor de la connaissance humaine ; et maintenant que l'on connaît bien les véritables modes d'explorations, que les hommes de science ont clairement énuméré les problèmes importants qui seront résolus et les précieux résultats qui seront tirés d'une expédition arctique, les raisons pour en envoyer une ont acquis une force dix fois plus grande.

CHAPITRE X

LES ILES PARRY

Le détroit de Jones. — Les découvertes de Richards et d'Osborn; de Vesey Hamilton; de Mecham; de Mac Clintock; de Sir Robert Mac Clure. — Collinson et Kellett. — Osborn sur la masse glacée à l'ouest de la Terre de Banks.

Les découvertes de Kane, de Hayes et de Hall indiquent le point où la terre connue se dirige le plus au nord dans l'espace polaire. Ainsi, le seuil de la région inconnue s'étend le long de la côte nord des îles Parry jusqu'au détroit de Behring, et il a été abordé seulement par les officiers commandant les navires ou les expéditions à la recherche de sir Jean Franklin. Du méridien du côté ouest du détroit de Smith par 77° jusque près de l'entrée du détroit de Jones par 85° (ouest de Greenwich), la ligne de la côte qui se dirige vers l'ouest a été vue par des baleiniers et par des navires de découvertes naviguant dans l'Eau du Nord de la baie de Baffin. De 85° à 90° ouest s'ouvre le canal qui mène du détroit de Jones à la mer inconnue au nord des îles

Parry. Le détroit de Jones a été découvert par Baffin en 1616, et les baleiniers y ont souvent pénétré. En 1848, le capitaine Lee du *Prince de Galles* remonta le détroit de Jones pendant quatorze heures et envoya un bateau à terre. De là, on vit une terre très-élevée dans la direction de l'ouest et on trouva l'eau profonde près des rochers sur la côte sud. Le capitaine Lee gouverna alors au nord-est pour quelque distance et trouva de l'eau libre, autant qu'il pouvait voir du haut du mât, s'étendant aux environs du nord-ouest à l'ouest-sud-ouest. La distance à laquelle *le Prince de Galles* pénétra dans le détroit était d'environ 150 milles de l'entrée. Le 16 août 1851, le lieutenant, maintenant amiral Sherard Osborn, conduisit *le Pionnier* dans le détroit de Jones ; il le trouva le plus étroit à son entrée et s'élargissant à mesure qu'on s'avançait vers l'ouest. Le paysage est grandiose, surtout sur la côte méridionale, là où, quelque 10 milles à l'intérieur, un vaste dôme de neige pure et blanche enveloppe une terre de 3 à 4,000 pieds, appelée les Montagnes Treuter par le capitaine Austin, qui était à bord du *Pionnier* avec Osborn. De ce dôme, de longs glaciers serpentent et descendent les vallées et se jettent à travers les ravins dans les eaux bleues et profondes de ce magnifique détroit. Malheureusement la marche du steamer fut arrêtée par des glaçons qui s'étendaient à travers le détroit et il fut obligé de revenir. Le capitaine Inglefield remonta aussi pour quelque distance le détroit sur *le Phénix* en 1853.

De 85° à 90° ouest de Greenwich est la partie du détroit de Jones qui n'a pas été complétement explorée, et, à partir de là, les découvertes de Sir Edward Belcher s'étendent de 90° à 97° le long de ce qui a été appelé la Terre de Grinnell.

Sir Edward Belcher explora cette côte dans le printemps de 1853, et, le 20 mai, il fut arrêté par de l'eau libre que rayaient des bandes de glaces flottantes, à l'entrée ouest du détroit de Jones. C'était à peu près par 80° de longitude ouest et d'un peu à l'ouest de ce point que Sir Edward Belcher traversa la banquise jusqu'à l'île la plus méridionale d'un archipel étendu, « conduisant, dit-il, au nord-est, ou peut-être au Pôle. » Il ajoute que la lourdeur et même la solidité de la banquise environnante et les morceaux de glace presque hauts comme des monts qui s'élevaient quand les glaçons s'entre-choquaient, donnent à penser que la mer est rarement troublée par ces latitudes. Mais la masse glacée, dans la direction du nord, était épaisse de 6 à 8 pieds et subissait l'influence d'une forte marée. Au large on voyait une masse de glace fortement pressée, montrant que, pendant les tempêtes violentes de l'automne et de l'hiver, cette mer avait été en mouvement. Au commencement de juin, les vols d'oiseaux indiquèrent l'existence de trous d'eau et de nouveaux mouvements des glaçons, et Sherard Osborn attribue cette rupture hâtive de la glace au passage d'une forte vague de marée dans la direction de l'est et de l'ouest. Les amiraux Richards et Sherard Osborn continuèrent l'examen des rives glacées de l'Océan inconnu du Pôle, de 97° à 109° ouest le long de la côte septentrionale de l'Ile Bathurst jusqu'à la pointe nord de l'île de Melville. Ces tristes côtes sont formées de pierres calcaires. Osborn pensait que dans la direction du nord il y avait beaucoup de terre, soit sous la forme d'îles, soit sous celle d'un continent étendu. On vit un grand troupeau de *lemmings* se frayer un chemin sur la glace dans la direction du nord. De l'extrême pointe septentrionale de l'Ile de Melville, le capitaine R. Vesey Hamilton pénétra à quelque distance dans l'Océan **glacé** inconnu et atteignit, le 7 juin 1853, à 7 milles de la terre, une île qui reçut son nom. Elle était longue de 4 milles et son extrémité nord consistait en une série de petits pics. L'eau avait un fort goût de quelque acide minéral. Huit ou neuf milles plus au nord, dans la mer inconnue du Pôle, on découvrit une autre petite île qui fut nommée Ile Markham.

De l'Ile Melville à la côte nord-ouest de l'Ile du Prince Patrice, le seuil de la région inconnue fut traversé par Sir Léopold Mac Clintock, et l'examen des côtes ouest et sud de l'Ile du Prince Patrice fut complété par ce pauvre Mecham, un des plus braves garçons qui aient jamais pénétré dans la glace. Je ne puis mentionner son nom sans quelques paroles de regrets affectueux pour sa perte. Jamais officier ne fut plus aimé de ses camarades et il n'y a rien que les matelots n'eussent fait pour lui. Plein de bonne humeur et de cœur, il était la vie et l'âme des amusements de l'hiver, et quand arriva le moment de l'action, c'est Mecham qui accomplit l'acte le plus admirable dont les explorations arctiques aient gardé le souvenir. Observateur exact et scrupuleux, plein de ressources, et doué d'une résolution indomptable, il était en même temps le plus soucieux du bien-être de ses hommes. Il était en vérité l'idéal de l'officier arctique, et, quand on discute le sujet d'une exploration polaire, le premier sentiment de ceux qui ont servi dans la recherche de Franklin est celui d'avoir perdu pour toujours le grand talent, la résolution et les qualités de commandement qui étaient réunis dans le caractère de Frédéric Mecham. Un seul homme venait avant lui comme explorateur, et encore Mecham l'égalait-il en quelques points, cet homme était son ami et camarade Sir Léopold Mac Clintock. Ces deux officiers explorèrent les côtes de l'Ile du Prince Patrice.

A l'extrémité nord de cette frontière éloignée de la région inconnue, la lourde masse glacée exerçait une horrible pression. Il y avait des *hummocks* hauts de 35 pieds, et des masses de la glace bleue de la mer avaient été poussées loin dans l'intérieur de la terre. Mecham trouva la côte ouest de l'Ile du Prince Patrice composée de plaques de sable tellement basses qu'il était difficile de distinguer la terre de la mer. Dans cette partie éloignée de la frontière de la région inconnue, la terre et la mer glacée se mêlaient dans une confusion inextricable. Dans la direction de la mer, on ne voyait que la lourde masse glacée avec d'énormes fragments poussés sur la rive. Néanmoins ces mornes confins du monde connu jouissaient autrefois d'un climat plus doux, car Mecham trouva des arbres de taille considérable enterrés dans un ravin avec leur écorce en parfait état, et dans une position qui prouvait qu'ils devaient avoir poussé sur la place. Un de ces arbres était rond de 4 pieds et long de 30. Cet endroit était à la hauteur de 400 pieds au-dessus du niveau de la mer. A l'extrémité nord-ouest de l'Ile de Banks, on trouva aussi un grand nombre d'arbres fossiles à 300 pieds au-dessus de la mer. Le docteur Hooker regarda ce bois comme étant celui du sapin blanc (*abies alba*).

La frontière de la région inconnue du Pôle traverse maintenant le détroit de Banks, descend le côté ouest de l'Ile de Banks découverte par Sir Robert Mac Clure dans *l'Investigateur*, tout près de la côte de l'Amérique du Nord. Là, la glace se presse tout contre les rochers et atteint des proportions effroyables. Elle a un tirant de 40 à 50 pieds d'eau et s'élève sur la surface en collines roulantes qui ont quelquefois 100 pieds de la base au sommet. La glace, le long de la côte de l'Amérique du Nord et surtout en face le fleuve de Mackenzie, est d'une nature aussi formidable, et la puissante masse polaire forme sur ce méridien la frontière entre le monde connu et le monde inconnu. Elle est appelée par les Esquimaux « le Pays de l'ours blanc. »

Nous avons ainsi suivi la frontière de la région inconnue de Novaïa-Zemlia jusqu'au détroit de Behring, la troisième ouverture dans l'océan Po-

laire. La masse glacée la plus lourde et la plus formidable des mers arctiques est celle qui se presse
contre l'extrémité nord de l'Ile du Prince Patrice
jusqu'au détroit de Behring, et aucun vaisseau n'a
encore réussi à naviguer loin vers le Pôle sur le
méridien du détroit de Behring. Le capitaine Collinson dans *l'Entreprise* a été un peu au nord de
70° nord sur le méridien du cap Lisburne, et le capitaine Kellett, dans *le Héraut*, découvrit une haute
terre un peu plus loin dans la direction de l'est, par
72° nord. La frontière du détroit de Behring à Novaïa-Zemlia, qui complète le cercle, a été examinée
par les explorateurs russes.

L'amiral Sherard Osborn a montré que cette
énorme glace, à l'ouest des Iles de Banks et du
Prince Patrice, ne se voit jamais dans les détroits
de Barrow et de Jones, sinon en petits fragments,
et que rien de semblable ne descend dans l'Atlantique par le chemin du Spitzberg ; et il conclut, en
conséquence, que cette glace est bornée par la
terre à sa lisière septentrionale, et qu'un archipel
doit s'étendre haut jusque près du Pôle, sur les méridiens entre l'Ile du Prince Patrice et la Sibérie.
Dans un remarquable Mémoire lu devant la Société
géographique de Londres, l'amiral Sherard Osborn
explique ainsi les raisons qu'il a de croire que la
terre s'étend loin au nord de tout point encore atteint dans l'archipel arctique, connu sous le nom
d'Iles Parry :

« Pendant que je m'occupais à rédiger, d'après
le journal de Sir Robert Mac Clure, la découverte

11.

d'un passage au nord-ouest, dans *l'Investigateur*, de la marine britannique, je fus frappé de la description de la glace extraordinaire rencontrée dans la mer, à l'ouest de l'archipel dont nous nous occupons, et que Sir Robert Mac Clure suivit, du détroit de Behring jusqu'au nord-ouest de la Terre de Banks, formant une grande courbe de plus de 1,000 milles. Je comparai cette relation avec les rapports des lieutenants Mecham et Mac Clintock, qui visitèrent en 1853 la côte ouest de l'Ile du Prince Patrice, et encore avec les remarques du capitaine (maintenant amiral) Collinson, qui, comme Mac Clure, passa entre cette grande glace et le continent américain dans le remarquable voyage de *l'Entreprise*, de la marine britannique.

» Toutes ces descriptions concordaient ensemble, et il devint évident pour moi qu'aucun de ceux qui ont voyagé ailleurs que dans les régions arctiques n'ont jamais rencontré une semblable masse océanique ; et certainement ce n'était rien qui ressemblât aux champs de glaces trouvés autour du Spitzberg ou de la côte est du Groënland.

» J'ai souvent discuté sur le caractère de cette glace avec cet intelligent officier du navire de Sir Robert Mac Clure, le regretté Étienne Court, qui, plus tard, navigua deux ans avec moi dans *le Furieux*, de la marine britannique. D'après ces rapports, je puis, à coup sûr, décrire cette glace de l'ouest comme une vaste glace flottante semblable à un glacier voguant çà et là dans une aire fermée de la région arctique, bornée au sud par les rives de l'Amérique du Nord, à l'ouest par les Terres de Kellett et de Wrangell, à l'ouest par l'Archipel arctique dont il est question, et au nord.....? C'est là la question. Mais si cette glace avait de l'espace pour se mouvoir au nord, il n'y a aucun doute que les furieux vents du Sud, qui balayent le continent de l'Amérique du Nord, la pousseraient loin dans cette direction, et en feraient descendre la masse dans l'Atlantique par la voie du Spitzberg, tandis que (c'est un fait) elle ne s'éloigne jamais que de quelques milles de la côte américaine, laissant une étroite ceinture d'eau, et aussitôt que le vent cesse, elle revient, sa lisière touchant terre dans 100 pieds d'eau. Le même phénomène s'est présenté le long de sa lisière orientale, quand ce grand champ de glace se heurtait sur l'Archipel et l'Ile de Banks. Là, dans les circonstances les plus favorables, la glace ne s'éloignait pas plus d'un mille ou deux, et, dans la plupart des cas, elle revenait se presser contre les rochers, laissant à peine à *l'Investigateur* la largeur nécessaire pour en côtoyer la lisière. Elle touchait souvent dans une eau de 12 à 15 brasses, montrant ainsi une épaisseur de 70 ou 80 pieds. Mecham et Mac Clintock la trouvèrent sur la côte ouest de l'Ile du Prince Patrice, pressant avec une incroyable violence sur ses rives basses et formant par endroits une telle barrière, surtout à l'extrême sud-ouest, que Mecham était obligé de prendre ses traîneaux à terre pour éviter la barrière insurmontable qui formait la lisière de la banquise brisée.

» La glace, telle que l'on me la décrivit, consistait en champs continus, dont l'épaisseur au-dessous de l'eau était de plus de 60 pieds, tandis que la surface ressemblait à des collines et à des vallons aux contours arrondis, semés les uns près des autres. La plus grande partie de ces collines s'élevait à 30 ou 40 pieds au-dessus de l'eau, et quelques-unes avaient jusqu'à 100 pieds, et elles formaient une masse si fortement pressée par les effets alternatifs de la neige, du dégel et de la gelée, qu'on pouvait à peine y trouver un endroit où poser son pied. Et, ce qui est une preuve de l'âge extraordinaire de ces champs de glace, on trouve ces collines formées de glace d'eau douce, ce qui indiquait la longueur du temps depuis lequel les neiges étaient tombées sur la surface de cette mer gelée. Cette glace ne peut être confondue en aucune façon avec ce qu'on appelle *packed-ice* (glaçons de la masse glacée). Cette glace était trop lourde pour se briser de cette façon, et c'est seulement le long de sa lisière qu'on trouvait des fragments brisés au contact des rochers ou de la terre. Ces fragments forment, autant qu'on sait, de grands fleuves de glaces, qui se jettent dans le détroit de Behring et dans celui de Barrow, quoique brisés et bien réduits de leur épaisseur avant d'être rencontrés par nos navigateurs. Nous vîmes très-peu de cette glace dans le détroit de Jones, son entrée étant là barrée par l'Ile du Prince Patrice et par les terres qui sont au nord de celle-ci.

» A part la pesanteur qui forme le trait principal

de cette mer de glace, et qui m'a mené à la conclusion qu'elle est formée dans une mer fermée par la terre, il y a d'autres faits additionnels, à savoir : sa direction et le degré de la marée sur ces bords. Car, naturellement, comme dans la Méditerranée et dans la mer Noire, une aire fermée d'eau glacée, avec une étroite issue sur un grand océan, n'a généralement qu'un assez faible mouvement de marée.

» Nous trouvons que dans le détroit de Kotzebue et à la pointe Barrow, dans le détroit de Behring, là où Moore et Maguire hivernèrent dans *le Pluvier*, de la marine britannique, la marée venait du Pacifique, et que le flux et le reflux étaient seulement de 2 pieds au premier endroit (détroit de Kotzebue), et seulement de 7 pouces au second (pointe Barrow).

» Mac Clure, dans le détroit de la Princesse de Galles, trouva que la marée venait du sud avec seulement un flux et un reflux de 3 pieds aux marées du printemps.

» Dans la Baie de la Miséricorde et l'Ile de Banks, la marée venait de l'est dans le haut du détroit de Barrow, avec seulement 2 pieds d'élévation, concordant ainsi avec toutes les autres observations prises dans le haut du détroit de Barrow, c'est-à-dire aux Iles Beechey, Cornwallis, Léopold et Melville, endroits auxquels la marée arrivait évidemment de l'Atlantique par la baie de Baffin, diminuant à mesure qu'elle atteignait la mer de l'Archipel.

» Dans le détroit de Jones, la marée venait sem-
blablement de l'est. L'amiral Richards et moi en
eûmes une bonne preuve dans une expédition en
bateau, pendant l'automne de 1852, et nous trouvâmes tous deux, comme nous allions vers l'ouest,
le long de la côte nord du groupe de Parry, que
les marées, telles que les indiquait l'action de la
glace sur le rivage, diminuaient également à mesure que nous allions vers l'ouest.

» Maintenant, si l'aire de la mer, à l'ouest de
l'Archipel, n'était pas fermée par la terre, mais
s'ouvrait dans l'espace général appelé l'océan Arctique, tous les marins et tous les géographes con-
viendront avec moi que le flux de cette vaste aire,
comparée à l'aire limitée du détroit de Baffin, for-
cerait la marée d'entrer, de quelque façon, dans
l'embouchure ouest du détroit de Barrow et du détroit de Jones. La preuve du contraire, que j'apporte,
montre que le flux se dirige vers cette mer (qui est,
dis-je, fermée par la terre), au lieu d'en venir,
comme ce serait autrement le cas. Le meilleur parallèle que je puisse fournir à l'observation de la
marée dans le détroit de Barrow est celui que fournissent les détroits de Gibraltar et du Cattégat, où
le flux de l'océan Atlantique pénètre dans deux
mers fermées.

» A part l'absence de marée qui caractérise la
mer à l'ouest de l'Archipel, et qui me mène à croire
que cette mer est fermée au nord par la terre, et
qu'elle ne communique point avec cette portion des
eaux du Pôle, qui coulent dans l'Atlantique, il y a

un autre fait qui confirme le premier. Les deux grands courants polaires par lesquels cette énorme masse de glace se décharge dans des latitudes plus méridionales viennent de deux directions opposées. La glace formée au nord du Spitzberg et de Novaïa-Zemlia se décharge par un courant sud-ouest dont il y a amples preuves, et dont la marche, suivant la saison, varie de 8 à 13 milles par jour. D'autre part, la glace qui vient de ce que je crois être une mer fermée, à l'ouest de l'Archipel, se décharge pour la plus grande partie dans une direction sud-est, et nous en avons une preuve matérielle depuis 1850, depuis qu'ont dérivé vers la mer, dans le détroit de Davis, quatre expéditions bloquées par la glace : celle de Jacques Ross, de Haven, Kellett et Mac Clintock ; la seule exception à ce courant sud-est est une petite quantité de glaces en débris qui s'échappent au sud, dans le Pacifique, à travers le détroit peu profond de Behring. Le seul moyen par lequel je puisse expliquer deux courants diamétralement opposés, coulant de cette aire polaire que nous avons devant nous, est de penser qu'ils coulent de deux espaces d'eau séparés l'un de l'autre.

» Je n'ai donc point le moindre doute, que si on suit au nord cet archipel arctique ou que si on remonte les terres récemment découvertes au nord de la Sibérie, près du détroit de Behring, nous trouverons qu'elles sont étroitement unies l'une à l'autre, et, par là, l'exploration de la région polaire sera accomplie d'une façon complète et avec succès.

» Laissez-moi maintenant dire de quelle façon ces terres, si elles existent, sont une si bonne promesse pour les explorations de l'avenir.

» D'abord cet archipel abonde en ports et en criques où un navire peut trouver un abri après avoir poussé, pendant la saison d'été, aussi loin que la navigation peut le mener. Le navire forme ainsi une base d'opérations à l'abri du mouvement qui pousse au sud la glace de l'hiver. D'un semblable point, on peut, au début du printemps, entreprendre des expéditions en traîneaux sur le système introduit par mon illustre ami Sir Léopold Mac Clintock, et les pousser jusqu'aux dernières limites de la force physique de l'homme. En sûreté dans un port, ceux qui seront restés sur le navire pourront poursuivre les recherches scientifiques qui ont souvent été perdues de vue dans les explorations arctiques, et aussi éviter les horreurs d'un hivernage dans la mer glacée, qui ont été ressenties si vivement, jusque dans notre temps, par Sir George Back, le capitaine de Haven et Sir Léopold Mac Clintock, pour ne pas parler de l'expérience, encore plus désastreuse, de nos camarades allemands de *la Hansa*. »

CHAPITRE XI

DÉCOUVERTES ARCTIQUES DES RUSSES

Premiers voyages russes. — Premiers explorateurs russes.
— Découverte du cap Tchéliouskine. — Expédition de Behring. — Découverte du détroit de Behring. — Steller sur
l'Ile Behring. — Découverte des Iles de la Nouvelle-Sibérie.
Hedenstrom et Anjou. — Voyages d'Anjou. — Voyage en
traîneau de Wrangell. — Terre de Wrangell. — *Polynia*
des Russes. — Exploration de l'Iénisséï par M. Schmidt.
— Explorateurs russses des régions arctiques.

La découverte des rives de l'océan Polaire du détroit de Behring jusqu'à Novaïa-Zemlia (145 degrés de longitude) est due aux Russes. Ces rives sont peut-être les plus désolées sur le cercle entier des abords de la région inconnue. Les fleuves de la Sibérie, l'Obi, l'Iénisséï, la Léna, l'Indigirka et la Kolyma prennent leur source dans les monts Altaï et coulent dans leur cours supérieur à travers des forêts d'arbres élevés. Mais avant d'atteindre l'océan Polaire, ils traversent une triste région de marécages glacés, à peine habitable, et qu'on appelle Toundra. Là, la terre est gelée à plusieurs pieds de la surface ;

les fleuves, aux temps où ils débordent, apportent de vastes quantités d'arbres déracinés qui bordent leurs rives en masses immenses et sont finalement portés dans la masse polaire pour dériver ensuite avec le courant qui coule de l'est à l'ouest le long de la côte de Sibérie.

Les efforts des Russes pour doubler les points septentrionaux extrêmes de la Sibérie, le cap Taïmour et le cap Tchéliouskine, ce dernier par 77° 30' nord, ont jusqu'ici été infructueux. Burrough, Pett et Jackman, les premiers explorateurs anglais, ont découvert les détroits entre Novaïa-Zemlia et le continent, pénétrant ainsi dans la mer de Kara. Les Russes de très-bonne heure venaient constamment d'Arkhangel à l'embouchure de l'Obi, se glissant entre la terre et la glace dans la mer de Kara, et ordinairement halant leurs bateaux ou *lodias* à travers l'isthme qui sépare la baie de Kara et l'embouchure de l'Obi. Dans le dernier siècle,' plusieurs expéditions furent envoyées dans cette direction par le gouvernement russe, et des navires atteignirent l'embouchure de la Pyasina sur le côté ouest de ce point septentrional de la Sibérie, et la Khatanga sur le côté est, mais aucun navigateur n'a jamais doublé ce cap le plus septentrional du continent asiatique.

En 1734, le lieutenant Mouraviev fit voile d'Arkhangel vers le fleuve Obi, mais il fut arrêté par la glace dans la mer de Kara. En 1738 cependant, les lieutenants Malgine et Chourakov doublèrent le promontoire avec grande difficulté et atteignirent l'embouchure de l'Obi. Il restait à naviguer de l'Obi à l'Iénisséï ; cela fut accompli la même année par le lieutenant Koskelev. Dans cette année mémorable pour les explorations, le pilote Menine navigua de l'Iénisséï vers la Léna, mais il fut arrêté par la glace à l'embouchure de la Pyasina, et il retourna après avoir échoué. Trois années auparavant, en 1735, le lieutenant Prontchitchev avait fait une semblable tentative du côté de l'est ; il avait descendu la Léna de Yakoutsk, accompagné de sa femme, mais il s'embarrassa dans la glace qui laissait seulement un passage d'environ 200 *yards* (182 mètres) le long de la côte et finalement il fut obligé d'hiverner à l'embouchure de l'Olének. L'année suivante, il atteignit l'embouchure de la Khatanga et il poussa au delà, mais il se trouva à la fin étroitement bloqué près du cap Tcheliouskine, le point extrême atteint par lui au nord étant 77° 25' nord. Lui et sa femme moururent dans leurs quartiers d'hiver, près de l'embouchure de l'Olének, et le commandement passa au lieutenant Tcheliouskine qui revint. En mai 1740, le lieutenant Laptev trouva une glace solide et impénétrable au même endroit, et il revint convaincu de l'impossibilité de naviguer autour du cap Taïmour. Mais en 1742, Tcheliouskine atteignit en traîneau le point le plus septentrional du continent par une latitude de 77° 34' nord, le doubla et retourna à l'embouchure du Taïmour. Ce cap est maintenant appelé le cap Tcheliouskine.

En 1843, Middendorf fut envoyé pour explorer par terre la région qui se termine au cap Taïmour.

Il descendit le fleuve Khatanga et atteignit le lac Taïmour en juin. En août, il arriva aux rives de la mer Polaire et aperçut le cap Taïmour; il y vit de l'eau libre et nul miroitement de glace dans aucune direction. Il trouva que le flux et le reflux de la marée atteignait jusqu'à 36 pieds. Il faut dire qu'il était là au point culminant du court été des régions arctiques.

De l'embouchure de la Léna à l'est, des navires ont souvent atteint le fleuve Kolyma; mais le fait de doubler les caps plus loin à l'est, n'a été accompli qu'avec de grandes difficultés. Nijni-Kolymsk, près de l'embouchure de la Kolyma, fut fondé en 1654, par un Cosaque appelé Michel Stadoutchine; et en 1648, un autre Cosaque du nom de Michel Dejnev équipa là une expédition consistant en trois petits bateaux appelés *Kotchys*, bateaux larges, à fonds plats, couverts, d'environ 70 pieds de long, avec des voiles et des rames. Il doubla le cap Tchélagskoï, traversa le détroit, nommé plus tard d'après l'explorateur Behring, et atteignit le golfe d'Anadyr. La plupart de ses hommes moururent de faim, mais Dejnev réussit à établir une pêcherie de morses dans l'Anadyr.

Pierre le Grand désirait que toute la côte septentrionale de la Sibérie fût explorée par mer, et il mourut quelques jours après avoir, de sa propre main, donné ses instructions au capitaine Vitus Behring. Behring était Danois au service de la Russie. Il fut envoyé de Saint-Pétersbourg au point le plus éloigné de la Sibérie, avec des matelots et des charpentiers ; deux navires furent construits à Okhotsk et dans le Kamtchatka, et furent appelé *le Gabriel* et *la Fortune*. En juillet 1728, Behring fit voile du fleuve du Kamtchatka et examina la côte pour quelque distance dans la direction du nord, s'assurant de l'existence d'un détroit entre l'Asie et l'Amérique. En septembre 1740, il fit de nouveau voile d'Okhotsk dans un navire appelé *le Saint-Paul*, avec un navire de conserve, commandé par le lieutenant Tchirikov et appelé *le Saint-Pierre*. Georges-Guillaume Steller s'embarqua avec le capitaine Behring, comme naturaliste du voyage, et en juin 1741, ils firent voile pour découvrir la côte américaine. On découvrit ce pic magnifique que Behring appela le Mont-de-Saint-Élie, et l'on explora les Iles Aléoutiennes ; mais le scorbut se déclara dans l'équipage et le capitaine lui-même en fut atteint. En novembre, le navire fit naufrage sur une île, qui reçut le nom du malheureux explorateur ; celui-ci fut transporté à terre et placé dans une sorte de fosse ou de caverne creusée dans le flanc d'une colline de sable. Là, il fut presque enterré vivant, car le sable roulait continuellement sur lui et il demandait qu'on ne l'ôtât pas, parce que cela lui tenait chaud. C'est dans cette misérable situation que le malheureux Behring mourut le 8 décembre 1741. Steller s'inquiétait naturellement de procurer de la nourriture animale à ses malades atteints de scorbut et il étudia avec soin l'histoire naturelle de l'île. Il attribua la santé de ceux qui guérirent à la chair de la loutre de mer, et on réunit dans l'île 900 peaux de cet animal, peaux que les Chinois, à Kiachasta sur la frontière russe, achètent au prix de 80 à 100 roubles (de 300 à 375 fr.) pièce. Trente hommes de l'équipage moururent dans l'île, et les quarante-cinq survivants s'échappèrent au Kamtchatka dans un petit navire construit avec les débris du *Saint-Paul*. L'événement le plus remarquable du voyage fut la découverte, par Steller, d'une rare et solitaire espèce de lamentin ou vache marine appelée *Rytina-Stelleres*. Cette espèce a depuis été chassée et probablement exterminée, car aucun spécimen n'en a été vu depuis plus de soixante-dix ans. Cette créature avait une sorte d'écorce épaisse d'un pouce, composée de fibres ou tubes perpendiculaires à la peau et si dure que le fer avait peine à y pénétrer. Elle se nourrissait de plantes marines.

Après le détroit de Behring, la découverte la plus importante des Russes fut celle des Iles de Liakhov ou Nouvelle-Sibérie dans l'océan Polaire, en face la côte qui s'étend entre la Léna et l'Indigirka. En mars 1770, un marchand du nom de Liakhov vit un grand troupeau de rennes venir du nord sur la glace, et cela l'engagea à partir avec des traîneaux tôt en avril pour suivre les traces qu'ils avaient laissées. Après un voyage de 50 milles sur la glace, il découvrit trois grandes îles et, l'année suivante, il obtint de l'Impératrice Catherine le droit exclusif d'y fouiller la terre pour en retirer les os de mammouth. La plus grande de ces îles est appelée Kotelnoï et a 100 milles de long sur 60 de large, par 76° de latitude nord ; la suivante est appelée Ile de Fadiéïev et il y en a une troisième appelée la Nouvelle-Sibérie plus à l'est. La longueur du groupe entier est de 205 milles. D'immenses dépôts d'alluvions remplis de bois et d'os fossiles d'animaux se rencontrent sur tous les rivages de la Sibérie arctique ; mais dans les collines de bois de la Nouvelle-Sibérie ces dépôts sont encore plus riches. Pendant des années après leur découverte, les chercheurs d'ivoire fossile se rendaient annuellement dans ces îles. En 1821, l'ivoire fossile qu'on procura atteignit le poids total de 20,000 livres. Hedenstrœm, officier russe en résidence à Yakoutsk, fut employé par le gouvernement au lever des Iles de la Nouvelle-Sibérie, en 1809, et il mit trois ans à les explorer. Il rapporta, en 1810, que pendant trois ans, au nord de ces îles, il avait toujours été arrêté à quelque distance de la terre par une glace de peu de consistance.

En mars 1821, le lieutenant (plus tard amiral) Anjou traversa la glace jusqu'à l'Ile Kotelnoï avec des traîneaux de chiens. Il voyagea ensuite en avril sur la glace dans la direction du nord et il vit une vapeur s'élever au nord-ouest quand il était à la distance de 42 milles de Kotelnoï, par une latitude de 76°38′, et cela l'amena à penser qu'il y avait de l'eau libre dans cette direction. Mais Wrangell nous dit que lorsque la glace se fend même dans les endroits où elle est épaisse où solide, la vaporisation se produit immédiatement et elle est plus ou moins dense selon l'état de l'atmosphère. Anjou fit un autre

voyage dans la direction du nord, mais il fut arrêté
par une glace mince et peu sûre. Le 18, la troupe
vit une mer ouverte avec de la glace charriée dans
la direction du nord, depuis le cap Visokoï dans la
Nouvelle-Sibérie, et une vapeur épaisse. Au large du
cap Raeboï la glace parut compacte, mais sa surface étaient accidentée de *hummocks* élevés. Hedenstrœm avait rencontré des *hummocks* hauts de
90 pieds. En mai, l'expédition d'Anjou retourna au
continent et hiverna à Ust-Yansk. En mars 1821,
Anjou vit les vapeurs s'élever dans la direction du
nord quand il traversa l'Ile de Liakhov. Le 26, on vit
une mer libre avec des masses de glace allant à
la dérive ; la glace dérivait de l'est à l'ouest. Les
personnes qui ont fréquenté ces îles croient que
ce courant est la marée descendante. Le 9 avril, il
partit sur la glace se dirigeant à l'est de la Nouvelle-Sibérie et il rencontra de la glace mince, le
14, à une distance de 60 milles ; mais une ligne de
hummocks infranchissables le força de se diriger
vers le continent. Le lieutenant Anjou acquit la
conviction que toutes les tentatives d'avancer par
la glace à une distance considérable de la terre
seraient infructueuses à cause du peu d'épaisseur de
la glace et à cause de la présence d'eau libre à 20
ou 30 milles des îles. Son expédition néanmoins
accomplit le lever complet de ce groupe intéressant.
Il y a peu de bois poussés en dérive sur la côte
nord de ces îles, mais sur la côte méridionale on
en trouve en grande abondance dans deux baies.
La mer entre les îles et la Sibérie ne gèle pas com-

plétement avant la fin d'octobre, et les côtes sont libres sur la fin de juillet. Pendant tout l'été, la mer est couverte de glaçons qui voguent çà et là selon les vents et les courants.

Tandis qu'Anjou exécutait ses explorations, Wrangell poursuivait de semblables recherches de son quartier général de Nijni-Kolymsk, près de l'embouchure de la Kolyma, d'où il fit quatre voyages dans les mers polaires, en 1820, 1821, 1822 et 1823. Ces voyages se firent dans des traîneaux tirés par des chiens et appelés *narti*. Le patin d'un *narti* sibérien de la meilleure construction est long de 5 pieds 10 pouces ; la largeur du traîneau est de 1 pied 9 pouces et la hauteur du patin de 10 pouces un quart ; les patins sont en bois de bouleau et la surface supérieure du traîneau est en scions de saules tressés ensemble. Toutes les parties sont liées avec des courroies de cuir. Quand on doit se servir des traîneaux, on les retourne et on verse de l'eau sur les patins pour produire une mince croûte de glace qui glisse aisément sur la neige et le patin de glace est appelé *vodiat*. A mesure que le printemps s'avance, ce patin naturellement devient inutile et on lui substitue souvent de l'os de baleine. Wrangell regarda mars comme le meilleur temps de l'année pour voyager en traîneau ; c'est le temps où le travail est le plus aisé pour les chiens, Un traîneau bien chargé demande un attelage de 12 chiens ; ceux-ci traîneront 1,200 livres au printemps, mais pendant le froid intense de l'hiver, 360 livres sont

un lourd fardeau. On les nourrissait de harengs
gelés frais. Les provisions d'un mois pour cinq
hommes consistaient en 100 livres de biscuit de
seigle, 60 livres de viande, 10 livres de soupe portative, 2 livres de thé, 8 livres de gruau, 3 livres
de sel, 39 rations de spiritueux, 12 livres de tabac et
200 poissons salés (*Iouchala*) chacun équivalent
à cinq harengs. Les hommes portaient des chemises
de peau de renne, de grandes bottes de cuir dou-
blées de fourrure, un bonnet de fourrure et des gants
de peau de renne. La troupe avait une tente co-
nique de peau de renne, large de 12 pieds au ras du
sol et haute de 10 pieds avec une légère carcasse
de 6 pièces; et quand ils campaient ils allumaient
du feu au centre de leur tente et ils étaient à moitié
étouffés. Chaque homme dormait sur une peau
d'ours et il y avait une couverture de peau de renne
pour deux hommes.

Dans son premier voyage, en mars 1821, Wrangell
explora la côte depuis l'embouchure de la Kolyma
jusqu'au cap Tchélagskoï. La température tomba
parfois jusqu'à — 31° Fahrenheit (— 35° centigrade.)
Son second voyage fut entrepris dans le but de voir
à quelle distance il pourrait aller sur la glace au
nord de la côte de Sibérie, et il partit le 27 mars
1821. A une distance de 2 milles du rivage, la
troupe eut à traverser une chaîne de *hummocks*
hauts et escarpés, large de 5 milles, au delà de
laquelle il y avait une plaine étendue de glaces.
Wrangell continua à s'avancer au nord pour une
distance de 140 milles, quand il trouva la glace

très-mince et en mauvais état à cause des traînées
de saumure qui étaient logées sur la neige. Il y
avait des crevasses dans toutes les directions; l'eau
de la mer passait à travers pour venir à la surface,
et la glace avait à peine un pied d'épaisseur. En
conséquence, on jugea prudent de commencer la
retraite le 4 avril. En se rapprochant de la côte, ils
eurent à traverser des rangées de *hummocks* formés
d'une glace de couleur gris-bleu, et souvent hauts
de 80 à 90 pieds, ce qui indiquait une épouvantable pression pendant l'hiver. Wrangell retourna à
Nijni-Kolymsk le 28 avril, après une absence de
trente-six jours, temps pendant lequel il avait parcouru 800 milles. Pendant ce voyage, il fut très-
frappé de la merveilleuse habileté avec laquelle les
conducteurs de traîneaux trouvaient leur chemin
en observant les raies de neige, semblables à des vagues que forme le vent. « Ces raies de neige, semblables à des vagues, formées sur la glace unie de
la mer par tout vent de quelque durée s'appellent
sastrougi en Sibérie. Leur arête indique toujours le
côté d'où soufflent les vents qui règnent dans l'atmosphère. Les habitants des *Toundras* parcourent
souvent 700 milles sans autre guide que ces *sastrougi*. Ils savent par expérience à quel angle ils
doivent traverser les plus et les moins grandes des
vagues de neige, de façon à arriver à destination,
et ils ne se trompent jamais. Il arrive souvent que
le vrai et permanent *sastrougi* est effacé par d'autres
qu'ont produit des vents passagers, mais le voyageur ne s'y trompe pas ; son œil expérimenté dé-

couvre le changement; il écarte avec soin la neige qui s'est amoncelée depuis peu, et il corrige son chemin par le *sastrougi* inférieur et par l'angle que forment les deux. » Dans son troisième voyage, Wrangell se dirigea de la côte vers le nord, le 16 mars 1822, principalement pour s'assurer de la véracité d'un rapport indigène d'après lequel il y avait une terre élevée dans cette direction. Le 12 avril, après avoir voyagé pendant bien des jours sur de très-difficiles *hummocks*, la troupe arriva à une glace si faible, brisée partout de crevasses, qu'il supposa la proximité d'une eau libre et qu'il jugea prudent de revenir; il était à 170 milles de la terre. On observa que les vents du nord étaient invariablement des vents très-humides, et on supposait aussi que ce fait indiquait l'existence d'une mer libre dans cette direction. A cette occasion, Wrangell fut absent cinquante cinq-jours et parcourut plus de 900 milles. Il atteignit Nijni Kolymsk le 5 mai. Le quatrième et dernier voyage commença le 14 mars 1823 et l'on atteignit le cap Iakan le 8 avril. Un chef tchouktche informa là Wrangell que d'une partie adjacente de la côte, par un clair jour d'été, on pouvait découvrir au nord, à une grande distance, des montagnes couvertes de neige, et que des troupeaux de rennes venaient souvent par la glace de la mer, probablement de là. Les indigènes concordent à dire que le cap Iakan est le point le plus rapproché de la terre septentrionale. La troupe se dirigea vers le nord par la glace un peu après avoir dépassé le cap Tchélagskoï ; mais un violent ouragan éclata et brisa la glace qui n'avait que trois pieds d'épaisseur, et leur fit courir un grand danger. A mesure qu'ils avançaient, la glace devenait plus mince, et ils ne réussirent à traverser sans accident les crevasses qui avaient gelé, que grâce à l'incroyable rapidité de leurs chiens. Wrangell fut obligé de revenir à une distance de 70 milles de la terre, et, pour l'atteindre, ils durent traverser maintes crevasses comme en bac, sur des morceaux de glace, tandis que leurs chiens nageaient et tiraient. La température de la mer était de — 28° Fahrenheit (— 33°33' centigrade.) C'était à la fin de mars. A l'ouest, la mer paraissait complétement libre, avec des glaçons flottants, et de sombres vapeurs qui s'en élevaient obscurcissaient l'horizon. Des chenaux d'eau s'ouvraient dans toutes les directions, et, dépourvue de bateau, la petite troupe était placée dans une situation très-périlleuse. Un ouragan poussait les glaçons les uns contre les autres avec un grincement retentissant et brisait les banquises en fragments. Les chiens les sauvèrent. Ils s'élancèrent vers la terre avec une rapidité sauvage et l'atteignirent le 27. Wrangell continua pendant quelque temps le lever de la côte, et retourna à Nijni-Kolymsk le 10 mai, après une absence de soixante-dix-huit jours, après avoir parcouru plus de 1,530 milles. Ainsi se termina la série des tentatives pour atteindre la terre inconnue que Wrangell croit pouvoir exister, bien qu'il ne l'ait pas vue lui-même. Sur la carte de Wrangell il est rapporté que

12.

les montagnes sont visibles du cap Iakan par une claire journée d'été.

Cette terre fut vue par le capitaine Kellett, qui, en 1849, pénétra avec *le Héraut*, de la marine britannique, jusqu'à 71° 12′ nord, découvrant l'Ile du Héraut et voyant à distance la ligne de la côte. Plus tard, les Américains établirent une pêcherie baleinière au delà du détroit de Behring, et l'un d'eux, le capitaine Long, suivit pour quelque distance la côte de Sibérie, et vit la terre septentrionale en 1867. Elle est maintenant marquée sur la carte sous le nom de Terre de Kellet.

Les observations d'Hedenstrœm, d'Anjou et de Wrangell ont amené les géographes russes à conclure qu'il y a une partie de l'océan Polaire toujours mer libre, s'étendant de quelque 20 milles au nord des Iles de la Nouvelle-Sibérie, à environ la même distance au large de la côte du continent, entre le cap Tchelagskoï et le cap Nord. Cette opinion repose sur les cas où des explorateurs, en mars et en avril, ont rencontré soit de l'eau libre couverte de glaçons flottants, ou une glace très-mince, indiquant sa proximité, à différents points de cette ligne. L'amiral de Wrangell pensait que le fait de vents du nord étant assez humides pour mouiller les vêtements de sa troupe, était une nouvelle preuve de l'existence d'une mer ouverte dans cette direction. En été, le courant le long de la côte de Sibérie est de l'est à l'ouest, et en automne, de l'ouest à l'est. Les grands fleuves de la Sibérie apportent une immense quantité de bois qui est emportée par les courants et répandue au loin sur les rives arctiques. Quand la glace se brise, les eaux de ces fleuves contribuent à chasser les banquises de la côte. Le courant de l'ouest les porte ensuite en masses compactes vers l'Atlantique, et des millions de tonnes de glace vont ainsi grossir la masse glacée du Pôle et fondre annuellement entre le Groënland et Novaïa-Zemlia.

L'amiral Wrangell, usant d'une licence poétique bien permise, a appelé la mer libre au large de la côte de Sibérie « le grand incommensurable Océan » et depuis ce temps « la grande Polynia (1) » des Russes a été une phrase sur laquelle les théoriciens de la géographie ont fondé les hypothèses les plus hardies. Mais, dans toutes les parties des régions arctiques, la glace est plus ou moins en mouvement pendant l'été, de sorte que l'observation d'eau ouverte faite par Middendorf, près du cap de Taïmour en août, n'a rien de remarquable. Anjou et Wrangell, pendant les mois de mars et d'avril, trouvèrent la glace mince et en mauvais état, à une distance d'environ 100 milles de la côte, et, en une ou deux occasions, on vit au large une mer ouverte, couverte de fragments flottants de glace. Des vapeurs s'élevant à distance et des vents humides du nord furent regardés comme une preuve additionnelle de l'existence de cette grande *Polynia*.

(1) *Polynia* signifie simplement un trou ou un chenal d'eau dans la glace. Ce terme s'applique à de semblables trous, quand la glace se brise dans la Néva. *Polyi* est un mot russe hors d'usage, signifiant « ouvert », *nya* la désinence féminine qui fait du mot un substantif.

Il n'y a aucune raison de douter que, par suite
des forts courants et des ouragans, la glace est en
mouvement au large de la côte de Sibérie très-tôt
dans l'année, donnant naissance à des *Polynias* ou
chenaux et trous d'eau ; mais, dans les observations
des explorateurs russes, il n'y a rien qui garantisse
la croyance en un « vaste incommensurable Océan. »
La vapeur qui s'élève, si souvent mentionnée par
Anjou, est causée par la marée faisant craquer la
glace et ne prouve nullement l'existence d'une mer
ouverte, et le phénomène de vents humides et de
glaces en mauvais état, dénote justement ce que
vit Anjou, — un espace limité de mer couvert de
glaçons flottants. Il n'y a aucune preuve que la
Polynia sibérienne du commencement du printemps soit plus étendue que ne puisse l'expliquer
l'influence des vents et des courants. La faible glace
où les Russes se virent arrêtés, était donc une mer
très-peu profonde, et ils ne mentionnent jamais de
profondeur plus grande que 14 brasses. Les vents
peuvent donc aisément y produire des courants. A
cette profondeur, les Russes rapportent que la
glace s'épaississait jusqu'à ce qu'elle touchât le
fond ; dans de semblables circonstances, la pression
de la glace en dérive était prodigieuse.

Il faut se rappeler que la condition exceptionnelle
de la mer Polaire de la Sibérie n'empêchait jamais
d'examiner la côte et qu'une glace faible ne se
rencontrait qu'à la distance de quelques milles de
la terre.

Le dernier exploit des explorations russes en Sibérie a été l'examen de l'embouchure de l'Iénisséï par M. Schmidt.

En 1866, à la suite de la prétendue découverte d'un squelette de mammouth près du cours inférieur de l'Iénisséï, M. F. Schmidt fut envoyé par l'Académie Impériale des Sciences de Saint-Pétersbourg pour diriger une reconnaissance entre l'Obi et l'Iénisséï, et pour développer l'œuvre de Middendorf dans cette région. Le récit de cette expédition a été publié dans les mémoires de l'Académie Impériale des Sciences de Saint-Pétersbourg.

Un fait intéressant relatif au fleuve Iénisséï est la quantité immense de bois de dérive qu'on trouve sur ses rives. Sur les basses terres de l'estuaire, le bois est dispersé et, mêlé à la terre glaise et au sable, il forme l'élément principal de nombreuses îles qui se pressent à leur embouchure. On trouve de la tourbe en de nombreux endroits et des souches d'arbre qui montrent que la végétation s'étendait autrefois au nord beaucoup plus loin que maintenant. Là, aussi bien que dans la plupart des endroits en Sibérie, le mélèze (*larix Sibirica*) marque le commencement de la nature forestière. Quand on regarde de Dudino, tout ce qui est au sud de la Dudinka est forêt, tandis qu'au nord, on voit dans les creux du terrain des souches mortes d'arbres. A l'ouest, il y a une preuve que la végétation autrefois s'étendait plus loin au nord. La ligne de démarcation du mélèze court du lac de Pæssino dans la chaîne des monts Noril par environ 67° 50' de latitude nord (à l'est de l'Iénisséï) le long du fleuve Dudinka jusqu'à Dudino et de là le long de la rive droite de l'Iénisséï jusqu'à Sselækino ; là, elle traverse l'Iénisséï, et de l'embouchure de la Keta elle court dans une direction sud-ouest, passant la Solenaya supérieure jusqu'au Tas inférieur. Au nord du mélèze, on rencontre deux arbres, la *Betula contorta* et l'*Abies obovata,* et sur l'Iénisséï et dans ses environs l'*Alnaster fructicosa,* sorte d'aulne qui pousse à la hauteur d'un homme jusqu'à 70° 50′ nord de latitude et, qui par environ 71°, rampe sur le sol.

La population consiste entièrement en paysans russes qui sont partagés en deux congrégations ou paroisses, les deux églises étant à Tourouchank et Dudino. De Tolstoï à Tourouchank se rencontrent de petits établissements d'une ou deux maisons dont le seul emploi consiste à s'occuper des communications postales. De Tolstoï au delà de l'embouchure de la Pyasina, des établissements ou groupes de maisons (bien qu'abandonnées depuis longtemps à cause de la sévérité du climat ou de la difficulté des communications) ont été marqués sur des cartes, ayant été copiés de cartes plus anciennes sans garanties suffisantes. Du milieu de juin à la fin d'août, les Samoyèdes et les Russes élèvent des tentes, des huttes en forme de dôme, faites de bois de dérive et de terre glaise, et de véritables maisonnettes avec des fenêtres et des poêles ; et la préparation du poisson salé se fait activement à l'intérieur de ces cabanes et à bord des bateaux dans le fleuve. La *Toundra* est habitée par des Juracks, en outre de la population russe ; ils pénètrent entre l'Obi et l'Iénisséï d'avril à octobre et, pendant les mois d'hiver, ils se retirent dans le cercle de Beresov de la province de Tobolsk.

Les travaux d'hommes comme Hedenstrœm, Anjou, Wrangell, Lütke, Baer, Erman, Middendorf et Schmidt, permettent à la Russie de prendre rang près de l'Angleterre comme une nation qui s'est acquis de la gloire dans le noble champ des explorations arctiques. Les *Toundras* glacées et les côtes inhospitalières de la Sibérie septentrionale offrent de grands obstacles à une œuvre semblable, et ces obstacles ont été surmontés par une somme de persévérance énergique qui donne aux explorateurs russes une place élévée dans la liste glorieuse des célébrités arctiques. C'est à leurs efforts que nous devons l'examen et le lever consciencieux de plus d'un tiers de la région inconnue du Pôle, dont l'ensemble a été levé avec soin et décrit scientifiquement.

Le courage avec lequel Wrangell et Anjou se sont frayé un chemin sur une glace mince et en mauvais état, s'exposant ainsi eux-mêmes à des dangers peu ordinaires pour la cause de la science et par zèle pour les découvertes géographiques, excite notre plus vive admiration et à l'ouvrage charmant du baron de Wrangell nous devons une partie des connaissances que nous possédons d'une section considérable des abords de la Région inconnue.

CHAPITRE XII

LES NORVÉGIENS AU LARGE DE NOVAÏA-ZEMLIA, ET LE CAPITAINE WIGGANS

Les Norvégiens au large de Novaïa-Zemlia. — Voyages de Mack. — Voyages de Johannesen, Dorma, Simonsen et Isaksen. — Rosenthal. — Mort de Tobiesen. — Captain Wiggans dans la mer de Kara.

Nous avons maintenant achevé le circuit entier des abords de la Région inconnue, et nous revenons à Novaïa-Zemlia au point que Barents atteignit il y a près de trois cents ans, et où Carlsen, en 1871, découvrit les reliques du grand navigateur hollandais. Il nous reste seulement à mentionner les voyages d'autres pêcheurs norvégiens et du capitaine Wiggans, au large de la côte de Novaïa-Zemlia et dans mer la de Kara, et à raconter l'histoire de l'expédition austro-hongroise. En 1869, Carlsen avait traversé le détroit de Pett (1), et navigué le long de la côte de Sibérie jusqu'à l'embouchure de l'Obi ; Palliser avait navigué vers le nord

(1) Improprement appelé détroit de Jugor ; il a été découvert par Arthur Pett en 1580. Voir page 7.

et était revenu par le détroit de Matochkine, et
Johannesen avait navigué deux fois dans la mer
de Kara sans rencontrer aucun obstacle. En 1870,
soixante navires norvégiens à voile voguèrent dans
les mers qui entourent Novaïa-Zemlia et le capitaine Johannesen accomplit la circumnavigation de
ces îles. En 1871, comme nous l'avons raconté,
Carlsen et Mack voyagèrent ensemble. Mack quitta
Tromsœ le 22 mai 1871, et rencontra une glace
épaisse et impénétrable par 71° 12′ de latitude nord
et 45° de longitude est de Greenwich. A 71° 30′ nord
la mer était libre de glace et après avoir fait voile
dans la mer de Kara, le capitaine Mack tourna vers
le nord et longea pour environ 500 milles la côte de
Novaïa-Zemlia. Il trouva une température douce
au large des îles qui ont été appelées les Iles du
Gulf Stream. C'est à cet endroit que Barents, en 1598,
est supposé avoir trouvé un banc de sable à dix-
huit brasses. Il y a maintenant, à ce qu'on croît
être le même endroit, quelques îles nues et sablon-
neuses, et l'on a suggéré que la terre s'était élevée là
à une hauteur de plus de 100 pieds en trois cents
ans. Des gousses d'une fève des Indes occidentales
ont été trouvées près de ces îles, signe que le chaud
courant de l'Atlantique, qui passe au delà de la côte
de Norvége, atteint jusqu'à ces petites îles au large de
la côte de Novaïa-Zemlia, îles qui, pour cette raison,
ont été appelées les Iles du Gulf Stream. Le capitaine
Mack atteignit, au commencement de septembre, un
point (75° 25′ nord de latitude et 82° 30′ de longitude),
d'où l'on ne voyait aucune glace, et où la tempéra-

ture était remarquablement douce. Ce fut le point le plus extrême qu'il atteignit avant de retouruer en Norvége. Dans la même année, comme nous l'avons déjà raconté (1), le capitaine Carlsen accomplit la circumnavigation de Novaïa-Zemlia.

En juin 1871, le capitaine E. H. Johannesen, trouva le détroit de Matochkine et ceux de Burrough (2) et de Pett, bloqués par la glace ; alors il fit voile vers le nord, et le 15 octobre, il était par 76° 25′ nord, la mer étant libre de glace. La même année, le capitalne Isaksen quitta Tromsœ le 6 juin, et après avoir traversé beaucoup de glaces près de la côte de Novaïa-Zemlia, il atteignit jusqu'au promontoire de Hooft. Le capitaire S. Johannesen traversa le détroit de Burrough le 26 août, et il côtoya la péninsule samoyède dans une mer libre de glace revenant par le détroit le 27 septembre. Les capitaines Dorma et Simonsen firent de semblables voyages la même année.

Ces voyages norvégiens confirment pleinement les observations de Barents, et ils montrent que pendant les mois d'été on peut généralement naviguer dans les mers des côtes occidentales et méridionales de Novaïa-Zemlia, et qu'on peut probablement atteindre l'eau libre, vue par Wrangell et Anjou au nord de la Sibérie. En juillet 1870, le steamer *l'Albert*, appartenant à un armateur du nom de Rosenthal, avec le Dr Bessels à bord, quitta Tromsœ,

(1) Voir page 19.
(2) Improprement appelé détroit de Kara. Il a été découvert par Étienne Burrough en 1556. Voir page 6.

alla au Spitzberg, et après cela atteignit le détroit
de Matochkine le 7 août, mais celui-ci était rempli
de glaces. Le navire alors gouverna au sud, dans
l'espoir de trouver libre le détroit de Burrough ou
celui de Pett, mais ceux-ci restèrent bloqués jusqu'au 9 septembre, jour où revint le steamer de
M. Rosenthal. Six semaines plus tard dans l'année,
le capitaine Johannesen les traversa.

En 1872-73, le capitaine Sivert Tobiesen fut malheureusement obligé de passer l'hiver sur la côte de
Novaïa-Zemlia dans son schooner *Freya*, non loin
des Iles du Bouleau. La plus grande partie de l'équipage fut envoyée par terre, et arriva en bonne santé
à Arkhangel. Le capitaine, son fils et deux hommes,
trouvant que le navire faisait eau, furent forcés de
débarquer et le capitaine Tobiesen mourut du scorbut le 23 avril 1873. Son fils mourut de la même
maladie le 5 juillet. Ils avaient vécu de graisse de
phoque et de viande d'ours, et, dans les derniers
temps, ils n'avaient eu qu'un peu de viande d'ours,
misérablement salée et à moitié pourrie. Les deux
survivants se mirent dans un bateau, furent recueillis
par un navire russe, et amenés à Arkhangel. Le capitaine Tobiesen était un explorateur norvégien distingué, et sa perte est très-regrettable. Il avait
hiverné à l'Ile Cherie en 1865-66. Il avait fait un
voyage remarquable autour de la Terre du Nord-
Est (1), et, à l'est du Spitzberg, il avait atteint presque la même latitude que Payer atteignit en 1871.

(1) Voir page 91.

Il était un des plus hardis parmi la troupe vaillante des explorateurs norvégiens.

Mais longtemps avant les relations de ces voyages norvégiens, on savait que la mer de Kara, que Burrough et Pett avaient trouvée si formidable, était navigable dans certaines saisons, et une connaissance plus complète de ces saisons pourrait, on peut à peine en douter, mener à l'établissement d'un commerce entre l'Europe et les embouchures des fleuves de la Sibérie. Il y a maintenant plus de dix ans qu'une proposition dans ce sens fut faite à Sir Roderick Murchison par M. Siderov, Russe qui possède de grandes mines de graphite près d'Irkout, sur l'Iénisséï. Il offrait une récompense de 2,000 livres (50,000 francs), pour tout navire qui pourrait atteindre l'embouchure de l'Iénisséï et une garantie de 20 livres (500 francs) par tonne pour autant de fret que le navire pourrait porter. Le capitaine Allen Young, compagnon de Mac Clintock dans *le Renard*, entreprit l'aventure, mais plus tard on déclara que le gouvernement russe était hostile au projet.

Un voyage qui avait un semblable objet a cependant été accompli par le capitaine Wiggans, récemment examinateur pour la marine à Sunderland, et chercheur enthousiaste de gloire comme explorateur. Il fréta le steamer *Diana*, et l'équipa à Dundee entièrement à ses propres frais ; il se proposait de s'assurer si des communications régulières peuvent être rétablies entre l'Europe et le fleuve Obi. Il désirait aussi avoir des nouvelles de l'expédition austro-hongroise, dont nous parlerons dans le prochain chapitre, et lui porter secours ; et M. Leigh Smith envoya une grande quantité de provisions à *la Diana*, pour l'usage spécial des explorateurs, au cas où le capitaine Wiggans les rencontrerait.

La Diana fit voile de Dundee le 4 juin 1874, et atteignit le détroit de Burrough (1) le 26. Il y avait peu ou point de glace dans le détroit ; le capitaine Wiggans y entra et alors longea la péninsule d'Yalmal, où l'on trouva la glace être à 3 ou 4 milles de la côte. La terre était à ce moment libre de neige et elle présentait une agréable apparence, le sol étant couvert de mousse et de fleurs sauvages. Mais, plus au nord, la masse glacée reprenait contre le rivage, et *la Diana* fut retenue pour trois semaines, en un endroit où nombre de schooners norvégiens étaient occupés à chasser le phoque et le morse. De bonne heure en août, la glace dériva de la terre et le petit steamer put s'avancer jusqu'à l'entrée du golfe de l'Obi. Là, le capitaine Wiggans prit des observations, et il découvrit que l'Ile Blanche, au large de l'entrée du golfe, était placée beaucoup trop à l'est sur les cartes.

Il se dirigea à travers le golfe pour environ 20 milles, mais il en rencontra un fort courant avec un vilain temps, ce qui lui fit abandonner l'idée de s'avancer plus loin. La machine de *la Diana* était trop faible pour résister à la force du courant et il y avait encore d'autres dangers venant de l'inexac-

(1) Improprement appelé détroit de Kara et de Vaïgatch. Voirs page 7.

titude de la carte et des hauts-fonds de l'eau.

En retournant à l'Ile Blanche, on trouva que la glace se pressait contre la terre, et *la Diana* fut encore une fois retenue trois semaines. En même temps, il y avait de l'eau libre au nord et dans la direction du cap Tchéliouskine. A la fin, le 25 août, l'Ile Blanche fut délivrée, et en allant au sud quelques milles on trouva que la mer de Kara était tout à fait libre de la glace qui avait dérivé dans la direction du nord. Le capitaine Wiggans se dirigea droit vers le détroit de Burrough ; l'autre but de de son voyage était d'apporter promptement du secours à l'expédition austro-hongroise. En conséquence, il dirigea sa course vers le côté ouest de Novaïa-Zemlia ; le 30 août, il était à Kostin-Shar, d'où il laissa porter sur Vardœ ; mais, rencontrant un ouragan comme il était au large de ce port, il fit vapeur finalement pour Hammerfest, arrivait là juste une heure avant les membres de l'expédition austro-hongroise.

Le capitaine Wiggans revint à Dundee le 25 septembre 1874, après une croisière intéressante. Il avait appris des Norvégiens que la mer de Kara est ordinairement libre de glace jusqu'au milieu d'octobre, et il pense qu'il pourrait y avoir une communication régulière par steamer entre l'Angleterre et l'embouchure de l'Obi. En outre, l'idée mise en avant par lui qu'on devrait entreprendre un lever de la mer de Kara et du golfe de l'Obi mériterait d'être examinée favorablement par le gouvernement russe.

CHAPITRE XIII

L'EXPÉDITION ARCTIQUE AUSTRO-HONGROISE

Voyage de Payer et de Weyprecht, en 1871. — Expédition austro-hongroise. — Équipement et personnel du *Tégéthoff*. — Voyage du comte Wilczek. — Hivernage dans la glace. — Vin artificiel. — Aurore boréale, — *Le Tégéthoff* dérive. — Découverte de la terre de François-Joseph. — Second hiver. — Premier voyage en traîneau de Payer. — Mort de Krisch, le mécanicien. — Second voyage en traîneau de Payer. — Terre de Wilczek et Terre de Zichy. — Montagnes et glaciers. — Flore de la Terre de François-Joseph. — Bois flotté en dérive. — Ascension de montagne. — Exploration du détroit d'Autriche. — Détroit de Rawlinson. — Terre du Prince Rodolphe. — Traversée d'un glacier. — Oiseaux et eau libre. — Vue d'espaces lointains au nord. — Le détroit de Smith, la meilleure route pour les explorations. — Voyage de retour. — Troisième voyage en traîneau. — *Le Tégéthoff* est abandonné. — Retraite en bateaux. — Heureux retour de l'expédition.

L'expédition austro-hongroise est la seule, depuis que l'Angleterre a passagèrement abandonné le terrain, qui ait matériellement augmenté nos connaissances. Elle avait été précédée d'un hardi voyage préliminaire entrepris par le capitaine Weyprecht et le lieutenant Jules Payer. Ce dernier officier avait

servi avec Koldewey sur la côte est du Groënland, et
il avait auparavant acquis quelque réputation
comme alpiniste. Le plan de ces deux énergiques
explorateurs était de suivre le Gulf-Stream jusque
dans le bassin polaire qu'on supposait exister, en
se dirigeant à l'est du Spitzberg. Ils firent voile de
Tromsœ, le 21 juin 1871, dans un petit navire
de 70 tonneaux qu'ils avaient loué, et avec un
équipage de huit hommes tout compris. Ils ta-
chèrent de gagner la Terre de Gilies en suivant la
côte est des îles les plus extrêmes du groupe du
Spitzberg. Le 21 août, ils avaient atteint une latitude
de 77°17' nord, entre le 23ᵉ et 36ᵉ degrés de longitude
est de Greenwich, où la glace était plus légère que
celle qu'ils avaient rencontrée jusque-là. La proximité de la terre était indiquée par la profondeur
décroissante de la mer et par de nombreuses traces
d'ours sur la glace. Le brouillard était si épais
qu'ils ne pouvaient voir à distance, et ils semblent
avoir louvoyé quelques jours dans une glace parfaitement navigable, par 77°30' nord. Le 30 août, ils
passèrent le 42ᵉ méridien, par une latitude de 78°25'
nord, sans voir de glace ; mais la nuit de ce même
jour ils arrivèrent à la lisière de la masse glacée qui
semblait se diriger dans la direction du nord-est, et
dans la soirée du 31, ils étaient par 78°41' nord. Un
brouillard très-épais avec un vent contraire les em-
pêcha de se diriger plus au nord, et ils supposèrent
la proximité de la terre par la quantité de bois de
dérive, à peu de distance au nord de leur position
sur le 42ᵉ méridien. En réalité, ils approchaient de la

terre qu'ils devaient découvrir dans leur voyage ultérieur. Les explorateurs alors naviguèrent à l'est
jusqu'à ce qu'ils virent Novaïa-Zemlia et ils revinrent à Tromsœ le 4 octobre 1871.

Les déductions de ce voyage préliminaire amenèrent le capitaine Weyprecht et le lieutenant Payer
à choisir la route par Novaïa-Zemlia et la côte de
Sibérie, dans le but de tenter le passage au nord-est.
L'idée d'une expérience arctique austro-hongroise
fut reçue avec enthousisme par tout l'empire
autrichien. Le commandement du navire fut confié
au capitaine Weyprecht et celui du voyage par terre
au lieutenant Jules Payer.

Le premier de ces officiers est un marin expérimenté et accompli, le second est un alpiniste éprouvé,
un bon dessinateur et un explorateur résolu et enthousiaste. Le steamer *le Tégéthoff*, de 300 tonneaux,
fut armé dans l'Elbe avec tous les perfectionnements
modernes, et le lieutenant Payer reçut beaucoup
d'aide de Sir Léopold Mac Clintock, en préparant l'organisation des expéditions en traîneau. Le capitaine
Carlsen, ce vétéran des mers arctiques, accompagna
l'expédition comme pilote. Le chirurgien Dr Kepes était Madgyar. La plupart des hommes de
l'équipage venaient des côtes de l'Adriatique et
étaient Dalmates, et il y avait une grande confusion
de langue à bord du *Tégéthoff;* on y parlait anglais,
italien, allemand, norvégien et slave. Le capitaine
Carlsen donnait ses ordres dans un norvégien mé-
langé de quelques énergiques expressions italiennes.
Le Dr Kepes parlait à l'équipage en latin et en

13.

madgyar, et deux hommes parlaient un curieux dialecte, l'allemand du Tyrol, que le lieutenant Jules Payer était seul à comprendre. Le comte Wilczek dans le petit yacht *l'Isbjorn*, accompagné du baron Sterneck, d'un géologue appelé Hans-Hœfer, de M. Berger comme photographe, et de son veneur, alla jusqu'à la côte de Novaïa-Zemlia. L'intention des explorateurs était de doubler la pointe nord-est de Novaïa-Zemlia et de se diriger à l'est au point le plus septentrional de la Sibérie où on hivernerait. L'année suivante ils espéraient continuer leur voyage jusqu'au détroit de Behring, accomplissant ainsi un important et intéressant voyage, tandis que dans le printemps une partie de traîneaux, équipés d'après le système de Mac Clintock, accomplirait des voyages d'exploration et ferait des découvertes géographiques le long des côtes inconnues de la Terre de Wrangell.

Le Tégéthoff quitta Bremerhafen le 13 juin, et tout ses préparatifs étant achevés, il sortit du port de Tromsœ le 14 juillet 1872, avec le capitaine Carlsen pour pilote. Ils rencontrèrent, pour la première fois, la glace par une latitude de 74°15′ nord, et le 29, on vit la côte de Novaïa-Zemlia. Là, le navire fut bloqué par la glace, mais on mit la machine sous vapeur, et après des assauts répétés le navire se rendit libre et atteignit un chenal d'eau d'environ 20 milles de large au nord du détroit de Matochkine. On rencontra beaucoup de glaces les jours suivants, et le 12 août, *l'Isbjorn* rejoignit *le Tégéthoff* avec le comte Wilczek et ses compagnons à bord. Le 13, les deux

navires jetèrent l'ancre à deux longueurs de câble
du rivage par une latitude de 76°30' nord, et le 18
fut un jour de fête, étant l'anniversaire de la naissance de l'empereur. On mit des couverts pour
douze personnes et le menu comprenait une cuisse
de renne, des *steaks* d'ours, six bouteilles de vin de
la Moselle, six de vin de Hongrie, six de Champagne
et un grand gâteau de Noël. Tous les jours on faisait trois ou quatre excursions en traîneau dans l'île
voisine et on revenait avec quantité de bois à brûler,
de spécimens géologiques et botaniques et de dé-
pouilles de la chasse. Le 23, le vent du nord se mit
à souffler avec une grande force et la glace nouvelle
commença à se former. Les deux navires se séparèrent. *Le Tégéthoff* se dirigea vers le nord pour son
vaillant voyage de découverte, tandis que *l'Isbjorn*
essayait de pousser au sud le long de la côte. Ce
dernier passa Kostin-Shar le 26, et quand il atteignit
l'embouchure de la Petchora, le comte Wilczek et
ses amis abandonnèrent le navire qui retourna à
Tromsœ, et ils remontèrent la Petchora dans de
petits bateaux, atteignant finalement Perm et retournant chez eux par Moscou.

Les observations géologiques de M. Hœfer l'amenèrent à rattacher Novaïa-Zemlia au système de
l'Oural. On fit aussi avec soin des observations météorologiques et une collection de cent cinquante
vues photographiques.

La saison de 1872 fut exceptionnellement rigou-
reuse, et l'on rencontra de grandes quantités de
glaces là où, dans des saisons plus favorables, la

mer avait été libre de tout obstacle. Cependant le capitaine Weyprecht et ses braves compagnons étaient pleins d'espérance et ils comptaient pouvoir avancer dans la direction de l'est de façon à hiverner près du cap Tchéliouskine, le promontoire le plus septentrional de la Sibérie. Le comte Wilczek vit pour la dernière fois *le Tégéthoff*, le 23 août 1872, se frayant un chemin à l'aide de la vapeur autour de la côte septentrionale de Novaïa-Zemlia. Mais le navire fut bloqué presque immédiament après et ne put jamais se débarrasser de la glace. Les événements des deux années suivantes seront mieux décrites dans les paroles du lieutenant Payer; les voici :

« Notre position était assez misérable; le 13 octobre, elle devint morne à l'extrême. Ce jour-là la léthargie dans laquelle tout autour de nous avait été si longtemps enseveli fut remplacée par une vive agitation et dès ce moment nous fûmes exposés à la pression violente de la glace. Bien des fois nous dûmes nous préparer à nous sauver au cas où le navire coulerait et tout cela au milieu de la nuit polaire et sans savoir où chercher notre salut. Notre navire néanmoins résista bravement à la pression, bien que le glaçon sur lequel il était fixé eût été soulevé par d'autres, de sorte que son arrière était levé et qu'il était forcé de reposer sur son côté de bâbord.

« Pendant ce temps, on avait fait des préparatifs pour l'hivernage. Le pont était couvert de neige; une tente s'étendait en avant du grand mât et un rempart de glace était fixé autour du navire. Ce rempart demandait à être réparé fréquemment à cause du mouvement de la glace.

« On prenait un soin particulier à ne point laisser l'équipage inactif. On mettait régulièrement des sentinelles, on prenait de l'exercice, et on tenait une école. Le dimanche, les membres de l'expédition se réunissaient pour un simple mais expressif service divin sous la tente ; on lisait la Bible en italien à la lueur d'une lampe d'huile de baleine.

« On faisait régulièrement des observations météorologiques. Le lieutenant Brosch, l'aspirant Orel, le capitaine Carlsen, Lusina, Krisch se relevaient l'un l'autre toutes les deux heures. L'incertitude de notre situation rendait nécessaire d'avoir sans interruption une sentinelle sur le pont, et de la sorte nous étions régulièrement instruits de l'approche des ours blancs dont la chair formait une addition importante à notre régime. Néanmoins l'état sanitaire à bord, pendant le premier hiver, laissa beaucoup à désirer, de sorte que notre excellent chirurgien le Dr Kepes fut complément occupé. Le scorbut et les affections des poumons firent leur apparition en dépit de toute précaution ; le premier était causé en partie par la congélation accidentelle de l'humidité qui couvrait les murs de nos cabines et en partie par la dépression mentale due à notre position critique. Celle-ci disparut seulement quand nous eûmes plus d'espérance dans l'avenir et quand le travail de l'été tint chacun complétement occupé.

« Notre petite provision de vin était réservée pour l'usage des malades; le reste se contentait d'une ration journalière de vin artificiel, que nous préparions à bord avec de la glycérine, du sucre, de l'extrait de viande, de l'acide tartrique, de l'alcool et de l'eau. Une petite planche, suspendue au-dessus du poêle de la cabine, nous donnait chaque semaine un peu de cresson et de chou pour les scorbutiques. Les chiens, dont le nombre à ce moment était réduit à sept, étaient logés sur le pont dans des boîtes garnies de paille. On les nourrissait, d'abord de viande de cheval séchée, et plus tard de la chair de phoque et d'ours.

« Le 28 octobre, le soleil disparut au-dessous de l'horizon pour ne plus se lever de cent neuf jours. Tous les oiseaux nous avaient quittés et pendant cinq longs mois d'hiver, nous fûmes obligés de brûler des lampes dans nos cabines.

« Pendant des semaines, il était presque impossible de quitter le navire. La nuit polaire était rarement de cette clarté indescriptible qu'on a remarquée à terre, que nous avions nous-mêmes remarqués sur les côtes du Groënland. Toutes les fois qu'un changement de température forçait l'étendue de glace à se briser, il sortait des fissures d'épaisses vapeurs qui non-seulement obscurcissaient encore le ciel généralement couleur d'encre, mais qui en même temps produisaient cette immense quantité de précipitation que nous expérimentâmes surtout pendant notre second hiver. Une belle neige tombait presque continuellement. Dans le cours de l'hiver de 1873-74, elle atteignit une hauteur de douze pieds, et à l'arrivée du printemps, notre navire était enseveli dans la neige, bien que celle tombée l'hiver précédent eût presque entier disparu pendant l'été.

« Nos observations sur l'évaporation de la glace de la nuit polaire concordent avec les résultats obtenus par Parry sur l'Ile Melville. Les vents se contrebalançaient l'un l'autre, aussi bien pour leur direction que pour leur force.

« Une hutte en charbon avait été construite sur la glace au cas où le navire serait perdu, mais elle fut détruite par un mouvement de la glace le jour de Noël. Nous nous regardâmes heureux de passer le jour de Noël dans les cabines avec tranquillité, et tout entiers à nos pensées de famille.

« Le premier jour de la première année ne nous apporta pas l'espoir de la délivrance. Le navire dérivait vers le nord-est et même nous nous imaginions que nous pourrions être portés vers la côte de la Sibérie. Le destin néanmoins en avait ordonné autrement, car après que nous eûmes traversé le 73e degré de longitude, le vent tourna et en conséquence sans plus d'espoir qu'auparavant, nous dérivâmes vers le nord-ouest.

« Le 16 février, le soleil reparut au-dessus de l'horizon, et le 25, la pression de la glace qui nous avait tourmentés jusque-là et nous avait littéralement enfermés dans un mur de montagnes escarpées de glace, cessa d'une façon aussi brusque qu'elle avait commencée. Le froid continua à être rigoureux ; la température moyenne de février fut — 31° Fahrenheit (— 35° centigrade), et vers la fin de mois elle atteignit son maximum — 51° Fahrenheit (— 46°, 11 centigrade). Mais ce froid se supporte aisément, car la cabine fournit un moyen facile de se réchauffer et aussi plusieurs de nos hommes ne mettaient-ils leurs vêtements de fourrure qu'à contre-cœur, quand ils étaient commandés sur le pont.

« Les aurores boréales dans leur ineffable beauté illuminèrent le ciel pendant toute la durée de l'hiver, mais elles devinrent moins nombreuses à mesure que les jours augmentèrent. Elles paraissaient généralement au sud et c'est rarement qu'on voyait plus d'une couronne la même nuit. Après le commencement d'octobre, elles furent la seule incitation que nous reçûmes de l'extérieur. Comme de puissants fleuves, elles traversaient impétueusement le ciel, quelquefois de l'ouest à l'est, d'autres fois dans une direction contraire et la couronne s'évanouissait aussi rapidement qu'elle paraissait. Elles étaient dans leur intensité de huit à dix heures du soir et leur apparition n'était jamais suivie de bruit. Les plus magnifiques d'entre elles furent généralement des signes avant-coureurs du mauvais temps.

« Les aurores et les phénomènes magnétiques furent observés par le capitaine Weyprecht, qui en publiera les résultats.

« Dans l'été de 1873, nous vîmes renaître notre espoir de voir bientôt se briser notre glaçon, ce qui eût été notre délivrance. Dans le courant de l'été nous observâmes une température maximum de

+ 45°, 5 Fahrenheit (+ 7°, 5 centigrade). Le thermomètre à cuvette noircie indiquait occasionnellement une chaleur solaire de + 113 Fahrenheit (+ 45° centigrade) et dans de semblables jours, quand il n'y avait pas de vent, nous éprouvions une sensation irritante de chaleur. La température moyenne de l'année précédente avait été de + 2°, 75 Fahrenheit (— 16°, 25 centigrade). Notre espoir reposait sur l'évaporation de la glace causée par l'effet puissant du soleil et sur sa destruction par les vents et les vagues, mais non point sur son dégel dans une mer dont la température à la surface ne s'élevait jamais au-dessus du point de congélation. La conversion progressive de la glace de la surface en fange se manifestait à nous de jour en jour. Les rochers et les murs de glaces s'écroulèrent et s'évaporèrent jusqu'à ce que la mer qui nous entourait fut presque entièrement couverte d'une couche épaisse et chaotique de fange.

« Ainsi encouragés, nous fîmes de nouveaux efforts pour regagner notre liberté, et les mois de mai, de juin, de juillet et d'août, furent employés en tentatives futiles de scier la glace qui nous entourait. Mais notre glaçon qui avait atteint une épaisseur de quarante pieds, par le fait de l'accumulation d'autres glaçons sous lui, rendit tous nos efforts infructueux. Le centre de notre navire et la partie qui était élevée à l'arrière, restèrent inébranlablement fixés sur le glaçon. La glace environnante et la neige ayant fondu et s'étant évaporées à la profondeur de 12 à 18 pieds, nous nous trouvâmes fixés à une hauteur considérable, au-dessus du niveau général, et nous dûmes prévenir le danger de chavirer, en supportant nos mâts avec de fortes bigues. Je dois dire que notre glaçon variait considérablement d'étendue, de temps à autre. Pendant le dernier hiver, il se brisait presque journellement et gelait ensuite immédiatement. A l'époque où nous parlons (août 1873), il avait de 5 à 7 milles de diamètre.

« En juillet, les vents du nord nous poussèrent au sud jusqu'à une latitude de 79°, mais le mois d'août nous vit dériver de nouveau vers le nord. Je dois dire nettement que rien ne justifia, pour nous, l'opinion que ces mouvements de dérive fussent à aucune époque dûs à des courants océaniques. Les vents seuls les causaient, et la cessation du vent amenait la cessation dans le mouvement de la glace. Je fus frappé par ces particularités, que la direction vers laquelle nous dérivâmes était toujours celle où nous poussait le vent, et que notre navire avait pivoté seulement la valeur d'un degré en azimuth, pendant les quatre mois précédent de l'hiver. Dans le courant de l'été de 1873, comme nous étions par environ 79° de latitude nord et 64° de longitude est, nous dérivâmes sur un banc étendu et nos sondages qui avaient varié jusque-là entre 100 et 275 brasses, devinrent beaucoup moindres.

« La température de la mer fut mesurée à différentes profondeurs, et l'emploi de l'appareil dragueur nous donna une petite collection zoologique, dont nous ne pûmes apporter en Europe qu'une partie. On fit cependant des dessins de quelques-uns des spécimens que nous dûmes abandonner.

« Notre espoir que la glace se briserait diminuait de jour en jour, bien que nous entendîmes souvent ce bruit désagréable de la glace qui se désagrége, et que de sombres raies à l'horizon indiquassent l'existence de larges fissures. Nous étions dejà résignés à la nécessité de passer un second hiver aussi inactifs et aussi périlleux que le premier, quand survint tout à coup un changement en notre faveur.

« Nous avions jusque-là été poussés dans une partie de la mer Arctique, qui n'avait pas encore été visitée, mais bien que nous fussions au guet, nous n'avions pas encore pu découvrir aucune terre. Ce fut donc un événement de réelle importance, quand, le 31 août, nous fûmes surpris par l'apparition soudaine d'une contrée montagneuse, environ 14 milles au nord, que le brouillard avait jusque-là cachée à notre vue.

« A ce moment, toutes nos anxiétés passées furent oubliées, nous voulions nous hâter vers la terre, sentant bien pourtant que nous ne pourrions aller au delà de la lisière de notre glaçon. Pendant des mois nous eûmes à subir le tourment de Tantale. Près de nous, et en réalité presque à notre portée, s'étendait une nouvelle terre polaire, riche en promesses de découverte, et pourtant, comme nous dérivions à la merci des vents, et comme nous étions entourés de larges fissures, nous ne pouvions en approcher.

« Enfin, vers la fin d'octobre, nous approchâmes à 3 milles de distance d'une des îles, au large de la masse principale de la terre. Tout autre considération fut maintenant abandonnée, et, nous frayant un chemin sur la glace pleine d'aspérités et d'obstacles, nous plaçâmes pour la première fois notre pied sur la terre, par une latitude de 79° 54′ nord. La glace qui couvrait la mer au contact du rivage, avait seulement un pied d'épaisseur, et il était clair qu'un chenal d'eau libre avait existé périodiquement, pendant l'été précédent. On peut à peine s'imaginer une île plus désolée que celle que nous atteignîmes, car la neige et la glace couvraient ses pentes gelées et remplies de débris. Mais, pour nous, elle avait une telle importance, que nous lui donnâmes le nom de comte Wilczek, le promoteur de notre expédition.

« Le soleil nous avait abandonnés pour la seconde fois, le 22 octobre, mais nous profitâmes de quelques heures de crépuscule qui nous étaient encore octroyées pour une semaine, pour faire quelques excursions à une distance de 10 milles du vaisseau, sans pouvoir cependant augmenter notre connaissance de ce nouveau pays. Étaient-ce seulement les caps méridionaux d'îles de peu d'étendue, ou un pays de grande étendue, que nous avions devant nous? Nous n'étions pas non plus en état de distinguer si les masses blanches que nous voyons sur les hauteurs, entre les sommets des montagnes, étaient des glaciers, oui ou non.

« L'obscurité croissante de la nuit polaire rendait pour le moment impossible toute tentative d'observation, et nous craignions que des vents du nord ne vinssent nous faire dériver de notre position actuelle, avant que l'approche du printemps nous permît de commencer nos voyages d'explorations. En même temps, notre position n'était nullement sûre. Des vents du sud-ouest nous avaient poussés près de la terre, et pendant la première moitié d'octobre, nous souffrîmes encore sérieusement de la pression de la glace. Notre glaçon volait en morceaux, et il semblait presque que nous dussions revoir un jour d'inquiétude, semblable à celui que nous avions déjà traversé. En présence de cette menace, nous prîmes les mêmes mesures de précaution que nous avions prises pendant l'hiver précédent, et nous étions prêts à quitter le navire en un instant. La fortune, néanmoins, ne nous abandonna pas, et nous pûmes passer notre seconde nuit polaire, longue de cent ving-cinq jours, sans souffrir les horreurs de la première. Nous n'eûmes pas à subir de nouvelles pressions de la glace, et notre navire sans port, fixé sur son glaçon, et entouré pour la première fois *d'icebergs*, demeura immobile tout contre la lisière extérieure de la banquise, et à une distance de 3 milles de la côte la plus voisine.

« Cette position nous permettait d'envisager l'avenir avec une certaine assurance. Elle rendait notre existence plus supportable, et permettait à Weyprecht, Brosch et Orel, de déterminer les éléments magnétiques, avec un degré plus élevé d'exactitude. De plus, Orel détermina la position

astronomique de nos quartiers d'hiver, qu'il trouva
être 79° 51′ de latitude nord et 58° 56′ de longitude
est. Pendant l'hiver de 1873-74, il tomba beaucoup
plus de neige que pendant le précédent, et pendant
plusieurs jours, les vents du nord apportèrent des
tourbillons de neige. La nuit polaire était si profonde que nous pouvions à peine distinguer la nuit
du jour, et que nous fûmes enveloppés d'obscurité
pendant des semaines. Le jour de Noël fut célébré
dans une maison de neige, bâtie sur notre glaçon.
En janvier, le froid revint, extrêmement rigoureux,
et le mercure resta gelé pendant plus d'une semaine. La neige était aussi dure que la pierre ponce,
et sa surface était granuleuse. Le pétrole, dans les
lampes de verre sous la tente, gela, les lampes s'é-
teignirent, et notre cognac même fut transformé
en une masse solide.

« Les visites d'ours étaient aussi fréquentes
qu'elles l'avaient été aux autres saisons de l'année ;
ils venaient tout près du navire et on les tuait par
de véritables volées tirées du pont. Les ours ici sont
certainement beaucoup moins féroces que ceux que
nous avions rencontrés dans l'est du Groënland, où
ils nous attaquaient fréquemment et une fois em-
portèrent un homme hors du navire. Ici, ils prenaient
généralement la fuite à notre apparition. Quant à
la question controversée de savoir si les ours passent l'hiver dans le sommeil, ou non, nous observâmes que, parmi le plus grand nombre des ours
tués par nous pendant ces deux hivers, il n'y avait
pas une seule femelle, et pendant notre seconde

expédition en traîneau, au printemps de 1874, nous découvrîmes un trou en forme de souterrain, dans un cône de neige au pied d'un rocher, et qui était habité par une ourse, et ses petits. Dans nos rencontres avec les ours nous trouvâmes plus avantageux de faire feu après qu'ils s'étaient approchés à une distance de cinquante à quatre-vingt pas.

« La chair des soixante-sept ours blancs que nous tuâmes, formant un total d'environ 12,000 livres, se montra le remède le plus efficace contre le scorbut dont plusieurs de nos hommes souffraient de nouveau ; les soins de notre chirurgien, aussi bien que la réaparition du soleil le 24 février, sauvèrent la plupart de nos malades de souffrances prolongées, mais comme notre provision de médecines se trouvait très-réduite, un troisième hiver aurait certainement eu les résultats les plus défavorables. Cette considération, jointe à la certitude que notre navire était indissolublement fixé à son glaçon, qui dans l'été suivant dériverait encore à la merci des vents, aussi bien que le danger de chavirer à la fonte de la neige, nous amena à la résolution d'abandonner le navire vers la fin de mai et d'essayer de revenir en Europe au moyen de nos bateaux et de nos traîneaux. L'intervalle devait être consacré à une exploration du pays dans une expédition en traîneau et l'heureuse issue de cette expédition devait, pour une forte part, être abandonnée au hasard. Car si le navire avait dérivé pendant l'absence des explorateurs, ceux-ci auraient été exposés à un désastre certain et l'équipage resté à bord aurait été considérablement affaibli. Mais l'exploration du pays qui s'étendait devant nous, comme pour nous inviter à le visiter, fut regardée comme valant bien ce risque.

« Mars était arrivé, et bien que le froid fût encore rigoureux et que le temps ne fût nullement favorable, la nécessité de tirer le meilleur parti du court espace de temps qui nous restait, nous décida à entreprendre notre première expédition en traîneau. Le 10 mars, les Tyroliens Haller et Klotz, les matelots Cattarinitch, Lettis, Pospischill et Lukinovitch, trois chiens et moi, nous quittâmes *le Tégéthoff* avec notre traîneau. Nous voyageâmes dans une direction nord-ouest, le long de la côte de la grande Ile de Hall, fîmes l'ascension des caps Tegethoff et Mac Clintock, hauts de 2,500 pieds et nous traversâmes le pittoresque fiord de Nordenskiœld, dont l'intérieur se termine par le gigantesque mur de glace du glacier de Sonklar.

La terre, devant nous paraissait entièrement dépourvue de vie, d'immenses glaciers s'offraient à nos regards entre les montagnes désolées qui s'élevaient hardiment en cônes et en plateaux escarpés de dolérite. Chaque objet autour de nous était couvert d'un manteau d'une blancheur éblouissante et les rangées de colonnes des terrasses symétriques de la montagne semblaient comme incrustées de sucre. Nous ne pûmes en aucune circonstance voir la couleur naturelle du rocher comme au Groënland, au Spitzberg et à Novaïa-Zemlia. Cela tenait à l'immense précipitation et à l'humidité de l'air qui se condensait comme il arrivait en contact avec la froide surface des rochers. Bien plus, l'extrême humidité de l'air nous faisait souvent surfaire les distances, ce qui est tout à fait contraire à l'expérience des régions arctiques. Les jours parfaitement clairs étaient extrêmemt rares.

« Le froid, pendant ce voyage, fut très-grand et atteignit une fois 58° Fahrenheit (— 50° centig.) ; à bord du navire il était de — 46°, 25 Fahr. (— 43°, 47 centig.). Nous étions forcés de prendre les plus grandes précautions, notre repos nocturne sous la tente était troublé, et notre traversée du glacier de Sonkar par une légère brise fut extrêmement pénible. Nos vêtements étaient aussi roides qu'une cotte de maille, et même notre rhum, fort comme il était, semblait avoir perdu sa force et sa fluidité. Nous dormions dans des vêtements de fourrure, mais pendant le jour nous trouvions que les vêtements faits de peau d'oiseau étaient les plus propres à résister à la rigueur du climat. Malgré toutes nos précautions, nous souffrions néanmoins beaucoup des gelures, contre lesquels un mélange d'iode et de collodion se montra très-efficace.

« Immédiatement après notre retour au navire, le 16 mars, nous nous mîmes à faire des préparatifs pour une seconde expédition en traîneau, qui devait durer trente jours, et être consacrée à une expéploration de la Terre du Nord.

« Bientôt après, un de nos compagnons, M. Krisch, le mécanicien, succomba à une tuberculose des poumons, traînée en langueur et aggravée par le scorbut. Le 19, nous l'enterrâmes dans un lieu solitaire, entouré de colonnes de basalte, et nous élevâmes une croix de bois sur sa tombe (1).

« Le 24 mars, nous partîmes pour le Nord. Notre troupe comprenait M. Orel, les deux Tyroliens, trois matelots, Zaninovitch, Sussitch, Lukinovitch et moi. Nous portions tous des lunettes contre la neige, des œillères, des masques couvrant la moitié de la figure, des gants en laine tricotée, et des bottes en toile à voile. Nous étions armés de fusils Lefaucheux à deux coups, et d'un calibre de douze millimètres, avec des balles explosibles et des projectiles à pointe d'acier. En préparant notre expédition, nous suivîmes explicitement les conseils donnés par l'amiral Sir Léopold Mac Clintock, et l'heureuse issue de notre expédition est due en grande partie à cette circonstance.

Notre attelage de chiens n'était malheureusement plus complet, et seulement trois d'entre eux nous aidèrent en tirant le grand traîneau qui portait des

(1) Otto Krisch était né le 13 juin 1844 à Patschlavitz en Moravie; c'était donc un Slave, mais d'une autre branche de la famille slave que les Dalmates qui formaient la majorité de l'équipage du *Tégéthoff*. Le capitaine Weyprecht a donné sur lui ce bienveillant témoignage : « C'était un brave intelligent mécanicien en qui je pouvais avoir la plus entière confiance. » M. Weyprecht a rapporté et l'on a publié à Vienne le journal où Krisch consignait ses observations et ses notes quotidiennes. A côté de quelques observations scientifiques, on y trouve d'intéressants détails sur la vie de l'équipage, et sur les amusements par lesquels on tâchait d'abréger la longue nuit polaire. Le produit de la vente de ce petit volume est destiné à élever un monument à Krisch au lieu de sa naissance.   (TRAD.)

provisions du poids de seize quintaux, les autres chiens étaient ou morts, ou incapables de rendre un service ; mais les trois restants, étant de puissants animaux, se montrèrent de précieux auxiliaires.

La température pendant ce voyage, contrairement à notre attente, ne tomba pas au dessous de + 26°, 50 Fahrenheit (— 3° 05 centig.), mais les ouragans de neige, l'humidité, l'ouverture de fissures dans la glace et l'inondation de notre chemin par la mer, nous donnèrent beaucoup d'ennui.

« Le résultat de ce voyage ne peut être pleinement apprécié qu'en se référant à des cartes et à des dessins; aussi, anticipant sur l'ordre chronologique de nos découvertes, dirons-nous de suite que la terre récemment découverte égale le Spitzberg en étendue et consiste en puissantes masses de terres, la Terre de Wilczek à l'est, et la Terre de Zichy à l'ouest, qui sont entrecoupées par de nombreux fiords, et auxquelles un grand nombre d'îles forment une ceinture.

« Un large détroit, le détroit d'Autriche, sépare ces masses de terre. Il s'étend au nord du cap Hansa, vers une latitude de 82° nord, où le détroit de Rawlinson forme une bifurcation et se dirige vers le nord-est. Nous pûmes suivre des yeux ce dernier détroit jusqu'au cap de Bude-Pest.

« La marée s'élève d'environ 2 pieds dans le détroit d'Autriche, mais elle n'y exerce qu'une mince influence, faisant seulement briser la glace près des côtes. La dolérite est le principal rocher; ses larges nappes horizontales et ses plateaux escarpés, qui rappellent les *ambas* de l'Abyssinie, donnent au pays une physionomie particulière. Ces traits géologiques coïncident avec ceux de quelques parties du nord-est du Groënland. On trouve dans les deux un grès tertiaire carbonifère, mais on n'y a découvert que de minces filons de charbon brun. D'autre part, on ne rencontre pas dans la Terre de François-Joseph ces rochers amygdaloïdes, qui sont si fréquents dans le nord-est du Groënland ; et tandis que les rochers au sud étaient souvent aphanitiques dans leur texture, et ressemblaient à du vrai basalte, ceux du nord avaient un grain grossier et contenaient de la néphéline.

« C'est un fait établi que des parties du nord-est du Groënland, de Novaïa-Zemlia et de la Sibérie, ont été lentement soulevées, et il était par conséquent très-intéressant de rencontrer le long des côtes du détroit d'Autriche des rives soulevées qui indiquaient qu'un semblable soulèvement avait également eu lieu ici.

« Les montagnes, en général, atteignent une hauteur de 2 à 3,000 pieds, et c'est seulement vers le sud-ouest qu'elles semblent atteindre une altitude de 5,000 pieds. Les dépressions étendues entre les chaînes de montagnes, sont couvertes de ces glaciers aux formes gigantesques, qu'on rencontre seulement dans les régions arctiques. Nous ne pûmes que dans quelques cas déterminer par des mesures directes le mouvement quotidien des glaciers. Sur la côte, leurs murs forment ordinairement des précipices haut de 100 à 200 pieds ; le glacier de Dove, sur la terre de Wilczeck est, sans contredit, un des plus considérables des régions arctiques.

« Les glaciers que nous visitâmes étaient caractérisés par leur couleur d'un bleu verdâtre, le petit nombre de leurs crevasses, une glace d'un grain extraordinairement grossier, le peu de développement des moraines, la lenteur de leurs mouvements et l'épaisseur considérable des couches annuelles. Le *névé*, ou région glaciale au-dessus de la ligne de la neige, était beaucoup moins élevé au-dessus de la mer qu'au Groënland ou au Spitzberg.

« Une autre particularité qui caractérise les îles basses du détroit d'Autriche, est qu'elles sont couvertes d'une calotte de glace.

« La végétation est bien plus pauvre que celle du Groënland, du Spitzberg et de Novaïa-Zemlia, et, si l'on excepte la région antarctique, il n'y a pas de pays sur la surface de la terre qui soit plus pauvre à cet égard. La physionomie spéciale de la flore (mais non celle de l'espèce), ressemble à celle qu'on rencontre dans les Alpes à des altitudes de 9,000 à 10,000 pieds. La saison pendant laquelle nous visitâmes le pays était certainement celle dans laquelle la vie végétale fait son apparition ; et la plupart des pentes étaient encore couvertes de neige; même les points les plus favorisés près du niveau de la mer, que la neige ne recouvrait plus, ne pouvaient nous amener à une conclusion différente. En ces endroits, nous rencontrâmes rarement autre chose que de pauvres et solitaires bouquets de gazons,

quelques espèces de saxifrages et de *silene acaulis*.
On trouvait en plus grande abondance d'épais tapis
de mousse et de lichen, et ce qui abondait le plus
était un lichen, l'hivernale *Umbilicaris arctica*.

Du bois de dérive, la plupart du temps de date
déjà ancienne, se rencontrait en mainte occasion,
mais seulement en petite quantité. Nous vîmes une
fois, gisant à peine plus haut que la ligne de l'eau,
le tronc d'un mélèze, d'environ 1 pied d'épaisseur
et 10 de longueur. Le bois de dérive avait probablement, comme notre vaisseau, été porté dans ces
latitudes, selon toute probabilité, de Sibérie, et
par les vents, non par les courants.

« Le pays, comme on peut bien le supposer, n'a
aucun habitant humain, et dans sa partie méridionale on rencontre à peine un autre animal que
l'ours blanc.

« Mainte partie du pays nouvellement découvert
est d'une beauté extraordinaire, bien qu'il porte en
tout le cachet de la sévérité arctique.

« Notre premier voyage en traîneau, aussi bien
que ceux que nous fîmes subséquemment, nous
convainquirent de la difficulté qu'une expédition à
venir aurait à rencontrer un port où hiverner, aucune localité propice à ce but n'ayant été rencontrée par nous.

« Ç'a toujours été une règle des explorateurs
arctiques d'honorer les promoteurs de leurs expéditions ou leurs prédécesseurs, en donnant à leurs
découvertes le nom de ceux-ci. Les contrées découvertes ne peuvent jamais acquérir une importance

commerciale, et la seule façon dont je puisse exprimer ma gratitude à ceux qui nous ont fourni le moyen d'accomplir cette expédition avec succès, était d'attacher leurs noms aux régions découvertes. Le nom de Sa Majesté Impériale François-Joseph fut ensuite donné à l'ensemble des régions découvertes par nous, et d'autres noms à ses différentes parties.

« Le brouillard qui était généralement suspendu au-dessus de la glace nous aurait empêché de suivre des yeux la direction que suit au nord le détroit d'Autriche, si nous n'avions souvent fait l'ascension de hautes montagnes. L'ascension des caps Koldewey (80° 15′), de Franckfort (80° 25′), Ritter (80° 45′), Kane (81° 10′), et Flegely (82° 5′), nous permit d'examiner la région environnante, et de choisir la route la plus convenable à suivre.

« Un espace ininterrompu de glace, avec de nombreux *icebergs* répandus à sa surface, s'étendait d'une côte à l'autre. Ce champ était évidemment de formation récente ; de nombreuses pierres et des barrières formées de *hummocks*, le traversaient en maint endroit, et formaient devant nos pas de sérieux obstacles que nous ne pouvions surmonter que par une grande dépense de temps et de labeur. Notre route nous mena à travers cette étendue de glace, et, partant du cap de Francfort au portail du détroit d'Autriche, il nous mena à travers des régions dont notre premier voyage en traîneau ne nous avait rien appris. Supprimant pour le moment tous les détails relatifs à notre voyage, il suffit de

dire que nous traversâmes le 80ᵉ degré de latitude
le 26 mars, atteignîmes la latitude de 81° le 3 avril,
et observâmes cinq jours après la latitude de 81° 37′.
L'expédition de Hall avait atteint l'année précédente
82° 9′ nord par terre, et 82° 26′ par mer.

« Au sud-est de la Terre du Prince Rodolphe
nous tournâmes dans le vaste détroit de Rawlinson, qui promettait de nous mener presque droit
au nord, mais nous nous trouvâmes bientôt embarrassés dans une masse chaotique de glace qui, à
cause de sa hauteur, nous empêchait de voir la
terre et à travers laquelle nous ne pûmes nous frayer
un chemin qu'au prix des plus grands efforts. En
outre, le peu d'intensité horizontale de la boussole,
bien naturelle dans une si haute latitude, nous fit
plus d'une fois perdre notre chemin ; et, comme
nous trouvions que les montagnes de glace devenaient plus formidables à mesure que nous avan-
cions, nous changeâmes de direction et retournâ-
mes au détroit d'Autriche. Nous rencontrâmes souvent des ours blancs dans le détroit de Rawlinson.
Ils venaient vers nous dès qu'ils nous voyaient et
offraient une proie aisée à nos fusils.

« La diminution de nos provisions et le manque
de temps rendirent nécessaires les marches forcées
et nous obligèrent à diviser notre bande. Le grand
traîneau, avec Haller et quatre autres, fut laissé et
amarré à une latitude de 81°38′ sous un rocher de
l'île de Hohenlohe, tandis qu'Orel, Zaninovitch et
moi, avec le traîneau de chiens et la moitié de la
tente, continuâmes le voyage. Le traîneau n'était

plus maintenant traîné que par deux chiens, le troisième, un chien de rennes de Laponie, ayant péri un peu auparavant dans un ouragan de neige. Haller avait l'ordre d'attendre notre retour pendant une quinzaine, et alors de rejoindre le navire de son mieux.

« Notre premier but était de traverser la Terre du **Prince Rodolphe** en nous dirigeant vers le nord, cela nous obligeait à traverser un glacier étendu, le glacier de Middendorf : notre expérience passée et le grand froid nous permettaient de croire l'entreprise possible, et nous nous mîmes aussitôt à l'œuvre. Après avoir laborieusement cheminé le long du rocher qui termine le glacier, nous réussîmes à la fin à gagner sa surface, mais à peine avions-nous fait une centaine de pas qu'une immence crevasse engloutit Zaninovitch, les chiens et le traîneau lourdement chargé. M. Orel, heureusement, était resté à quelque distance de nous, et j'échappai à un destin semblable en coupant entièrement mon harnais. Ne pouvant seul rémédier à l'accident, je courus à l'île de Hohenlohe, à 12 milles de distance, d'où je revins promptement avec le reste de notre troupe. A l'aide de longues cordes, nous réussîmes enfin à ramener à la surace l'homme, les chiens et le traîneau, et nous eûmes la chance de pouvoir continuer notre voyage e jour suivant sans dégât grave. Les hommes reournèrent au dépôt, et notre petite troupe, ayant abandonné la surface traîtresse du glacier, gagna la côte ouest de l'île par un chemin détourné, le long duquel nous nous dirigeâmes vers le nord, Là, nous fûmes les témoins du plus frappant changement dans l'aspect de la nature. Un ciel d'eau, de couleur sombre, faisait son apparition au nord ; des vapeurs jaunes et troubles se rassemblaient sous le soleil, la température s'élevait ; le sol devenait doux sous nos pieds et des plaques de neige se brisaient en grondant sous pas. Nous avions déjà observé le vol d'oiseaux venant du nord ; ici nous trouvâmes les rochers couverts de milliers d'*alcœ* (1), et d'autres oiseaux. Ils s'enlevaient devant nous en troupes immenses et remplissaient l'air de leurs sifflements, car le temps de la ponte était arrivé. Nous rencontrions partout des traces d'ours, de renards et de lièvres, et les phoques se reposaient paresseusement sur la glace. Nous étions en conséquence justifiés à croire que l'eau libre était près de nous ; mais l'observation personnelle que nous pûmes faire le jour suivant, après avoir gravi les hauteurs et que j'ai résumée dans une esquisse, nous montra que notre confiant désir, relativement à l'eau libre, ne s'était pas réalisé.

« Notre chemin, dès ce moment, fut loin d'être sûr. Nous ne voyagions plus sur de la vieille glace, mais sur une croûte de glace nouvelle, épaisse à peine de 1 pied ou 2, couverte de sel, flexible et traversée de véritables murs formés de fragments provenant de fractures récentes de la glace.

« Nous nous attachâmes à la corde, portant sépa-

(1) Sorte de pingouins.

rément nos affaires, ouvrîmes un chemin avec la hache, examinant sans relâche l'épaisseur de la croûte qui nous portait.

« Nous doublâmes le cap de l'*Alca* (1), qui semblait une volière gigantesque, et nous atteignîmes les deux tours solitaires des rochers du cap des Colonnes. Là, pour la première fois, nous trouvâmes de l'eau libre s'étendant le long de la côte.

« Ce monde lointain était d'une beauté sublime. D'une hauteur nous regardions la nappe sombre d'eau libre, semée d'*icebergs* comme d'autant de perles. De lourds nuages étaient suspendus dans le ciel, et laissaient passer des rayons brillants du soleil qui faisaient étinceler l'eau, et au-dessus de nous se réflétait l'image d'un autre soleil, mais d'une couleur plus pâle. D'une hauteur qui semblait immense, les montagnes glacées de la Terre du Prince Rodolphe, baignées dans une teinte rose, devenaient clairement visibles à travers les brouillards flottants.

« Le 12 avril fut le dernier jour de notre marche en avant vers le nord, et bien que ce jour ne fût pas tout à fait clair, il l'était pourtant bien plus que beaucoup de ceux qui l'avaient précédé. Le thermomètre marquait $+ 54° 50'$ Fahrenheit, ($+ 12° 5$ centigrade).

« A partir du cap des Colonnes, l'eau libre dont nous venons de parler rendait désormais le voyage sur la glace impraticable, et nous fûmes obligés de prendre par les hauteurs.

(1) Voir la note de la page précédente.

« En partant, nous enterrâmes notre bagage dans la crevasse d'un glacier où nous avions dormi, et où il était à l'abri des ours rôdeurs, et avec le traîneau de chiens, nous nous dirigeâmes, en traversant un champ de neige, vers les hauteurs qui étaient élevées de 1,000 à 3,000 pieds. En atteignant le cap proéminent et rocheux de la Germania, j'observai la latitude méridienne (81° 57' nord). Là, nous laissâmes le traîneau, et attachés à la corde, nous traversâmes le *névé* d'un glacier, qui descendait vers notre gauche en degrés gigantesques. Mais les nombreuses crevasses qui obstruaient notre chemin, aussi la certitude d'avoir atteint la latitude de 82° 5' nord, après une marche de cinq heures depuis midi, nous amenèrent à abandonuer toute découverte ultérieure, et nous étant dirigés vers le nord pour dix-sept jours, nous nous arrêtâmes sur la hauteur du cap Fligely.

« Nous étions maintenant en position de juger de l'étendue de l'eau de la côte, c'était une *polynia* limitée par une vieille glace dans laquelle flottaient des masses de glace de formation récente.

« Comme je tiens à me borner ici à rapporter des faits, je m'abstiendrai de toute discussion relative à la navigabilité et à la nature de ces parties de l'océan Arctique, qui n'ont encore été vues par personne.

« Il n'y a cependant aucun doute que les faits observés et la vue que nous avions du haut du cap Fligely, parlent aussi peu en faveur de la théorie de l'existence d'une mer libre au Pôle, qu'en faveur de celle d'après laquelle le bassin polaire est couvert de glace toute l'année. La vérité se trouve probablement être entre ces deux extrêmes. L'espoir de trouver une mer navigable par des latitudes qui n'ont pas encore été atteintes, n'est pas encore éteint, et il est très-possible qu'on le réalise en serrant la côte; mais cet événement dépend en grande mesure des circonstances d'une année favorable.

« Le succès d'une expédition envoyée pour atteindre la plus haute latitude possible, dépend aussi en grande partie de la route choisie. La route par le détroit de Smith, qui a été soutenue en Angleterre, semble à cet égard offrir le plus d'avantage. Les raisons théoriques qu'on avance en faveur de cette route sont puissamment corroborées par ce fait que, par là, une très-haute latitude a déjà été atteinte en plusieurs occasions. Si une expédition réussissait à atteindre un port d'hivernage, par une latitude aussi haute que celle atteinte par l'expédition américaine, elle serait en mesure, au moyen de grands voyages en traîneau le long de la côte, d'atteindre dans le courant du printemps une latitude que par une autre route on ne pourrait atteindre qu'avec de beaucoup plus grandes difficultés.

« Notre route au nord de Novaïa-Zemlia n'est d'aucune importance dans la question, car c'est à notre glaçon et non à nos propres efforts que nous devons d'avoir été poussés en avant. Les difficultés que tout navigateur qui nous succéderait rencontrerait sur cette route, peuvent s'imaginer d'a-

15

près ce fait qu'à notre retour nous trouvâmes la mer encombrée de glace à un tel degré que la navigation, même en bateau, était à peine possible, et que nous fûmes obligés de hisser nos bateaux sur la glace des centaines de fois et de les traîner sur la glace. Nous n'aurions certainement pas pu revenir avec notre navire, bien que l'été de 1874 ait été exceptionnellement favorable.

« Mais si une expédition est équipée dans le but, non d'atteindre la plus haute latitude possible, mais d'étudier la nature des régions arctiques, l'intérieur du Groëland mériterait le premier examen.

« Mais ce qui nous entourait était alors pour nous d'un intérêt plus immédiat que la question de la navigabilité d'une partie éloignée de l'océan Arctique. Nous avions devant nous des terres étendues, couvertes de montagnes et bordant un large détroit qui se dirigeait vers le nord-est, et que nous pûmes suivre des yeux, jusqu'à une latitude d'environ 83° nord, où l'imposant cap de Vienne, forme l'extrémité occidentale d'une région à laquelle je donnai le nom de Petermann.

« La Terre du Prince Rodolphe s'étendait vers le nord-est, son point le plus extrême visible étant un promontoire rocheux enveloppé de nuages, par une latitude de 82° 20' nord, auquel nous donnâmes le nom de l'amiral Sherard Osborn.

« Deux autres endroits visités par nous, mais non à cette occasion, reçurent le nom de deux éminents marins de l'Angleterre, des amiraux Collinson et Back.

« Nous ne voulons pas mettre en avant de nouvelle théorie sur la distribution des terres autour du Pôle ; mais les côtes, aussi bien que les gigantesques glaciers, nous donnèrent certainement l'impression d'avoir pénétré dans un groupe d'îles d'étendue considérable.

« Les innombrables *icebergs* que nous rencontrâmes dans tous les fiords de la Terre de François-Joseph, étaient un fait remarquable ; car, au sud de cette terre, c'est-à-dire dans la mer de Novaïa-Zemlia, on en rencontrait à peine. Nous ne sommes pas en mesure d'attribuer la présence de ces *icebergs* à des courants océaniques, bien que leur absence dans la mer de Novaïa-Zemlia, semble indiquer qu'ils trouvent une issue vers le nord.

« Ayant planté le drapeau austro-hongrois sur le point extrême atteint par nous, et déposé dans une fente de rochers un document qui attestait notre passage, nous nous dirigeâmes vers notre navire qui était à quelque 160 milles, derrière nous, au sud.

« Ayant rejoint à l'île d'Hohenlohe nos camarades qui attendaient notre retour avec impatience, forçant notre marche, et nous débarrassant de tout ce qui nous embarrassait, sauf la tente et les provisions, nous arrivâmes bientôt à de plus basses latitudes ; mais après avoir traversé les glaçons de l'imposante île de Ladenbourg, et atteint le cap Ritter (19 avril), nous devenions inquiets en observant que l'eau de la mer avait traversé les couches inférieures de la neige, tandis qu'un sombre ciel d'eau était suspendu au-dessus de la large entrée du détroit de Markham. En prenant notre repos de la nuit, nous entendions distinctement le grincement de la glace et le bruit du flot qui battait contre le rivage.

« Le jour suivant, nous trouvâmes un *iceberg*, non loin des Iles de Hayes, avec de l'eau libre devant nous, et nul bateau pour la traverser. L'eau se dirigeait rapidement vers le nord, probablement sous l'influence de la marée. La partie méridionale du détroit d'Autriche avait été convertie en une *Polynia* et à trente pas d'où nous étions l'écume fouettait la glace. Après avoir erré pendant deux jours, pendant un horrible ouragan de neige, nous réussîmes, en suivant la mer et les murs des glaciers, à traverser cette eau libre qui nous fermait le retour, et c'est avec un sentiment de délivrance que nous mîmes le pied sur la glace solide près du cap Francfort. Nos dernières craintes disparurent quand nous vîmes que notre navire n'avait pas dérivé, et le 24 avril, nous trouvâmes *le Tégéthoff* au même point, au sud de l'ile Wilczek, où nous l'avions vissé trente jours auparavant. Quelques jours furent nécessairement consacrés au repos ; car, bien que nous eussions mangé la chair de huit ours, tués par nous pendant notre voyage, cette addition à notre régime n'était pas suffisante pour contre-balancer la diminution de notre force due aux efforts extraordinaires que nous devions faire pour tirer un traîneau huit et dix heures d'un trait, avec un repos de cinq heures par nuit.

« Notre troisième voyage en traîneau fut consacré à une exploration de la vaste Ile de Mac Clintock. Brosch, Haller et moi y prîmes part, avec le traîneau de chiens. A la distance d'environ 40 milles de notre navire, nous fîmes l'ascension d'une haute montagne et nous pûmes examiner le pays jusqu'à environ 46° de longitude est. C'est une région montagneuse, et les montagnes ont une grande ressemblance avec les Ambas d'Abyssinie. La chaîne a son point culminant au pic de Richthofen, d'environ 5,000 pieds de hauteur. Une glace épaisse et pressée couvrait la mer au sud, aussi loin que l'œil pouvait atteindre, ce qui n'encourageait nullement notre espoir d'un prompt retour.

« A la fin de ce voyage, le capitaine Weyprecht mesura une base sur la glace près du navire ; nous considérâmes que nous avions fait tout notre possible pour atteindre le but de l'expédition, et nos pensées se dirigèrent exclusivement vers le retour.

« La période immédiatement avant le départ fut consacrée à refaire nos forces. Nous prîmes congé de la tombe de notre défunt camarade, et du pays que le caprice d'un glaçon nous avait permis de découvrir. Le 20 mai, le soir, les drapeaux furent cloués aux mâts, scène affligeante pour nous tous, et nous partîmes pour revenir chez nous. »

Quand les explorateurs abandonnèrent le *Tégéthoff*, leur équipement était des plus simples, car les circonstances leur défendaient d'emporter aucun objet de luxe, et en plus des vêtements qu'il portait sur son dos, chaque membre de l'expédition n'avait qu'une couverture pour dormir. Les provisions et munitions, etc., pour trois ou quatre mois, furent empaquetées dans trois, mais ensuite dans quatre bateaux placés sur des traîneaux, et dans les trois grands traîneaux, pesant chacun environ dix-sept quintaux et demi. Les deux plus forts chiens survivaient seuls, mais ce secours leur fut encore d'un grand service, car à eux deux ils tiraient 9 à 10 quintaux par jour. La neige profonde qu'ils rencontrèrent à leur départ, les forçait de faire jusqu'à cinq fois la même distance ; la force réunie de toute la troupe était nécessaire pour tirer un seul traîneau ou un seul bateau. Ayant atteint la lisière de la banquise, ils durent grimper de glaçon en glaçon avec leurs bateaux et leurs traîneaux et quelquefois traverser d'étroites fissures dans la glace. Bien plus, les vents qui continuaient à souffler du sud détruisaient le peu de chemin qu'ils avaient fait, en poussant vers le nord la glace sur laquelle ils voyageaient, et après deux mois d'un labeur incessant, ils n'étaient pas à plus de 8 milles de leur navire. Il semblait que leur lutte avec la glace dût se terminer par une défaite et qu'ils dussent être forcés de passer un troisième hiver dans leur navire, un hiver triste et sans espoir.

La glace autour d'eux était compacte et pressée, et en diverses occasions, ils durent attendre patiemment toute une semaine, avec leurs bateaux sur un glaçon, qu'un chenal vint à s'ouvrir. A la fin, le 15 juillet, commencèrent à souffler des vents du nord qui dispersèrent la glace jusqu'à un certain point ; des pluies continues diminuèrent les dimensions de celle-ci, et par des efforts presque surhumains, ils avancèrent de 10 milles dans le cours d'autant de jours. Ils étaient alors pleinement convaincus qu'aucun navire n'aurait réussi, cette année, à atteindre la terre découverte par eux.

Le 7 août, ils observèrent pour la première fois un mouvement de l'eau venant du sud et indiquant la proximité d'une eau libre. Cela fit renaître leurs espérances qui tombèrent de nouveau quand ils se trouvèrent encore enfermés dans la glace pour l'espace de cinq jours ; mais le 14 août, ils atteignirent la lisière de la glace par une latitude de 77° 40' nord, et le salut leur sembla assuré. Là, il furent forcés, non sans regret, d'abandonner leurs traîneaux et de tuer les chiens qui avaient été leurs fidèles compagnon et auxiliaires au temps du besoin, car les bateaux étaient à peine assez grands pour les contenir eux et leurs bagages, et en outre ils n'avaient ni eau ni provisions pour la subsistance de ces derniers.

Leur salut final fut dû entièrement au fait qu'ils trouvèrent la lisière de la masse glacée à une aussi haute latitude. Favorisés par le temps, ils traversèrent la mer libre dans la direction de Novaïa-Zemlia, et suivirent la côte de cette île vers le sud. Le 18 août, ils mirent pour la première fois le pied sur la terre ferme, près de la péninsule de l'Amirauté, et le soir du 24, c'est-à-dire après une traversée de quatre-vingt-seize jours, ils se trouvèrent dans la baie de Downs (latitude 72° 40' nord), à bord du schooner russe *Nicolaï*, capitaine Fedor Voronine, qui les reçut avec cette cordialité qui distingue la nation russe.

Une rapide traversée les ramena à Vardœ ; et à trois heures de l'après midi, le 3 septembre 1874, ils descendirent sur le sol hospitalier de la Norvége, pleins de cette satisfaction que donne le fait d'avoir échappé à une position pleine de risques et de dangers.

Le parfait succès de l'expédition arctique austro-hongroise est des plus encourageants. Il fournit une fois de plus la preuve de la salubrité du climat arctique, de l'absence de risques excessifs, même quand le navire doit être abandonné, et des résultats importants qu'assure une expédition, quand elle est conduite par un homme expérimenté et résolu. Il nous est aussi très-agréable d'apprendre que le lieutenant Payer, en étudiant les instructions de Mac Clintock, a parfaitement réussi dans ses voyages en traîneau. Suivant l'impulsion d'une nature généreuse, la première chose que Payer fit en débarquant en Norvége fut d'envoyer le télégramme suivant à Sir Léopold Mac Clintock : « En suivant vos conseils, excellents résultats. Veuillez accepter mes remercîments. Découverte de terre à 200 milles au nord de Novaïa-Zemlia ; détails suivent. »

La réception des membres de l'expédition en Norvége fut tout à fait enthousiaste, et ils furent chaudement accueillis quand ils revinrent dans leur pays. Les félicitations cordiales affluèrent de tous les géographes, et le 10 novembre 1874, le lieutenant Payer lut le récit de ses découvertes qui précède à une réunion de la Société Géographique de Londres. Les braves explorateurs autrichiens ont, à force d'étude, d'intrépidité et de persévérance, fait une grande et mémorable découverte dont l'Austro-Hongrie peut justement être fière. Ils échouèrent dans leur intention première d'essayer le passage du nord-est; mais ils s'assurèrent de l'existence d'une masse étendue de terre qui se dirige à l'est de la Terre du Nord-Est, du Spitzberg, et qui se rattache probablement à la terre de Gilies, des Hollandais. Cette découverte avait été prédite par l'amiral Sherard Orborn, quelques années auparavant; et elle éclairait quelques points douteux relativement à l'hydrographie de la mer entre le Spitzberg et Novaïa-Zemlia. Le mouvement de dérive du *Tégéthoff*, quand il fut pris dans la glace, dépendait complétement des vents qui régnaient et nullement d'un courant; et la masse de terre au nord nous débarrasse entièrement de la théorie malencontreuse du Gulf Stream et du bassin libre du Pôle, qui a fait tant de tort à la marche des découvertes et au progrès de la géographie sérieuse.

15.

CHAPITRE XIV

LA MEILLEURE ROUTE POUR UNE EXPLORATION ARCTIQUE

La route du Spitzberg. — La route du détroit de Smith. —
Les voyages en traîneau. — Résultats des voyages en trai-
neau. — Navigation dans le haut du détroit de Smith. —
Découvertes par le détroit de Smith. — Preuves de l'existence de terre loin au nord. — Comparaison des deux
routes. — Œuvre à faire dans les mers du Spitzberg. —
Une expédition arctique gouvernementale. — Avantage
pour la marine. — Salubrité des régions arctiques. — Absence de risques excessifs dans une expédition arctique. —
Opinion d'officiers arctiques. — Opinion de Lady Franklin.
— Lettre de Lady Franklin. — Frais insignifiants d'une
expédition arctique.

Nous avons ainsi passé en revue les diverses expéditions qui, pendant les trois derniers siècles, ont
abordé le seuil de la région inconnue du Pôle, le
long de son entière circonférence ; il nous reste à
résumer les témoignages que nous avons recueillis,
et à en conclure quelle est la meilleure route pour
l'exploration arctique de l'avenir.

L'aire inconnue comprend une vaste étendue et couvre plusieurs millions de milles carrés, et, comme une expédition ne peut en explorer qu'une partie, on doit choisir la route qui présente le plus de sécurité pour l'acquisition de résultats importants. Pour justifier l'envoi d'une expédition gouvernementale, il y a deux points principaux à considérer, la certitude d'explorer une aire étendue jusqu'ici inconnue, et l'espoir d'obtenir les résultats les plus précieux dans diverses branches de la science. Ces avantages peuvent être assurés seulement là où l'on connaît l'existence d'une ligne droite de grande étendue, parce que bien des découvertes doivent être faites sur la rive ou dans son voisinage. L'observation des courants océaniques et de la température des profondeurs de la mer est la seule branche de recherche qui ne dépende pas de la découverte de la terre.

Comme les routes par le détroit de Behring et par les mers de la Sibérie sont laissées de côté pour le moment, en ce qui concerne une expédition anglaise, le nombre des routes par lesquelles on peut franchir le seuil de la région inconnue est réduit à deux : la mer entre le Groënland et Novaïa-Zemlia, ce qu'on appelle ordinairement la route du Spitzberg, et le détroit de Smith à l'ouverture de la baie de Baffin. Examinons laquelle de ces deux routes répond le mieux aux conditions essentielles.

On a vu que, depuis le temps de Barents (1595), expéditions après expéditions ont vainement essayé de faire des découvertes par la route de Spitzberg.

La masse de la glace polaire, dérivant constamment au sud, a, jusqu'ici, barré la marche dans cette direction. On a très-souvent trouvé impossible d'avancer au nord plus loin que la côte du Spitzberg par environ 80° nord, tandis qu'une saison très-favorable a seulement permis aux navires de s'avancer de 100 milles plus loin au nord, et que là, les abords de la région inconnue sont bloqués par une masse infranchissable. Des expéditions essayant de passer par cette route ont été conduites par des marins hardis et expérimentés, et nul moyen humain n'a manqué pour assurer leur succès. On peut donc regarder comme prouvé qu'on ne peut, avec un navire à voiles, rien accomplir d'important par la route du Spitzberg. On peut néanmoins supposer qu'un puissant steamer pourrait, si la saison est favorable, réussir là où bien des navires à voile ont échoué. Cette prévision est jusqu'à un certain point bien fondée. Un steamer peut plus rapidement profiter d'une ouverture dans la glace, échapper plus promptement au danger d'être bloqué et se frayer un chemin à travers cette glace qui aurait arrêté la marche d'un navire sous voile. Ce sont là certainement de grands avantages, mais il ne faut pas les exagérer. Dans une saison défavorable, quand la glace est fortement pressée, un steamer ne pourrait pas faire plus qu'un navire à voiles, et même, dans les circonstances les plus favorables, sa force dans la lutte avec la glace est naturellement limitée par l'approche de l'hiver. C'est donc une conclusion inévitable que, par la

route du Spitzberg, on ne peut rien faire du tout
par une mauvaise saison; et que, par une saison
favorable, un steamer peut atteindre peut-être un
ou deux degrés de plus au nord qu'on ne l'a fait
jusqu'ici, et faire d'intéressants sondages dans les
profondeurs de la mer et en observer la température;
mais l'absence de terre empêche d'obtenir tout
autre résultat scientifique. Quant à l'examen de
l'aire qui entoure le pôle, la nouvelle terre de
François-Joseph peut être regardée comme une
partie du groupe du Spitzberg.

On ne peut donc pas recommander la route du
Spitzberg, parce qu'il n'y a aucun espoir assuré
d'explorer une aire étendue de la région inconnue
et aussi parce qu'en toute circonstance, on ne peut
obtenir aucun résultat en géologie, botanique, ethnologie et géodésie.

Revenons maintenant à la route du détroit de
Smith, par laquelle on doit examiner la vaste étendue de la côte sur une des rives du détroit de Kennedy et l'océan qui le limite. Nous avons déjà
donné des détails sur la navigation dans la baie de
Baffin, et nous avons montré qu'humainement parlant, on peut toujours atteindre l'Eau du Nord et
l'entrée du détroit de Smith; vingt et une expédi-
dions sur vingt-trois ont surmonté avec succès
les obstacles que la glace présente dans la baie de
Melville. Les steamers baleiniers ont maintenant tous
les ans le même succès. On peut donc, dans les circonstances les plus défavorables, atteindre par cette
route un point près de l'entrée du détroit de Smith,

d'où l'on peut faire les découvertes les plus importantes.

Deux navires bien équipés pourraient, pendant le printemps, envoyer au moins deux grandes expéditions en traîneau, avec des troupes de dépôt, et ces expéditions pourrait explorer des centaines de milles de la région inconnue dans différentes directions. Ces expéditions pourraient être chacune absentes cent cinq jours du navire et parcourir de 1,100 à 1,200 milles de terrain. C'est ce que Mac Clintock a fait en 1853. Mecham, la même année, fut absent quatre-vingt-quatorze jours du navire et fit 1,006 milles. En 1854, cet officier fit un voyage encore plus extraordinaire, 1,157 milles en soixante-dix jours. Il avait été arrêté pendant huit jours, de sorte qu'en soixante et une journées de marche, marchant neuf heures par jour, il atteignit une moyenne de 16 milles géographiques dans son voyage en avant, et de 20 milles et demi dans son voyage de retour. Verey Hamilton fit 1,055 milles en soixante et onze jours, en 1854. La même année, Krabbé fit 863 milles dans le même espace de temps, et en 1853, Nares fit un voyage de 665 milles en soixante-cinq jours. Ce sont là les exploits des principaux voyageurs d'un seul navire *le Résolu* et de sa conserve. En même temps, Richards, Osborn et leurs cadets firent, de *l'Assistance*, des voyages de semblable étendue. Sherard Osborn fit 935 milles en quatre-vingt-dix-sept jours, Richards fut absent quatre-vingt-quatorze jours et fit 860 milles. On voit aisément qu'agir avec la même énergie dans la direction du nord, en partant de 82° ou de 83° nord, assurerait pleinement tous les résultats que l'on demande. Une seule expédition en traîneau pourrait prendre soixante jours de provisions et faire 600 milles. Ce seul traîneau, au moyen de dépôts et de cinq traîneaux auxiliaires, pourrait être poussé en avant à une distance de 400 milles du navire. Avec une expédition de cent vingt officiers et matelots, on pourrait envoyer deux troupes d'explorations en une saison, et on explorerait ainsi en détail 1,600 milles de terres dont une grande partie serait nouvelle.

L'exploration de 50 milles de côte par une expédition en traîneaux présente plus de profit pour la science que la découverte de 500 milles par un navire. Dans le premier cas on relève avec soin la côte, et l'on détermine d'une façon complète sa faune, sa flore, sa géologie, son ethnologie et ses caractères physiques : dans l'autre cas, on se borne à voir une côte, on la marque sans précision par une ligne de points sur une carte et c'est tout. Prenons pour exemple les côtes des Iles Parry. Parry navigua le long d'elles depuis le détroit de Wellington jusqu'à l'Ile de Byam Martin en 1819, sans débarquer, et les figura sur sa carte par des lignes de points. Pendant trente-deux ans c'est tout ce qu'on en sut. En 1851, des expéditions en traîneau, appartenant à l'expédition du capitaine Austin, voyagèrent le long des mêmes côtes. Les résultats furent des lignes non formées de points ; on eut là une côte relevée avec soin, ses traits physiques notés et dessinés

avec soin, la collection d'une précieuse série de fossiles siluriens, des spécimens de la faune, de la flore
qui, quoique pauvre, avait un grand intérêt scientifique, et de nombreux spécimens ethnologiques, jetant de la lumière sur les anciennes migrations de
l'homme. Ces deux méthodes d'exploration ne
souffrent pas la comparaison, et elles représentent
la différence entre la route du Spitzberg dans les
circonstances les plus favorables en navire — et la
route par le détroit de Smith dans les circonstances
les moins défavorables, en expéditions de traîneaux.

Mais il y a toute raison de penser qu'une expédition bien commandée pourra remonter pour une
distance considérable le détroit de Kennedy et le
détroit de Robeson, et atteindre un point d'où l'on
pourra accomplir les découvertes les plus étendues.
Il est vrai qu'en 1853, un petit schooner méchamm-
ment équipé, *l'Avance* (de 120 tonneaux et de dix-
sept hommes), fut arrêté par la glace près de l'entrée
du détroit de Smith, mais ce n'était nullement
un navire fait pour une semblable navigation et
il n'avait pas l'avantage de la vapeur. D'autre
part, le capitaine Inglefield, en 1852, trouva la mer
libre dans le détroit de Smith et fut convaincu que
celui-ci était navigable. Le Dr Hayes, en 1860, dans
un autre méchant petit schooner de 133 tonneaux,
ne fut pas arrêté par la glace, mais par le vent et le
mauvais état de la mer. Le navire n'était pas fait
pour cette tâche. En 1871, le capitaine Hall, dans *le
Polaris*, remonta le canal de Kennedy sans aucun
obstacle jusqu'à la latitude de 82° 16′ nord. Le point

septentrional le plus extrême qui ait été atteint par un navire dans cette direction. Si nous nous occupons des autres détroits partant de l'ouverture de la baie de Baffin, nous trouverons que l'analogie confirme et fortifie l'observation personnelle d'Inglefield, d'Hayes et de Hall. La baie de Pond mène dans le détroit de l'Éclipse, et de là, par un détroit, à travers la crique du Conseil d'Amirauté (*Navy Board Inlet*) dans le détroit de Barrow, et ces détroits difficiles furent navigués avec succès en 1872. Le détroit de Lancastre et celui de Barrow sont presque toujours ouverts pour quelque distance, et en deux occasions des navires les ont remontés pour plusieurs centaines de milles jusqu'à l'Ile Melville. Le détroit de Jones a aussi été navigué pour une distance considérable par le capitaine Lee en 1848, sans aucun obstacle.

Il y a donc toute raison de penser que, dans une année ordinairement favorable, les eaux du détroit de Smith et du détroit de Kennedy seraient aussi navigables que celles des détroits de Lancastre et de Barrow. L'expédition consistera en deux steamers à hélice. L'un d'eux sera en station, de façon à supprimer toute possibilité de danger à la troupe qui s'avancera plus loin au cas où, par impossible, son navire se perdrait. L'autre steamer poussera vers le nord aussi loin que possible et hivernera peut-être par 83° ou 84° nord, et peut-être même encore plus près du Pôle. Dans une position aussi avancée des parties de traîneau pourront atteindre le Pôle Nord et explorer l'ensemble des côtes septentrionales du

Groënland et de la Terre de Grinnell. La distance
du cap Parry au Pôle Nord est, y compris le retour,
de 968 milles, distance qui a été fréquemment dé-
passée dans les parties de traîneau des expéditions
qui cherchaient Franklin. Une partie de traîneau
conduite par Mac Clintock a fait 1,210 milles en
cent cinq jours : Mecham a fait 1,157 milles.
L'œuvre de ces expéditions de traîneau sera rendue
comparativement aisée si la terre s'étend vers le
nord. Relativement à la terre dans cette direction,
l'équipage du *Polaris* par 82° 16' nord, la vit à l'extrême limite de l'horizon septentrional. On peut
faire de nombreuses observations géodésiques, magnétiques et météorologiques. Les navires peuvent
aussi profiter de l'expérience qu'on a maintenant
acquise à draguer le fond de la mer, dont on ne sait
rien, dans la baie de Baffin et dans le détroit de Smith.

Les considérations qui précèdent fournissent des
preuves convaincantes que la route par le détroit
de Smith est la meilleure pour traverser les abords
de la région inconnue. Dans une saison défavorable,
on ne peut absolument rien faire par la route du
Spitzberg. Par le détroit de Smith, dans une saison
défavorable, on découvrirait et on explorerait en
détail 1,600 milles de terre jusqu'ici inconnues et
l'on ferait dans les diverses branches de la science
d'importantes observations et collections. Par la
route du Spitzberg, dans une saison favorable, on
pourra pénétrer pour quelque distance dans une
mer chargée de glace et l'on pourra faire quelques
sondages dans les profondeurs de la mer d'une aire

non encore visitée, mais on ne pourrait obtenir aucun autre résultat. Par la route du détroit de Smith, dans une saison favorable, on atteindrait le Pôle Nord, on explorerait les côtes septentrionales du Groënland et de la Terre de Grinnell ; on étudierait leur géologie, leur flore, leur faune et leur ethnologie, et l'on ferait maintes additions à la somme du savoir humain. Par la route du Spitzberg on n'a que la chance de faire peu de chose ; par la route du détroit de Smith on a la certitude de faire beaucoup. Ce n'est pas à tâtonner dans la masse glacée à distance de la terre, mais à examiner avec soin des lignes de côte pour des centaines de milles, que consiste l'œuvre la plus utile à accomplir dans la région inconnue. Bien plus, toutes les observations faites par la route du Spitzberg seraient limitées à quelque semaines d'été, tandis que celles par la route du détroit de Smith formeront une série étendue, précieuse et complète.

On rappellera que l'exploration plus complète de la Terre de Gilies et de la Terre de François Joseph et la chance d'atteindre une latitude plus élevée qu'on ne l'a encore fait sur ces méridiens, sont des points intéressants présentés par la route du Spitzberg. Mais ils ne sont pas d'importance suffisante à occuper une expédition scientifique gouvernementale, et on peut les laisser à l'entreprise privée. Ce sont des lauriers qui reviennent de droit à des hommes tels que M. Leigh Smith, qui a lutté avec tant de persévérance et de courage pour les conquérir.

D'autre part, l'exploration plus complète et plus étendue de la région inconnue par le détroit de Smith doit être accomplie par une expédition gouvernementale, parce qu'une préparation complète et un parfait équipemcment sont de première nécessité et parce que la discipline navale et l'esprit de corps de la marine de l'État sont tout à fait indispensables quand un grand nombre d'hommes doit traverser un hiver arctique. L'entreprise, quoique faisable et dépourvue de dangers excessifs, a de grandes proportions. C'est une entreprise qui, pour être menée avec succès, réclame les plus hautes qualités de l'homme de mer, qui, pour les individus comporte des misères et des dangers que nos marins dédaignent et surmontent avec fierté, mais qui, en même temps, n'est pas entièrement à l'abri de la chance d'une catastrophe semblable à celle qui surprit Sir Jean Franklin et ses vaillants équipages. Il y a abondance d'excellente nourriture animale dans le haut du détroit de Smith : le climat est exceptionnellement sain ; et bien que les officiers et les hommes qui s'offriront à ce pénible service soient exposés à des dangers et à des privations individuelles qui les éprouveront à l'extrême, il n'y a pas plus de chance de désastre pour toute l'expédition et il y a bien moins de danger de maladie que dans toute autre station fréquentée par les navires de notre marine.

On ne peut concevoir une œuvre plus importante pour la science, plus utile à notre marine et plus digne d'être entreprise par notre gouvernement.

« La marine, dit l'amiral Sherard Osborn en 1865,
la marine a besoin d'actes qui l'éveillent de la pa-
resse, de la routine et qui la sauvent du chancre d'une
paix prolongée. La marine de l'Angleterre ne demande pas la guerre dans le seul but de répondre à
son désir d'action et de gloire. Mais il y a d'autres
exploits aussi glorieux qu'une victoire ; un gouvernement sage et un peuple sage auront soin de satis-
faire un désir qui est la vie d'une profession. Pour
ces raisons, aussi bien que pour celles de résultats
scientifiques, serait-ce trop de demander deux
petits steamers, 120 officiers et matelots, et une
fraction de la vaste somme employée tous les ans
en dépense navales? » Le peuple d'Angleterre a
répondu à cette question dans le même esprit qui
a mené à des découvertes et à de brillants exploits
sur presque toute la surface de la terre pendant les
quatre derniers siècles.

Il y a seulement deux objections qu'on puisse
faire à une expédition arctique ; la première, c'est
que le danger est si grand, que quoique affronté et
surmonté par nos ancêtres pendant trois siècles,
il n'est pas légitime d'y exposer les marins de
notre génération ; — la seconde, que la dépense
n'est pas de celles qu'on doive à juste titre encourir.

Je m'occuperai d'abord de la question des dangers
et je citerai l'opinion d'un des médecins les plus
distingués (1) qui a servi dans les régions arctiques,

(1) Dr J.-J.-L. Donnet, inspecteur général délégué des hôpi-
taux et des flottes. Cet officier accompli et généreux était chi-

pour prouver que « de toutes les mers visitées par nos vaisseaux de guerre, les mers arctiques se sont montrées les plus salubres. »

« Cette assertion, continue-t-il, bien qu'étonnante en elle-même, trouvera facilement créance quand on remarque que les précautions nécessaires pour garder des maux affrontés dans ces mers sont parfaitement connues, et quand on voit, en examinant les tables ci-dessous, la mortalité être seulement de 1,7 pour cent.

« Les expéditions au Pôle Nord, qui ont quitté les rives de l'Angleterre sous l'autorité de l'Amirauté depuis celle que commandait Sir Jean Franklin, ont, par les progrès des voyages arctiques, par la qualité supérieure et par la vaste quantité des provisions, par le système de chauffage et de ventilation, fourni des preuves solides de la vérité de cette assertion ; et les maux qu'on avait jusque-là considérés comme inhérents à ces mers ont été éloignés par les progrès de la science. Les hommes prennent part à ces expéditions avec un esprit d'entreprise et avec affection, le font avec aussi peu de crainte que ceux qui partent pour une croisière d'été sur les côtes de la Méditerranée ou de la Baltique. Les réelles terreurs des voyages arctiques sont le scorbut et la famine. Le scorbut, ce fléau de la marine dans les temps passés, est peu connu maintenant. Des cas de cette maladie se sont présentés dans plusieurs des dernières expéditions,

rurgien à bord de *l'Assistance*, de la marine britannique, dans l'expédition arctique de 1850-51.

mais aucun n'a présenté ces caractères qui, en d'autres temps, faisaient craindre le scorbut comme on craint maintenant la peste et le choléra.

« L'expédition commandée par Mac Clure fut plus de trois ans absente avant que se produisît le premier décès causé par le scorbut. Dans l'expédition de Kane, trois hommes moururent dans l'espace de deux ans. On a peine à croire que l'équipage de cette expédition a vécu seulement de viande salée et d'une petite quantité de légumes frais, et, n'eussent été les ressources de ses quartiers d'hiver, sous le 79e parallèle, il aurait tout entier succombé au scorbut. L'expédition de Mac Clintock, qui comprenait environ le même nombre d'hommes que celle de Kane et qui fut absente à peu près aussi longtemps, n'eut qu'une mort de scorbut, et ce fut en grande partie la faute du pauvre garçon qui, malade, refusa de prendre les remèdes qu'on lui offrait en abondance.

« Ni l'expédition de Kane ni celle de Mac Clintock n'étaient des expéditions gouvernementales, et leurs équipages n'avaient pas été soumis à un examen médical pour éprouver leur aptitude au service arctique.

« Cette immunité du scorbut est due aux progrès de l'hygiène navale, au soin que l'on prend de la propreté, du chauffage et de la ventilation des navires, à la bonne qualitée des provisions et surtout à l'entretien de la bonne humeur dans l'équipage ; et cette maladie est devenue si rare qu'on peut compter au bout de ses doigts les chirurgiens de marine qui en ont une connaissance tirée de leur observation personnelle à bord des navires de l'État.

« La famine qui causa tant de souffrances aux hommes qui formaient l'expédition de terre de Franklin et qui, à ce qu'on a craint, a principalement contribué à détruire l'équipage de sa dernière expédition, ne peut se représenter que par quelque accident imprévu et inévitable, comme il peut s'en rencontrer dans la zone tempérée ou dans la zone torride.

« L'expédition qui doit quitter les rives de l'Angleterre au printemps de 1875 pour l'exploration du Nord par la route du détroit de Smith, trouvera en très-grande quantité des ressources de vie animale sur les côtes de ce détroit ; car il a été prouvé par Kane, Hayes et Hall qu'on y trouve en abondance des morses, des phoques, des ours, des bœufs musqués et des rennes, outre les visiteurs de la gent emplumée qui volent vers ces régions dans la saison d'été. La route au Pôle Nord par le détroit de Smith, avec la ressource de ses rives et le grand avantage de pouvoir retomber sur la terre ferme, a, par conséquent, une supériorité sur les autres routes.

« Il y a des accidents dans toute mer, mais, dans les mers arctiques, ceux qu'on a notés pendant le dernier quart de siècle ont été peu nombreux et espacés de loin en loin, et ils sont provenus principalement de gelures : on a rapporté une mort de ce cas. On ne connaît aucune de ces maladies qui remplissent les tables de mortalité en Angleterre, principalement de la classe appelée zymotique, qui comprend le typhus, la fièvre typhoïde, la petite vérole. Les maladies de poitrine sont ignorées parmi les hommes formant ces expéditions, car bien que des décès aient été causés par la consomption, les germes en avaient été apportés dans ces mers et n'y avaient pas été contractés. C'est une circonstance digne de remarque que les hommes qui souffraient d'affections des bronches, chaque hiver, en Angleterre, en étaient exempts tant qu'ils étaient dans la région arctique.

« La puissance de résistance au froid est remarquable dans les régions arctiques ; elle a été observée par Wrangell chez les Iakoutes, ces « hommes de fer de la Sibérie » et Wrangell dit : « Je les ai vus souvent, au plus grand froid de ce pays, quand le feu était depuis longtemps éteint et que leur légère jaquette avait glissé de leurs épaules, dormir tranquillement, complétement exposés à l'air, avec à peine un vêtement sur eux, et leur corps couvert d'un épais vêtement de givre. »

Les précautions à prendre dans ces mers sont bien connues, mais la première et la plus importante est de maintenir, par tous les moyens possibles, la bonne humeur dans l'équipage. Le contentement d'esprit est la meilleure garantie contre le scorbut, et de là, en même temps, dépend l'activité efficace d'une expédition arctique.

Les tableaux suivants des expéditions gouvernementales qui hivernèrent entre 1848 et 1854, montrent le petit nombre relatif des décès provenus de toutes causes :

TEMPS PASSÉ AUX VOYAGES DE DÉPART ET DE RETOUR.

Navires.	Hivers passés en campagne.		Total de l'équipage (officiers et soldats).		Moyenne d'hivernage. (deux mois pour chaque hiver).			Moyenne comprise.
Pluvier......	3	×	60	=	180	+	30	= 210
Entreprise ...	4	×	70	=	280	+	47	= 327
Investigateur .	5	×	65	=	325	+	54	= 373
Assistance ...	3	×	90	=	270	+	45	= 315
Résolu	3	×	90	=	270	+	45	= 315
Lady Franklin et Sophie...	1	×	75	=	75	+	12	= 87
Étoile du Nord	3	×	70	=	210	+	35	= 215

1,878

Nombre de décès.

Dans l'expédition de Ross	7	Nombre des hommes 1,878.
— d'Austin.................	1	
— de Kellett................	6	
— de Belcher..............	3	Nombre des décès 32.
— du *Pluvier* (chiff. incertain)	3	
— de Penny...............	0	
Dans les deux expéditions de l'*Étoile du Nord*	3	Proportions des décès pour cent : 1, 7.
Dans l'expédition de Collinson..............	3	
— de Mac Clure........ 5 ou	6	

« Le danger du climat et de la maladie encouru dans un voyage aux mers arctiques, tel qu'il existe dans une expédition gouvernementale, n'est pas plus grand que celui qu'un navire comme *le Challenger* encourt dans son voyage de découverte. »

Assez parlé des dangers provenant du climat.
Mais on a dit que, quoique le climat soit salubre,
la navigation est trop dangereuse pour des hommes
de notre génération. La réponse à cela c'est que la
baie de Baffin est actuellement naviguée par dix ou
douze baleiniers et que, depuis l'introduction de la
vapeur, il ne s'est produit aucun accident entrainant
perte de vies, tandis que le petit *Polaris*, navire
nullement approprié à ce service, a remonté le
détroit de Smith en 1871 jusqu'à 82°14′ nord, et en
est revenu. L'expédition de Sir Jean Franklin consistait en deux navires à voiles, avec une puissance
auxiliaire de vapeur de nature très-imparfaite, et à
cet égard, aussi bien que relativement à l'équipement général et aux provisions, elle était bien en
arrière de ce qu'une expédition arctique de nos
jours a à son service. Des événements ultérieurs
nous ont révélé que cette expédition a réussi à accomplir un des plus remarquables voyages arctiques
que l'on connaisse, et que les explorateurs ont péri
après avoir abandonné leurs navires, à un endroit
près de l'entrée du Fleuve du Grand Poisson (*Great
Fish River*), où ils auraient facilement pu être secou-
rus si l'on avait eu la prévoyance nécessaire. Plus
tard, l'expérience a montré que l'omission fatale qui
amena la catastrophe fut de n'avoir pas préparé de
dépôts convenables de provisions pour couvrir la
retraite des équipages, en cas du désastre des navires ; mesure de précaution qui, depuis ce désastre,
a toujours été prise avec succès dans les expéditions
ultérieures.

La conclusion à tirer de l'expérience antérieure est qu'avec l'introduction de la vapeur dans les navires arctiques, et avec les progrès remarquables dans les procédés de ravitaillement, la navigation dans les mers polaires a été rendue relativement sans dangers, tandis qu'on peut écarter ces maladies dont les marins souffraient autrefois. Aussi, pendant la recherche de Franklin, officiers et matelots recherchaient-ils le service arctique comme l'emploi le plus populaire de la marine. Il n'y a nul doute que des expéditions privées, sans discipline navale, insuffisamment équipées et imparfaitement approvisionnées, sont exposées à de grands dangers ; mais il en serait de même dans les autres parties du monde. C'est pour cette raison que tous les officiers qui ont une expérience arctique, insistent sur la nécessité d'une expédition *gouvernementale*, avec des officiers et des matelots soumis à la discipline et au contrôle de la marine de l'État. M. Robeson, le secrétaire d'État pour la marine des États-Unis, abonde complétement dans ce sens. Dans son rapport au Président, après avoir examiné l'équipage sauvé du *Polaris*, il dit avec énergie « qu'il y a peu de succès ou de sûreté dans toute expédition qu n'est pas organisée, poursuivie et contrôlée sous la sanction de la discipline militaire. »

Les dangers de la navigation arctique sont parfaitement compris, et les hommes qui les connaissent le mieux par une longue expérience sont les meilleures et vraiment les seules autorités sur leur nature. Sir George Back n'est pas homme à demander qu'on expose ses camarades à des risques excessifs. Personne ne sait mieux quels sont ces risques que le brave officier, qui a lutté si longtemps avec la glace du Spitzberg, qui a souffert avec le fameux Franklin sur les terres désolées de l'Amérique arctique, et qui a hiverné dans la glace flottante. Des hommes comme Collinson, Ommaney, Richards, Mac Clintock, Sherard Osborn, Vesey Hamilton, George Nares, ne sont pas gens à donner un avis à la légère. Pourtant tous sont unanimes à penser qu'avec le secours des inventions modernes et de l'expérience des entreprises antérieures, il n'y a pas de danger excessif dans le service arctique, pourvu que l'expédition soit sous la discipline navale et sous le contrôle du gouvernement.

Je dois m'excuser auprès de mes lecteurs pour m'être arrêté aussi longtemps sur cette honteuse objection aux expéditions arctiques; mais on l'a sérieusement mise en avant et l'on doit présumer que, dans notre génération, il y a en Angleterre des personnes qu'elle pourrait influencer. A de telles personnes, s'il y en a, il faut répondre que, même si les dangers étaient tels qu'on les décrit, des Anglais les ont déjà affrontés, et qu'ils le feront encore. Ces marchands de dangers veulent bien que leurs compatriotes affrontent de plus grands périls pour leur procurer le confort et le luxe qu'ils demandent. Qu'on leur dise que la recherche de la science est un motif aussi bon de courir des dangers que la poursuite de ces objets de luxe. Les paroles du bon Sir Humphrey Gilbert, n'ont pas encore été

16.

regardées par ses compatriotes autrement que
sages et vraies : « Celui-là ne mérite pas de vivre
qui, par crainte et danger de mort, fuit le service
de son pays ou son propre honneur, puisque la
mort est inévitable et que la renommée de la vertu
est immortelle ! »

A tout événement, qu'ils ne cherchent pas des arguments dans l'histoire de *l'Érèbe* et de *la Terreur* (1),
mais qu'ils lisent, en en tirant profit, cette noble
lettre écrite en 1865 par la veuve du brave Franklin
à Sir Roderick Murchison :

« Mon cher Sir Roderick, bien que vous le sachiez
sans aucun doute par quelques-uns de nos amis
communs qui m'ont écrit au sujet de l'expédition
polaire, cependant je ne peux pas leur laisser à
eux seuls le soin de vous dire avec quels profonds
sentiments je sympathise avec l'effort qu'on se
propose et avec quelle sincérité je souhaite le voir
se réaliser. Pour le crédit et l'honneur de l'Angleterre, l'exploration du Pôle Nord ne doit pas être
abandonnée à un autre pays...

« Je vous écris ces lignes parce que je ne veux
pas que vous pensiez possible que mon intérêt
puisse faiblir en toute chose qui se rattache aux
expéditions arctiques, et bien que d'abord de
tristes souvenirs du passé me fassent sentir quelque
peine de cœur au retour de cette question, j'ai
lutté contre cette faiblesse et je l'ai surmontée. Ce

(1) Navires de Franklin.

serait en vérité bien peu raisonnable et bien regrettable, si le destin de mon cher mari et de ses
compagnons devenait une objection officielle à toute
future expédition arctique. Ils rencontrèrent, *eux*,
la fin malheureuse qui frappe trop souvent les
pionniers d'une entreprise nouvelle et dangereuse,
mais ils restent seuls dans leur terrible calamité.
Chaque expédition qui leur a succédé est partie
avec de meilleurs navires, un meilleur équipement,
de meilleures cartes, de meilleurs appuis et avec des
connaissances toujours accrues ; et ainsi est-il arrivé
qu'aucun service naval sur la surface du globe
montre, en moyenne, aussi peu d'accidents que le
service dans la mer Polaire. Vous avez justement
dit que « dans l'expédition qu'on se propose il n'y a
aucun désastre à craindre, car elle n'a aucune
analogie avec le cas de Franklin. »

» JEANNE FRANKLIN. »

La question de la dépense était en vérité la seule
que le gouvernement eût à considérer ; et d'abord
il faut remarquer qu'une seule expédition est nécessaire. Le fait que le second navire restera sta-
tionné avec de faciles communications annuelles
avec l'Angleterre, et d'autres précautions que l'on
prendra, excluent entièrement la possibilité qu'il
soit nécessaire d'envoyer d'autres expéditions, même
dans a combinaison des circonstances les plus improbables et les plus malheureuses. Cela peut se
prouver et doit réduire au silence les grondeurs qui
croassent à propos d'une expédition qui en amène-

rait une autre et encore une autre. En même temps
un navire de dépêche devrait être envoyé, chaque
été, pour maintenir les communications entre le
navire et l'Angleterre et pour ramener les malades.

Il faut seulement considérer les frais d'une expédition, consistant en deux steamers à hélice, avec
soixante hommes chacun. Le voyage de Mac Clintock dans *le Renard* coûta 8,400 livres (210,000 fr.)
La tentative que Parry fit d'atteindre le Pôle, en
1827, coûta 9,900 livres (247,500 francs). Outre le
coût primitif du navire et de son équipement,
'expédition arctique de 1875 peut coûter de 40,000
à 50,000 livres (1,000,000 à 1,250,000 francs) une
année, mais pour trois années ; et les navires, à
leur retour, vaudront un bon prix. Si la solution du
plus grand problème géographique qui reste à résoudre et l'acquisition de nombreux et importants
résultats scientifiques n'avaient pas été estimés
à la valeur d'une somme aussi peu importante,
— dépense qui sera richement et abondamment
remboursée, — le caractère du peuple anglais, tel
qu'il est représenté par son gouvernement, eût été
étrangement modifié. Il est certain que nos ancêtres auraient regardé comme de l'argent bien
dépensé, une semblable somme donnée dans un
semblable but. Il y a bonne raison de penser que
lorsque la question aura été attentivement et complétement examinée, l'opinion publique du pays-
approuvera l'envoi d'une expédition arctique et
s'accordera à reconnaître la convenance de dé-

penser la somme nécessaire pour un motif aussi utile et aussi important. Actuellement, en comprenant les frais du *Challenger*, la somme qu'on dépense pour la branche scientifique du service de la marine est misérablement insuffisante. Le tonnage total de la marine marchande britannique en 1871-72 était de 7,142,894; et la dépense totale pour la marine était de 7,807,946 livres (195,198,650 francs) et la dépense consacrée aux recherches était de 70,456 livres (1,759,400 francs). En d'autres termes, la dépense totale de notre marine, par tonne de marine marchande britannique, a été de 1 livre 1 shelling (27 francs 30 centimes), et la proportion des dépenses de recherches scientifiques et de lever, a été par tonne de marine marchande britannique de 2 pence (20 centimes), tandis que la proportion de chaque 1,000 livres (25,000 francs) de la dépense totale de notre marine employée la même année en explorations et en levers, a été seulement de 9 livres (225 francs), soit moins de 1 0/0. Cela est déplorable et c'est un état de choses qui a empiré d'année en année. Aux temps de Sir Francis Baring ou de 1849 à1853, la proportion de chaque 1,000 livres de dépenses navales, employées en explorations et en levers, était en moyenne de 15 livres 5 shellings (381 francs 25 centimes), et ce chiffre devrait maintenant être aussi élevé; car, en temps de paix, cet emploi est le plus utile que l'on puisse remplir. Ce ne serait donc pas trop d'espérer que cette proportion infiniment petite pourrait être augmentée d'une façon presque imperceptible, afin de pouvoir rendre le plus important et le plus précieux des services.

Nous allons voir maintenant quels résultats on peut retirer d'une expédition arctique.

CHAPITRE XV

RÉSULTATS D'UNE EXPÉDITION ARCTIQUE

Résultats géographiques. — Résultats hydrographiques. — Résultats pour la géodésie. — Observations du pendule. — Aurores boréales; analyse spectrale. — Résultats météorologiques. — Résultats botaniques. — Résultats zoologiques. — Migrations d'oiseaux. — Résultats ethnologiques. — Résultats inconnus. — Conclusion.

Les résultats d'importance scientifique qu'on peut tirer de l'examen de l'aire inconnue de 2,500,000 milles carrés qui environne le Pôle Nord sont aussi importants que la région à explorer est étendue. On peut montrer que jamais une aire inconnue d'une semblable étendue dans aucune partie du monde n'a jamais manqué de fournir des résultats de valeur pratique aussi bien que de valeur purement scientifique, et l'on peut, à coup sûr, avancer que si cette aire existe, ce qui est mathématiquement certain, son examen ne peut manquer d'accroître largement la somme des connaissances humaines. Bien plus, il faut considérer que l'aire polaire est, par beaucoup de côtés importants, d'un caractère tout à fait spécial, qu'elle fournit des occasions particulières d'observer l'état de la surface de la terre et les phénomènes physiques dans certaines circonstances particulières, phénomènes dus aux rapports [de cette aire avec la position de l'axe de révolution de notre globe, et qu'il faut examiner dans leur rapport non-seulement avec le temps présent, mais aussi avec l'histoire passée de la terre. On peut accepter comme certain que dans toutes les branches de la science on fera des découvertes dont on ne peut prévoir la nature exacte.

Mais on peut aussi énumérer avec précision de nombreux résultats pour l'acquisition desquels il est désirable d'envoyer une expédition arctique de découverte.

En première ligne est le sujet de la découverte géographique. On résoudra un problème de grande importance et de grand intérêt en complétant le circuit du Groënland, en se rendant compte de l'étendue et de la nature de sa côte septentrionale, en explorant la terre dans la direction de l'ouest et en découvrant les conditions e la terre et de la mer dans cette partie de l'aire inconnue. C'est une noble entreprise, une entreprise évidemment anglaise. Pour reprendre les paroles de Sir Édouard Sabine qui, lui-même, a pris une part non petite à cette œuvre : « C'est le plus grand exploit géographique qui puisse être tenté, ce sera l'entreprise qui couronnera ces recherches arctiques dans lesquelles notre pays a eu jusqu'ici la prééminence. »

On fera aussi avancer la science géographique, et l'on résoudra par une expédition arctique quelques-uns des principaux problèmes qui se rattachent aux courants équatoriaux et polaires. C'est sûrement une question de profond intérêt de découvrir la condition réelle de cet océan séparé qui n'a pas encore été sillonné par la quille d'aucun navire humain. L'hydrographie de la mer inconnue a un rapport important avec la question générale des courants océaniques, question qui a des conséquences pratiques pour la navigation. Notre connaissance du système général des courants continuera d'être très-incomplet sans l'examen des courants et des températures du fond de la mer dans l'aire inconnue.

Une série d'observations du pendule sur ou près du Pôle Nord rendra un service capital à la science de la géodésie. De semblables observations, dirigées par Sir Édouard Sabine à l'île de Melville, sur la côte est du Groënland et au Spitzberg, ont été parmi les résultats les plus précieux des précédentes expéditions arctiques. Il est très-désirable qu'elles soient étendues plus au nord, et jusqu'au Pôle lui-même. Ni les faits nécessaires à former une théorie mathématique de la condition physique de la terre, ni les moyens de contrôler une telle théorie, ne sont complets sans une détermination expérimentale de l'intensité aussi bien que de la direction de la force de gravité. M. Miller, dans une lettre à Sir Édouard Sabine, lui disait récemment : « Les observations du pendule, faites par vous-même et par le

17

capitaine Foster, seraient probablement suffisantes pour déterminer la forme de la terre, si sa surface et celle de tout stratum de densité invariable étaient des surfaces de révolution, comme on l'a présumé. Dernièrement pourtant, des doutes se sont élevés sur l'exactitude de cette présomption. L'importance de la détermination de l'ellipticité de la terre dans un méridien très-éloigné des endroits où l'on a déjà fait des observations du pendule, est par là grandedement augmentée. » Le Pôle Nord est à plus de 600 milles de l'endroit le plus rapproché où le pendule ait été dressé par Sir Édouard Sabine. Ces observations du pendule, faites par une expédition polaire, formeront une précieuse addition à notre connaissance de la figure de la terre. Cette connaissance ne peut être complète aussi longtemps qu'elle repose seulement sur des mesures de géodésie et d'astronomie, car celles-ci sont intimement liées à la direction de la gravité locale. Pour avoir une exacte notion de ces faits, le Dr Robinson, directeur de l'Observatoire d'Armagh, dit : « Nous ne pouvons avoir recours qu'aux observations du pendule (1). »

(1) Les observations du pendule faites par Sir Edouard Sabine, à de nombreuses stations séparées par de grandes distances ont montré que le nombre des vibrations qu'un pendule fait par jour, n'est pas le même dans les différentes parties de la terre. Il fait environ 240 vibrations de plus en un jour au Spitzberg, qu'il n'en fait à l'équateur, parce que la force de gravité y est plus grande. Si la gravité est très-petite, le mouvement du pendule sera excessivement lent. Il mesure ainsi la gravité dans les différentes parties de la terre. La proportion de la gravité près du pôle relativement à la gravité près de l'équateur est comme 180 à 179. Les observa-

La prolongation jusque dans le voisinage du Pôle des recherches sur le magnétisme et sur l'électricité atmosphérique sera nécessairement de grande importance scientifique. Autant que l'état du climat et que les moyens d'une expédition d'exploration pourront le permettre, des recherches dans toutes les branches de la physique opérées près du Pôle, où tant de forces de la nature agissent à un degré extrême d'excès ou de manque, seront certainement suivies de l'acquisition de connaissances qui ne peuvent être obtenues que dans ces localités exceptionnelles.

L'étude des aurores boréales, qui sont les phénomènes les plus frappants qu'on puisse voir sur notre globe, est presque impossible dans de basses latitudes, tandis que le progrès de l'analyse spectrale a fourni le moyen d'en déterminer les éléments chimiques : de la sorte tout ce qu'il semble désirable de demander est qu'on applique aux aurores cette méthode d'observation, et cela n'est possible que près du Pôle. M. Norman Lockyer a montré que la séparation des lignes terrestres des lignes réellement solaires, dans le spectre solaire tel qu'on le voit de la surface de la terre, est un autre désiratum impor-

tions du pendule donnent la loi du changement de la gravité, et nous permettent d'inférer qu'elle est l'ellipticité de la terre, supposé que la loi de la gravitation soit vraie. Si l'ellipticité ainsi trouvée concorde avec celle qu'on calcule d'après les levers trigonométriques, ce sera une forte preuve de l'exactitude de la loi de la gravitation. Les deux méthodes donnent une proportion d'environ 300 : 299. Des observations du pendule permettent aussi de déterminer la force de la gravité en tout endroit. — Voir l'*Astronomie* d'Airy, p. 248.

tant. Mais cette recherche ne peut être poursuivie avec succès que dans les hautes latitudes, où la marche du soleil à de basses altitudes au-dessus de l'horizon donne pour les observations nécessaires les occasions qu'on ne peut se procurer ailleurs.

Le climat de l'Europe dépend, dans un degré qui n'est pas sans importance, des conditions atmosphériques de l'aire polaire dans laquelle le développement de températures extrêmement basses mène par contre-coup à des changements extrêmes de pression, et à d'autres troubles atmosphériques dont l'effet est senti jusque dans les zones tempérées. Pour apprécier ces phénomènes d'une façon satisfaisante, une connaissance précise de la distribution de la terre et de la mer dans la région polaire est de première nécessité, et toute addition à la connaissance géographique de la région inconnue, accompagnée d'observations convenables sur sa météorologie, ne peut manquer de fournir de meilleurs moyens de comprendre la météorologie de notre propre pays et celle de la terre en général.

Des observations de la température de la mer à différentes profondeurs, de la température et de la pression de l'atmosphère, des vents régnants, en tenant compte des courants, fourniront de précieuses contributions à la science météorologique. Il faut ajouter que, quoique les observations antérieures de la température à de grandes profondeurs soient de valeur douteuse à cause de l'imperfection des instruments, on a aujourd'hui pourvu à ce défaut. L'état actuel de la météorologie réclame un examen plus complet des mouvements de l'atmosphère terrestre qu'on ne l'a fait jusqu'ici et, dans ce but important, les parties les moins fréquentées de la surface de la terre doivent être étudiées aussi bien que les plus fréquentées. La qualité hygrométrique de l'air est chose qu'il est désirable de noter par une longue série d'observations dans les latitudes polaires, pour aider à déterminer les mouvements de l'air et rendre ainsi un service analogue à celui que rend la température pour faire connaître les courants de l'Océan. Des phénomènes météorologiques que n'a encore vu nul œil mortel seront observés par les hardis explorateurs qui atteindront le Pôle. Ils verront le soleil remplir sa course avec une altitude uniforme depuis le jour où il vient au nord de l'équateur en mars jusqu'à ce qu'il retourne en septembre, son altitude étant égale à sa déclinaison.

Le comité arctique de la Société Géologique a dit dans son rapport qu'un examen plus complet de la géologie des régions arctiques est extrêmement désirable, à la fois pour son importance scientifique et pour la valeur des résultats pratiques. On a déterminé l'existence d'une véritable formation de charbon palæozoïque, mais il reste à connaître son étendue et sa composition. On a trouvé, dans les latitudes les plus septentrionales, une longue liste de minéraux et nombre d'entre eux rares et précieux, et l'on doit donner beaucoup d'attention à leur distribution plus au nord. L'expédition suédoise a récemment découvert des masses de fer météorique s'étendant sur une distance d'au moins

200 milles; ces masses demandent à être étudiées et il faut déterminer leur position.

L'existence de rochers carbonifères, jurassiens et miocènes est connue, mais il y a beaucoup à faire pour se procurer des collections complètes de leurs débris organiques. Un des faits les plus intéressants acquis dans les dernières années à la science géologique a été la découverte d'une végétation luxuriante et d'une riche organisation de l'époque miocène sur la côte est du Groënland, et l'on n'a pas établi moins de deux cents espèces. Des additions également importantes ont été faites successivement par l'acquisition de matériaux propres à déterminer d'une façon plus certaine un grand nombre d'espèces qu'auparavant on ne pouvait que reconnaître provisoirement. Il est de grande importance que des déterminations basées sur des fragments de feuilles soient confirmées par l'acquisition d'un feuillage plus complet, aussi bien que de grains et de fruits; de semblables matériaux seraient de grande valeur pour faire mieux connaître une flore qui a elle-même beaucoup d'intérêt. Mais cet intérêt augmente graduellement quand on prend en considération les recherches importantes sur lesquelles cette connaissance jetterait de la lumière. Ces recherches sont :

1° La distribution géographique de la flore miocène, telle qu'elle est indiquée par les ressemblances et les différences entre les plantes miocènes des régions arctiques et celles de l'Europe centrale et méridionale.

2º Le rapport de la flore miocène avec les végétations antérieures et postérieures et ses conséquences pour la présente distribution géographique des plantes sur le globe.

3º Les preuves tirées de ces plantes relativement aux conditions physiques du globe aux époques géologiques des temps passés.

Il est probable que l'on trouvera de nouvelles localités contenant des plantes fossiles, et naturellement de nouvelles espèces seront mises en lumière, car, dans le passé, on a fait de semblables découvertes aussi loin que des explorateurs ont pénétré.

En raison de la part importante que l'extrême froid a joué dans les dernières périodes géologiques, à ce qu'on a récemment découvert, il serait très-précieux d'avoir des déterminations exactes de de l'effet produit sur les rochers par le froid intense des régions septentrionales, de déterminer l'étendue, la hauteur et la direction des glaciers et leurs effets sur la surface du pays, aussi bien que sur la surface des différentes classes de rochers. Il serait encore intéressant de déterminer l'étendue des fleuves et la profondeur des chenaux qui se sont frayés dans les régions arctiques.

Un autre résultat important et intéressant de l'expédition arctique qu'on se propose, serait d'examiner les mollusques et non pas seulement les espèces marines, mais aussi celles de la terre et de l'eau douce. Dans ces dernières années, la Suède, cette nation entreprenante et amie de la science, a beaucoup fait pour augmenter notre maigre con-

naissance des coquilles des mers arctiques, mais ses
ressources étaient limitées et ne peuvent être com-
parées à celles de notre propre nation. Au point de
vue géologique, un examen attentif des mollusques
arctiques serait particulièrement utile.

La base paléontologique de l'époque glaciaire
consiste surtout dans l'identité de certaines espèces
qui habitent les mers polaires et qui sont fossiles
en Grande-Bretagne et ailleurs. Mais de semblables
espèces peuvent devoir leur habitat présent et leur
position à d'autres causes que celle du climat, c'est-
à-dire à l'action de courants marins. Il est tout à
fait erroné de présumer que les espèces arctiques
soient en petit nombre. Nous savons peu à cet égard
parce que l'exploration des mers polaires au moyen
de la drague est très-difficile. Mais les recherches
des zoologistes scandinaves montrent que la faune
invertébrée des mers arctiques est extrêmement
variée et nombreuse. Il faut recueillir avec zèle tous
les fossiles et noter avec soin leur position. On
pourra ainsi connaître l'état antérieur du climat
des régions arctiques et ouvrir un nouveau chapitre
de l'histoire de notre globe. La minéralogie du continent du Groënland est également importante, et
la découverte de nouvelles veines de cryolite et
d'autres minéraux précieux n'est nullement im-
probable.

Les résultats botaniques d'une expédition polaire
seront d'une égale importance. La végétation des
régions artiques, dans l'opinion du Dr Hooker, jette
une grande lumière sur la distribution géographi-

que des plantes sur la surface du globe. Au retour
de l'expédition de Sir Édouard Belcher dans ces
régions, une série de rochers recueillis dans les
environs de Disco par son ancien compagnon de
voyage le Dr Lyall, fut remise entre les mains du
Dr Hooker et elle contenait tout un amas de feuilles
fossiles de plantes tout à fait différentes de celles
qui poussent maintenant par cette latitude. Ces
fossiles furent envoyés pour être examinés au professeur O. Heer de Zurich, et celui-ci a fourni les
preuves les plus convaincantes que cette latitude
étaient autrefois couverte de forêts étendues, présentant cinquante ou soixante espèces différentes
d'arbres arborescents, la plupart à feuilles cadu-
ques, avec un diamètre de trois à quatre pouces,
orme, pin, chêne, érable, platane, etc.; et ce qui
était plus remarquable encore, c'était la preuve
d'arbres en apparence toujours verts, montrant que
ces régions devaient avoir connu une lumière perpétuelle. Il a semblé extrêmement probable que la
végétation qui appartenait à la période miocène s'é-
tendait sur une grande partie des régions du Pôle
Nord. Il serait de grand intérêt de s'assurer si cette
végétation s'étendait jusqu'au Pôle ; et rien n'aide-
rait davantage à résoudre ce problème que l'expédition projetée le long du détroit de Smith. Quant
à la flore actuelle du Groënland, le Dr Hooker a
montré que, bien qu'une des plus pauvres du globe,
elle présente pourtant un intérêt peu ordinaire.
Elle consiste en environ 300 variétés de plantes
portant des fleurs (outre un grand nombre de mous-

17.

ses, algues, lichens, etc.) et elles offrent les particularités suivantes :

1° Les plantes à fleurs sont presque sans exception originaires de la péninsule scandinave.

2° Il n'y a, dans la flore du Groënland, presque aucun mélange des types américains qu'on trouve néanmoins sur la côte opposée du Labrador et dans les îles Parry.

3° On ne trouve ni dans le Labrador ni dans les îles Parry, ni même ailleurs dans le Nouveau Monde, les plantes ordinaires du Groënland en nombre considérable.

4° Les parties du Groënland au sud du cercle arctique, quoique plus chaudes que celles qui sont au nord et présentant une côte de 400 milles de long, renferment à peine une plante qui ne se trouve pas au nord de ce cercle.

5° Un nombre considérable de plantes scandinaves qui ne se rencontrent pas dans les plaines polaires en Labrador ou en Canada, reparaissent à des élévations considérables, sur les montagnes Blanches, sur les monts Alleghanies et sur d'autres montagnes des États-Unis.

Aucune autre flore, à la connaissance des naturalistes, ne présente de combinaison aussi remarquable de particularités semblables, et la seule solution qui ait été présentée jusqu'ici n'est pas encore complétement acceptée. C'est l'hypothèse que la flore scandinave (que le Dr Hooker a montré être la plus ancienne du globe) devait, dans la chaude période qui précéda l'époque glaciale, période plus chaude que la période actuelle, s'étendre dans toute sa vigueur sur les régions polaires, y compris le Groënland, les îles américaines de la région polaire, et, probablement, beaucoup de terres submergées maintenant et rattachées au Groënland et la Scandinavie ou situées entre ces deux pays ; à cette époque, le Groënland présentait sans aucun doute une faune scandinave plus riche que maintenant. A l'avénement de la période glaciaire, cette flore aurait été lentement poussée vers le sud, jusqu'à l'extrémité de la péninsule du Groënland dans sa longitude, et jusqu'à la latitude des Alleghanies et des montagnes Blanches dans leurs longitudes. Au Groënland, l'effet aurait été de laisser là seulement les formes plus arctiques de la végétation, sans changement dans leur caractère et dans leur mode d'existence, le reste étant jeté à la mer. Mais sur le continent américain, l'effet eût été de mettre la flore scandinave en lutte avec une flore américaine qui eut auparavant occupé le pays vers lequel la première était poussée. Au déclin de la période glaciaire, le Groënland, étant une péninsule, ne pouvait être repeuplé de plantes que par la migration septentrionale des espèces purement scandinaves qui avaient été auparavent poussées à son extrémité méridionale, et le résultat serait une flore scandinave uniforme dans toute sa longueur, c'est-à-dire une flore arctique du nord au sud. Mais, en Amérique il surviendrait un état de chose très-différent : les plantes scandinaves n'émigreraient pas seulement au nord, mais elles graviraient les Alleghanies, les Montagnes Blanches, etc., et le résultat serait, d'un côté, que maintes plantes scandinaves qui auraient été chassées du Groënland, mais se retrouveraient aux États-Unis, reparaîtraient dans les îles Parry et au Labrador, accompagnées de divers types des montagnes américaines, et, d'autre part, que quelques types scandinaves du Groënland qui auraient disparu dans leurs luttes avec les types américains pendant leur migration septentrionale et qui par conséquent ne reparaissent pas au Labrador et dans les îles Parry, pourraient s'être conservés dans les monts Alleghanies et dans les montagnes Blanches.

Que cette hypothèse soit vraie ou fausse, elle embrasse tous les faits ; et les botanistes attendent avec impatience que des explorations ultérieures dans les parties septentrionales du Groënland jettent quelque lumière sur la question, surtout sur les preuves de l'exhaussement ou de l'abaissement de la terre dans le détroit de Smith et dans les régions au nord et à l'est de celui-ci, et sur la preuve d'une ancienne union du Groënland et de la Scandinavie : ils attendent aussi de ces explorations des observations sur la température, la direction et la profondeur des courants de ces mers, et sur les mœurs de ces espèces de ruminants qui émigrent, deux ordres de faits qui, l'un et l'autre, peuvent avoir influé sur la distribution de la végétation par le transport des graines. Des faits tels que l'existence d'anciennes forêts dans ce qui est maintenant la région arctique, et la migration de flores existantes par delà des terres fermées par une glace presque perpétuelle, semblent à quelques naturalistes appeler dans le régime des eaux des changements qui ont pu être provoqués par une nouvelle répartition géographique de la terre et de la mer ; et les mêmes faits leur semblent apporter la preuve de changements dans la direction de de l'axe de la terre relativement au plan de son orbite et peut-être même de variation dans l'ellipticité de l'orbite elle-même (1).

Les résultats spéciaux que la zoologie peut attendre d'une expédition arctique sont nombreux et intéressants. On sait que l'océan Arctique fourmille de vie et que la multitude d'espèces des organismes les plus petits est prodigieuse. Ceux-ci jouent un rôle important non-seulement dans l'économie de la nature organique, mais aussi dans la formation des dépôts de sédiment, qui, dans de futures périodes géologiques, feront corps avec ces formations de rochers dont la structure n'a été expliquée que récemment par les travaux réunis des zoologistes et des géologistes.

Les variétés de ces animaux, leurs rapports les uns avec les autres et avec les plus grands animaux (tels que baleines, phoques, etc.), à l'alimentation desquels ils contribuent en grande partie, les conditions dans lesquelles ils vivent, les profondeurs

(1) Voir le travail du Dr Hooker, *Esquisse de la distribution des plantes arctiques*, dans les *Transactions of the Linnean Society*, vol. XXIII, p. 231, pour un compte plus détaillé des plantes arctiques, de leurs affinités et de leur distribution.

qu'ils habitent, leurs changements de formes, etc.,
aux différentes époques de l'année et aux différents
moments de leur vie, et enfin leur distribution relativement aux aires géographiques, aux courants
chauds et froids ; — voilà autant de questions dont
on sait très-peu de chose.

Relativement aux plus grands animaux, poissons,
mollusques, échinodermes, coraux, éponges, etc.,
des zones arctiques, ceux du Groënland seuls ont
été bien étudiés. Une connaissance de leurs *habi-
tats* et de leurs mœurs est très-désirable, aussi
bien que de bons spécimens pour nos musées. Plus
d'importance encore auraient des expériences
anatomiques et physiologiques et des observations
faites sur ces animaux dans leurs conditions natu-
relles. Il est probable aussi qu'on trouvera de nouvelles espèces dans le nord inconnu. Peut-être est-
ce le dernier refuge d'animaux comme ce curieux
lamentin (*Rhytina*) qui fut vu pour la dernière
fois par Steller, en 1741, sur l'île de Behring. Des
mers qui nourrissent des baleines et des phoques
doivent être habitées par des myriades de poissons
et de ces menus organismes que découvre la drague, et la présence des morses révèle l'existence de
forêts sous-marines de plantes marines.

Le professeur Newton de Cambridge a attiré l'attention sur quelques questions intéressantes relativement à la migration des oiseaux vers l'aire inconnue. Il dit :

« Les côtes des îles Britanniques et celles de bien
d'autres contrées dans l'hémisphère septentrional,

sont tous les ans, pour une période plus ou moins longue, fréquentées par une multitude innombrable d'oiseaux qui, — on a tout lieu de le croire, — se rendent à des latitudes septentrionales très-élevées pour des raisons de la plus grande importance, et puisqu'ils continuent cette pratique d'année en année, on doit croire que ces oiseaux y trouvent leur avantage. Il doit y avoir quelque eau qui n'est jamais gelée ; en second lieu, il doit y avoir quelque terre où ils se posent ; et en troisième lieu, ils doivent y trouver quantité de subsistances pour leur nourriture et pour celle de leur petits, fournies par la terre ou par la mer, ou par toutes les deux.

« Il n'est pas hors de propos de donner un court aperçu d'une espèce d'oiseau, le Canut (*Tringa canutus* des ornithologistes) et d'en décrire les déplacements. Le canut tient à peu près le milieu entre une bécassine et un pluvier. On peut en voir ordinairement des spécimens dans la cage qui est à l'extrémité septentrionale de l'aquarium du jardin zoologique de Londres. Comme beaucoup d'autres espèces d'oiseaux qui appartiennent au même groupe, la couleur de son plumage change de la façon la plus étonnante, selon la saison de l'année. En été, il est d'un brillant rouge brique ; en hiver, d'un grave gris cendré. A l'état de réclusion, il revêt rarement ses plus brillantes teintes, mais il s'en rapproche pourtant quelque peu le plus souvent. Or le canut arrive dans notre pays en grandes troupes au printemps, et après être resté sur nos côtes environ une quinzaine, on peut, jusqu'à ce qu'il nous quitte complétement, suivre graduellement sa marche vers le nord. Des personnes qui ont été en Islande et au Groënland, ont noté avec soin son apparition dans ces contrées ; mais, dans aucune des deux, on ne l'a vu rester plus longtemps qu'avec nous ; l'été qu'il devrait supporter là n'est pas de son goût, et comme nous savons qu'il ne prend aucune autre direction, il doit se retirer plus au nord. On le perd alors de vue pour quelques semaines. Les anciens naturalistes croyaient qu'on l'avait trouvé pondant dans tous les pays, mais les naturalistes de l'époque actuelle sont d'accord pour affirmer que nous ne savons rien de sa nidification. Vers la fin de l'été il revient en plus grandes troupes et, jeunes et vieux, ces oiseaux habitent nos côtes jusqu'en novembre ; si la saison est très-belle, il peut rester un peu plus tard ; mais notre hiver est trop sévère pour lui, et il s'en va au sud, très au sud, jusqu'au printemps suivant. Ce que nous disons des îles Britanniques est également vrai des côtes orientales des États-Unis. Là, il paraît en aussi grand nombre et dans la même saison que chez nous, et ses déplacements semblent provenir des mêmes causes. Nous pouvons présumer de là que les régions visitées par le canut au milieu de l'été sont moins stériles que l'Islande et le Groënland, car autrement il ne dépasserait pas ces pays, connus pour être le lieu de ponte de légions d'oiseaux aquatiques, et il n'irait pas au delà chercher des régions moins favorisées relativement à sa subsistance. La conséquence nécessaire de ce fait, c'est qu'au delà des régions septentrionales déjà explorées, il y a une région qui jouit en été d'un climat plus propice que celles-ci. Il serait aisé de réunir plus d'exemples du même groupe d'oiseaux tendant à montrer qu'au delà d'une zone où règne un été rigoureux, il peut y avoir une région pourvue d'un climat relativement favorable, S'il en est ainsi, les circonstances qui produisent un semblable climat méritent d'être étudiées. »

La connaissance déjà acquise des régions arctiques mène à la conclusion que la découverte de la partie inconnue des côtes du Groënland amènera des résultats importants pour la science de l'anthropologie. Bien qu'on ait à peine exploré la moitié des régions arctiques, cependant on a trouvé de nombreuses traces d'anciens habitants dans leurs déserts les plus désolés, là où règne maintenant une complète solitude. Ces déserts sont inhabités depuis des siècles, cependant, ils sont couverts de traces d'hommes qui y ont erré ou séjourné dans des âges disparus. Çà et là, au Groënland, en Boothia, sur les côtes de l'Amérique, là où l'existence est possible, on peut trouver les descendants de cette ancienne population vagabonde. Les migrations de ces peuples, les rares observations sur leur origine et sur leurs déplacements qui sont épars dans l'histoire, et les nécessités de leur existence sont autant de renseignements qui, réunis avec soin, jettent quelque lumière sur un sujet des plus intéressants. Les migrations de l'homme dans la zone arctique donnent naissance à des questions qui sont intimément unies à la géographie des parties encore inconnues des régions arctiques.

Les points extrêmes que les explorateurs aient encore atteints sur les côtes du Groënland sont par environ 82° à l'ouest et 76° à l'est ; ces deux points sont à 600 milles de distance. Comme il y a eu des habitants à ces deux points et qu'un intervalle inhabitable les sépare des établissements plus au sud, on peut en inférer que, plus au nord, l'intervalle inconnu est ou a été habité. Sur la côte ouest du Groënland on découvrit, en 1818, qu'une petite tribu habitait l'âpre côte entre 76 et 79 degrés de latitude nord ; leur canton était borné au sud par les glaciers de la baie de Melville qui arrêtent toute marche dans cette direction et au nord par le glacier de Humboldt, tandis que le *Sernik-souk*, le grand glacier de l'intérieur, les réduit à vivre sur la côte. Ces habitants des hautes terres arctiques, ces hommes arctiques, en un mot, forment environ 140 âmes, et leur existence dépend des trous et des chenaux d'eau qui restent ouverts pendant l'hiver et qui attirent les animaux. Il est donc certain que là où de semblables conditions se rencontrent, on peut trouver l'homme. La question de savoir si la côte inexplorée du Groënland est habitée dépend donc de l'existence de courants et de circonstances analogues à celles qu'on rencontre dans la partie septentrionale de la baie de Baffin. Mais cette question n'est pas même entièrement ouverte à la conjecture. Il est vrai que les « hommes arctiques » dirent au Dr Kane qu'il ne savaient personne habitant au delà du glacier de Humboldt et c'est le point extrême indiqué par Kalahierua (le garçon indigène qui était à bord de l'*Assistance*), sur sa carte étonnamment exacte. Mais, de leur côté, les Esquimaux d'Upernavik ne savaient rien d'indigènes au nord de la baie de Melville jusqu'au premier voyage de Sir Jean Ross. Et pourtant nous savons maintenant qu'il y a ou qu'il y a eu des habitants au nord du glacier de Humboldt, à la limite extrême de la région inconnue ; car Morton, le steward du Dr Kane, trouva un patin de traîneau fait d'os sur la rive du côté nord de ce glacier. Il règne également une tradition chez les hommes arctiques, qu'il y a des troupeaux de bœufs musqués loin au nord sur une île dans une mer sans glace. L'expédition du capitaine Hall, en 1871-72, en trouva des traces jusqu'à 81° 30' nord. On a de semblables indications sur la côte est du Groënland. En 1823, le capitaine Clavering trouva douze indigènes au cap de Borlase-Warren, par 75° nord ; mais quand le capitaine Koldewey hiverna dans le voisinage, en 1869, il n'en trouva plus aucun, bien qu'il y eût là de nombreuses traces de leur séjour et des moyens nombreux de subsistance. A la baie de Melville, les glaces forment une barrière infranchissable qui empêche les hommes arctiques d'émigrer au sud sur la côte ouest ; et sur la côte est, la rive fermée par les glaces, entre les découvertes de Scoresby et les Iles du Danebrog, empêcherait les hommes vus par Clavering de prendre une direction méridionale. Il y a donc lieu de croire

qu'au temps de la visite de Koldewey, ils avaient
émigré au nord.

Ces considérations mènent à la conclusion qu'il
y a ou qu'il y a eu des habitants dans la région
inexplorée au nord des régions connues du Groënland. Si tel est le cas, l'étude des traits caracté-
ristiques d'une population qui aura vécu pendant
des générations dans un isolement complet aurait
un grand intérêt scientifique.

On peut avec probabilité jeter quelque lumière
sur les migrations mystérieuses de ces tribus septentrionales, dont on trouve des traces dans toute
baie et dans tout cap du triste groupe des Iles de
Parry, et ces migrations peuvent se trouver être les
vagues les plus éloignées de grands événements
accomplis à une grande distance et chez d'autres
races. Bien des circonstances peuvent aider à expliquer l'origine de ces tribus septentrionales encore
inconnues. Ainsi, si elles se servent de l'*iglou* (hutte
en pierre des Esquimaux), on pourra les supposer
parentes des Groënlandais ; des huttes de neige indi-
queront quelque migration des rives de l'Amérique
ou de la Boothia ; et des *yourts* de pierre feraient
croire à une marche de la côte de Sibérie à travers
une région tout à fait inconnue. Le mode de construction des traîneaux serait une autre indication
d'origine, comme aussi la nature des armes, des
vêtements et des ustensiles. L'étude de la langue
d'une tribu longtemps isolée ne serait pas non plus
sans intérêt, et les points de coïncidence ou de di-
vergence de cette langue, comparés aux dialectes du

Groënland, du Labrador, de la Boothia et de la Sibérie, mèneraient à des découvertes particulières et originales. Le Dr Hooker a montré que le problème relatif à la flore arctique ne pouvait être résolu que par l'étude des conditions physiques de latitudes plus élevées que celles qu'on a explorées jusqu'ici. De même, l'explication des énigmes relatives aux migrations de l'homme dans la zone arctique dépend des points de repère qu'on peut trouver dans la condition d'une tribu ou de tribus à l'extrême nord.

Ce sont là des théories ; les résultats acquis par les découvertes polaires les montreraient non pas certainement, mais probablement bien fondées. Mais il y a d'autres recherches qui fourniraient sans aucun doute de précieux résultats pour l'étude de l'homme. Ce seraient des notices préparées avec soin sur les crânes, les traits, la stature, la dimension des membres, l'état intellectuel et moral des individus appartenant à la tribu inconnue et jusque là isolée ; sur leurs idées religieuses, sur leurs superstitions, leurs lois, leur langage, leurs chants et leurs traditions ; sur leurs armes et leur mode de chasse ; et sur leur habileté à se représenter la togographie de la région qui est le théâtre de leurs migrations (1).

____

(1) Le questionnaire remis aux officiers de la nouvelle expédition arctique de l'Angleterre, contient des séries de questions sur ces différents points rédigés par les hommes les plus compétents de l'Institut Anthropologique de Londres, MM. Franks, Beddoe, Lane Fox, Tylor, etc.   (Trad.)

L'état d'une tribu isolée, dépourvue de l'usage du
bois ou des métaux, et n'ayant absolument que des
os et des pierres pour fabriquer ses ustensiles et
ses instruments, est aussi un sujet d'étude relativement à la condition de l'humanité dans l'âge de
pierre de notre globe. Une comparaison soigneuse
d'une semblable tribu et de son industrie, telles que
les décriraient les explorateurs, et l'âge de pierre,
tel qu'on le connaît par le contenu des tumuli, des
grottes, etc., serait probablement de grande importance pour faire avancer l'anthropologie.

Mais les résultats encore inconnus de l'exploration ont aussi leur importance. Si l'on juge par
l'analogie, on peut être sûr que bien des découvertes
des explorateurs polaires seront imprévues et inat-
tendues. Le savant président de la Société Géographique américaine disait bien, en juin 1871, que
nous ne pouvons connaître ni estimer par anticipa-
tion les conséquences qui résulteront d'une connaissance plus exacte de notre globe. « Christophe Co-
lomb, ajouta-t-il, trouva peu de personnes pour
sympathiser avec lui ou pour comprendre l'utilité
de sa tentative à traverser ce désert d'une mer inconnue qui s'étendait au delà du détroit de Gibraltar, pour chercher des terres nouvelles. Et qui peut
maintenant apprécier les innombrables avantages
qui ont résulté de cette aventure ! Et maintenant il
serait possible d'atteindre le Pôle et de faire en ce
point, d'après les rapports qui unissent la terre au
soleil et au système sidéral universel, des observations dont sortiraient les résultats les plus utiles

pour une connaissance plus approfondie de notre propre globe. »

Une expédition de découverte au Pôle Nord par le détroit de Smith produira les résultats scientifiques les plus importants ; elle n'entraîne aucun danger excessif, et coûtera une somme tout à fait insignifiante quand on la compare au prix de ses résultats. Elle méritait pour ces raisons l'appui généreux du public de notre pays, qui a décidé le gouvernement à cette entreprise. Qu'on se rappelle quel prix ont les résultats indirects invariablement acquis dans les voyages de découverte, combien il est important que des officiers de marine, dont le cœur se brise à ne pouvoir trouver un emploi de de leur activité, voient quelques chances de plus s'ouvrir devant eux ; et l'intérêt de ces voyages sera ressenti même par des hommes à qui leur éducation ne permet pas de comprendre leur valeur scientifique. L'esprit d'entreprise, le courage, la patience, la présence d'esprit sont aussi nécessaires pour diriger une expédition arctique que pour affronter un ennemi dans la bataille, à cette différence près, que, dans le premier cas, ces qualités servent seulement à faire avancer la civilisation, à étendre les connaissances humaines et à exciter dans le monde entier sympathie et intérêt. Nous avons pour un temps fini avec les guerres... Il est donc temps pour la vieille Angleterre de prendre de nouveau sa place à l'avant-garde des découvertes arctiques. « — Cette œuvre peut être accomplie, et l'Angleterre compte l'accomplir ! »

CHAPITRE XVI

L'EXPÉDITION ARCTIQUE DE 1875

Mémoires arctiques de l'amiral Sherard Osborn. — Comité
arctique de la Société Géographique de Londres. — Mémorandum du comité arctique. — Députation arctique à
M. Lowe et à M. Goschen. — Réponse peu satisfaisante de
M. Lowe. — Voyage du capitaine A.-H. Markham. — Réunion des comités arctiques. — Mémorandum arctique. —
Lettre peu satisfaisante de M. Gladstone. — Réponse de Sir
Bartle Frere. — Entrevue avec M. Disraëli. — Décision du
gouvernement. — Lettre de M. Disraëli à Sir Henri Rawlinson — Capitaine Nares. — Capitaine A.-H. Markham. —
Officiers de l'expédition. — Les navires. — But de l'expédition. — Paroles d'adieu.

Une expédition arctique vient de quitter l'Angleterre pour atteindre, sinon tous les buts énumérés
dans le précédent chapitre, au moins la plupart
d'entre eux, et entre autres buts pour gagner le Pôle
Nord de notre globe.

Il a fallu dix ans de lutte pour que le public et
la presse d'Angleterre arrivassent à comprendre
assez la question pour que le gouvernement trouvât

politique d'envoyer une expédition navale explorer la région inconnue. Quand Mac Clintock revint dans *le Renard*, tout était mûr pour de nouveaux voyages de découverte, l'œuvre la meilleure et la plus utile à laquelle on puisse employer notre marine en temps de paix ; mais on ne put alors réveiller le vieil esprit d'aventure. Les officiers et les hommes qui avaient mis en pratique et développé le système moderne d'exploration en traîneau, étaient encore dans la force de l'âge, et brûlaient du désir de mettre à profit l'expérience acquise dans la recherche de Franklin, et plus d'un parmi eux sentait qu'un effort devait être fait pour obtenir le renouvellement des découvertes arctiques.

Rarement il y eut réunion plus nombreuse et plus enthousiste aux séances de la Société Géographique de Londres que le 23 janvier 1865, quand Sherard Osborn lut son premier mémoire sur l'exploration des régions du Pôle Nord (1). Dans un chaleureux langage, il fit valoir les solides raisons d'entreprendre des découvertes arctiques, et il expliqua la direction qu'une expédition polaire devait prendre pour encourir le moins de risque et pour rencontrer la plus grande probabilité de succès, la façon dont une semblable expédition devrait être conduite et les résultats scientifiques qui en sortiraient. Mais le temps n'était pas encore venu. Le même effort fut renouvelé en janvier 1872, quand

(1) Voir le Journal de la Société Géographique de Londres, t. XXXVI, p. 279.

Sherard Osborn lut un second mémoire, et alors
on trouva que les efforts faits dans l'intervalle pour
familiariser le public avec l'importance des explorations arctiques n'avaient pas été sans effet. Sherard Osborn fut presque unanimement appuyé par
la presse; et le bureau de la Société Géographique
nomma un comité arctique pour étudier la meilleure route que pourrait prendre une expédition et
les résultats qu'on en pourrait tirer. Le 29 avril 1872,
le président et le bureau adoptèrent à l'unanimité
le rapport du comité, et des réponses encourageantes
furent reçues à la suite de communications adressées
aux Sociétés Royale, Géologique, Linnéenne et
Météorologique d'Écosse, et à l'Institut Anthropologique. Il fut résolu de porter la question devant le
gouvernement, et il fut arrangé qu'une députation,
avec le président Sir Henri Rawlinson en tête,
serait reçue par deux des ministres. En conséquence
M. Lowe et M. Goschen reçurent la députation arctique le 16 décembre 1872, et après quelque conversation, ils la congédièrent avec l'assurance que
la question serait examinée avec soin. Le 1er janvier
1873, Sir Henri Rawlinson reçut du chancelier de
l'échiquier une lettre nullement satisfaisante, dans
laquelle celui-ci refusait d'envoyer une expédition
arctique cette année; alléguant que « le revenu
public avait à supporter le fardeau des dépenses des
opérations confiées au *Challenger*. »

Mais on apercevait maintenant le but. Le sentiment du pays était en faveur du renouvellement des
découvertes arctiques ; l'esprit d'aventure était ré-

veillé et l'on pouvait compter sur un succès final.
Ce n'était plus qu'une question de temps. Au printemps de 1873, le capitaine A. H. Markham, sur l'avis et sous les auspices de l'amiral Sherard Osborn, fit son voyage à la baie de Baffin, comme mesure préliminaire et pour rendre compte du nouveau système de navigation dans la glace auquel a donné lieu l'introduction de la vapeur. En même temps, la Société Royale, sous la présidence de cet illustre botaniste et voyageur aux régions antarctiques, le Dr Hooker, unit ses efforts à ceux de la Société Géographique, sous la présidence de Sir Bartle Frere, et un comité des deux Sociétés fut nommé pour préparer un mémorandum épuisant le sujet, sur les résultats scientifiques à tirer des explorations arctiques, et faisant valoir que ces recherches seraient accomplies avec le plus de succès par une expédition faite sous les auspices du gouvernement, et assurées autant que possible contre un insuccès ou un désastre par une navigation bien dirigée et par une bonne discipline (1). Le comité réuni était formé comme suit :

SOCIÉTÉ ROYALE	SOCIÉTÉ GÉOGRAPHIQUE
Dr J.-D. Hooker, compagnon de l'ordre du Bain, président de la Société.	Amiral Sir Georges Back. Amiral Collinson, compagnon de l'ordre du Bain.
M. George Busk, vice-président.	Amiral Ommaney, compagnon de l'ordre du Bain.

(1) Le texte de ce mémorandum a été reproduit comme appendice à l'ouvrage du capitaine A.-H. Markham : *A Whaling cruise to Baffin's bay*, London, 1874.

M. Prestwich.
Dr Carpenter.
Dr Allmann.
M. Jean Evans.
Général R. Strachey, compagnon de l'ordre de l'Etoile de l'Inde (1).
M. Jacques Fergusson.

Amiral Sir Léopold Mac Clintok.
Amiral Richards, compagnon de l'ordre du Bain.
Amiral Sherard Osborn, compagnon de l'ordre dn Bain.
M. Clements R. Markham, compagnon de l'ordre du Bain.
M. A.-G. Findlay.

Le mémorandum des comités réunis fut soumis par Sir Bartle Frere à M. Gladstone, avec la prière que le premier ministre reçût une députation pour lui expliquer les raisons de renouveler les explorations arctiques, députation qui serait formée par des représentants de la Société Royale, de la Société Géographique, de l'Association Britannique et de la Chambre de commerce de Dundee. Mais on reçut de M. Gladstone le 29 novembre 1873, une autre lettre aussi peu satisfaisante, disant vaguement que les opérations de lever de côtes et autres méritaient davantage l'attention que les recherches de découverte. A cette lettre, Sir Bartle Frere fit une réponse concluante le 6 décembre 1873. Accordant complétement que les moyens mis à la disposition des hydrographes sont bien au-dessous de ce que réclame notre commerce, il déclara ne pouvoir pas comprendre que le fait de négliger le service hydrographique fût une raison de négliger les recherches de découverte, et il fit valoir que le service dans les mers arctiques était une des meilleures écoles pour les marins, et une des rares écoles aujourd'hui

____

(1) Ordre créé par la reine Victoria, en 1861.

ouvertes pour former un parfait marin : il soumettait
à l'examen de M. Gladstone le mémorandum rédigé
par les deux comités et il le priait de nouveau de
recevoir sans tarder la députation. Mais aucune
réponse ne fut faite à cette lettre, et, en février 1874,
le ministère donna sa démission. En mai suivant,
Sir Bartle Frere fut remplacé par Sir Henri Rawlinson comme président de la Société Géographique.

Le 1ᵉʳ août 1874, le Dʳ Hooker, président de la
Société Géographique et l'amiral Sherard Osborn
eurent une entrevue avec M. Disraëli au sujet de
l'envoi d'une expédition arctique en 1875. Ils re-
présentèrent les importants résultats qu'en obtien-
draient la science et le commerce ; les grands avantages de semblables entreprises pour le service
de la marine, et ils lui firent connaître les détails pratiques d'une semblable expédition. Ils produisirent
le mémorandum arctique et d'autres documents. Le
premier ministre leur promit de les lire et d'étudier
la question avec soin de façon à prendre une prompte
décision.

Cette décision reçut l'approbation unanime et
enthousiaste de la nation. Elle était digne du gouvernement d'un grand pays maritime et elle prouve
que ce sentiment n'est pas mort parmi nous qui
menait à l'envoi des précédentes expéditions de
découverte, expéditions si glorieuses dans notre
histoire. Elle fut annoncée dans la lettre suivante
du premier ministre au président de la Société
Géographique :

18.

« 17 novembre 1874.

« Mon cher Sir Henri Rawlinson, le gouvernement a examiné les observations que vous lui avez présentées au nom du Bureau de la Société Géographique, du Bureau de la Société Royale, de l'Association Britannique et d'autres éminents corps scientifiques, en faveur d'une nouvelle expédition sous la direction du gouvernement, pour explorer la région du Pôle Nord ; et j'ai l'honneur de vous informer qu'ayant pesé avec soin les raisons avancées en faveur de cette expédition, les avantages scientifiques qu'elle présente, ses chances de succès, et l'importance d'encourager cet esprit d'entreprise maritime qui a toujours distingué le peuple anglais, le gouvernement a résolu de ne pas perdre de temps pour organiser une expédition telle qu'elle convient au but projeté.

« Je reste votre dévoué,

« B. DISRAELI. »

Ainsi la marine de l'Angleterre reprendra son œuvre si légitime en temps de paix pour ajouter aux exploits arctiques des anciens jours, en rivalisant avec ces illustrations de notre marine qui se sont acquis une renommée immortelle dans les mers septentrionales.

Le Comité arctique nommé par les Lords de l'Amirauté pour les éclairer sur tous les détails relatifs à l'expédition, fut composé de l'amiral Richards, de l'amiral Sir Léopold Mac Clintock et de l'amiral Sherard Osborn.

Le premier point et le plus important était le choix des officiers. On choisit pour chef de l'expédition le capitaine Nares. Cet officier distingué était enseigne à bord du *Résolu* dans l'expédition arctique de 1852-1854, où il se mêla d'une manière active des amusements d'hiver, et où il prit une vaillante part aux voyages en traîneaux. Il joua même dans les pièces de théâtre du bord, et fit aux matelots une série de conférences sur les vents et sur les lois de la mécanique. Dans le voyage en traîneau, à l'automne de 1852, il fut absent vingt-cinq jours et parcourut 134 milles. Au printemps de 1853, il fut l'auxiliaire du lieutenant Mecham (1) et parcourut 665 milles en soixante-neuf jours. En 1854, il partit par le froid intense de mars et fit 584 milles en cinquante-six jours. Il a ainsi acquis une grande expérience et il sera le chaînon qui réunira à l'ancienne la présente génération d'officiers arctiques. Après avoir servi au Pôle, M. Nares fut premier lieutenant de *la Britannia*, vaisseau-école pour les cadets de la marine. Il a publié un ouvrage estimé sur l'art nautique. Il a commandé *la Salamandre*, navire employé à lever la côte est de l'Australie et les détroits de Torrès, en 1866 et 1867, et après cela il fit le lever du golfe de Suez dans *le Shearwater*. De 1872 à 1874 il commanda *le Challenger* pendant son importante expédition scientifique, navire dont

(1) Voir plus haut, p. 186.

les opérations ont tant ajouté à notre connaissance des températures et des courants de l'Océan. Le capitaine Nares est revenu de Hong-Kong en Angleterre en janvier 1875 pour prendre le commandement de l'expédition arctique.

Le capitaine H.-F. Stephenson, qui servait dans le yacht royal avant d'être promu capitaine, commande le second navire.

Le capitaine Albert H. Markham commande en second le premier navire. Cet officier, entré dans la marine en 1856, a servi huit ans en Chine, où il a pris part à plusieurs actions militaires, et il a été promu en 1862 pour sa vaillante conduite à la prise d'une jonque de pirates. De 1864 à 1867, il fut lieutenant à bord du vaisseau-pavillon de la Méditerranée *la Victoria*, et de 1868 à 1871, premier lieutenant de *la Blanche*, navire de la station d'Australie. En 1871-1872 il commanda le sloop à vapeur *le Rosario*, pendant une croisière à Santa-Cruz et aux Nouvelles-Hébrides, où il fut envoyé pour examiner les cas de *kidnapping* (vol d'hommes), qui s'y étaient accomplis, et sur les meurtres commis par les indigènes. Il remplit avec tact et jugement cette tâche difficile, et après un court service comme premier lieutenant du vaisseau-école *l'Ariane*, il fut promu au grade de capitaine de frégate (1) le 30 novembre 1872. Cette année il entreprit un voyage à la baie de Baffin et

(1) C'est ainsi que nous traduisons le titre à peu près correspondant de la hiérarchie de la marine anglaise : *Commander*.   (TRAD.).

à la crique du Prince-Régent, pour acquérir la pratique de la navigation dans la glace, et le livre qu'il publia à ce sujet : *Une croisière baleinière dans la baie de Baffin*, contient les détails les plus récents sur les opérations de la flotte baleinière (1). Le capitaine Markham a servi à bord du *Sultan* dans la flotte de la Manche, d'octobre 1873 à décembre 1874, et il a été attaché à l'expédition arctique le 8 décembre 1874.

Outre le capitaine et son second M. Markham, il y a quatre lieutenants dans le premier navire, celui qui doit s'avancer le plus loin. L'un d'entre eux est le lieutenant Pelham Aldrich, promu à ce grade en septembre 1864, et qui, depuis 1872, a servi comme premier lieutenant du *Challenger*. Les autres officiers qui servent dans l'expédition sont les lieutenants Beaumont, Giffard, Parr, May, Archer, Rawson et Fulford, avec les sous-lieutenants Egerton et Conybeare. Le corps médical se compose du Dr Colan, qui a servi avec distinction dans la dernière expédition sur la Côte-d'Or (contre les Achantis), et du Dr Moss, récemment chargé de l'hôpital esquimau à l'Ile de Vancouver. Un officier payeur prend part à l'expédition, M. Mitchell, à bord de *la Découverte*, et il est en même temps photographe ; les mécaniciens sont MM. Wootton, White, Cartwell et Miller. Outre le corps médical il y a un naturaliste dans chaque navire. Chaque officier se charge

(1) Il contient aussi le mémorandum des résultats scientifiques à tirer des expéditions arctiques.

de quelqu'un des buts spéciaux de l'expédition, et aucune peine n'est épargnée pour assurer d'heureux résultats. A l'exception de trois *quartiers-maîtres de la glace*, choisis parmi les marins les plus expérimentés de la pêche baleinière, ses équipages se composent d'hommes de la marine de l'État. Un Danois, interprète et conducteur de chiens, du nom de Neil-Christian Petersen, qui, en 1860, a été en haut du détroit de Smith avec le Dr Hayes et qui était depuis tonnelier à Upernavik, a été engagé et enrôlé pour faire partie de l'expédition. L'équipage total de chaque navire se compose d'environ 60 officiers et matelots.

Les navires de l'exploration ont été choisis avec soin. Le premier est *l'Alerte*, sloop à vapeur de 1,045 tonneaux (751 d'après l'ancien système de tonnage) et de la force de 381 chevaux (180 ancien système de mesure). Il a été examiné avec soin et fortifié pour ses rencontres avec la glace et on l'a pourvu de nouvelles machines et de nouvelles chaudières. L'autre navire est *le Limier* (Bloodhound), beau steamer construit il y a deux ans pour la pêche baleinière, par MM. Stephen de Dundee et acheté par l'Amirauté. Il a aussi été examiné à Portsmouth et fortifié en vue de son voyage d'exploration. On l'a rebaptisé du nom de *la Découverte*; c'est le nom du petit navire avec lequel Baffin découvrit le détroit de Smith. *La Découverte* a 160 pieds de long avec une largeur de 29 pieds et 18 pieds de profondeur; son tonnage est de 854 (579 ancien système).

Faisant voile au printemps de 1875 avec des

provisions pour trois ans, l'expédition remonte le détroit de Smith pour gagner le théâtre de ses futurs exploits.

Dans le chapitre précédent nous avons énuméré quelques-uns des résultats qu'assurent la découverte et l'examen de l'aire inconnue. Ce sont ces résultats, et non le fait d'atteindre un point particulier de la surface de la terre, qui sont l'objet principal de l'expédition. Le Pôle Nord est seulement un point où l'altitude du soleil est égale à sa déclinaison, et où des positions ne peuvent se prendre qu'en se référant au temps et non à l'aimant. Il sera certainement atteint au cours de l'exploration, et le fait de s'y tenir est quelque chose qui saisit même l'imagination de personnes ignorantes et sans culture. Mais ce ne sera pas le seul ni même le principal résultat de l'expédition. Les objets qu'on se propose sont la découverte des conditions respectives de la terre et de la mer dans l'aire inconnue, et l'examen de tous les phénomènes, intéressant toutes les branches des sciences, qui se produisent dans cette région. Ces résultats ne peuvent s'obtenir qu'en affrontant des difficultés, des misères et des dangers d'un caractère exceptionnel; mais l'importance des faits que ces résultats ajouteront à la souche des connaissances humaines est une ample récompense.

Le seuil de la région inconnue sera résolument traversé par les compatriotes de ces explorateurs qui découvrirent le passage du nord-ouest, qui atteignirent la plus haute latitude jusqu'ici atteinte, et qui ont battu pour des milliers de milles la lisière de l'aire inconnue. La tradition des aventures polaires de l'Angleterre sera ainsi continuée, et cette œuvre généreuse sera menée plus loin par une autre génération avec les avantages que lui donneront l'expérience accumulée de ses prédécesseurs, les nouvelles inventions et les nouveaux progrès dans l'équipement et l'approvisionnement des navires. L'Angleterre applaudit, en les suivant des yeux, aux efforts de cette chevaleresque avant-garde, pendant qu'affrontant ces obstacles, que des Anglais aiment à combattre et à vaincre, nos explorateurs se frayent vaillamment un passage à travers les abords de la région inconnue. Que Dieu protége leurs courageux efforts !

POST-SCRIPTUM DU TRADUCTEUR

———— —

Notre œuvre ne serait pas complète si nous ne racontions les débuts de la nouvelle campagne arctique d'après les nouvelles qui sont déjà arrivées en Europe. M. Cléments R. Markham sera encore ici notre guide, car il a accompagné l'expédition jusqu'à Disco à bord de *l'Alerte* et il a raconté sa traversée dans un article de sa Revue géographique (n° d'octobre).

L'Alerte et *la Découverte* quittèrent Portsmouth le 29 mai, (jour anniversaire de la naissance de la reine Victoria), suivis du *Valeureux;* ce dernier navire étant chargé d'un supplément de charbon et de provisions qu'on devait transborder à Godhavn dans les navires d'exploration. Ceux-ci n'en étaient pas moins déjà lourdement chargés, car ils emportaient trois ans de provisions et de charbon, et il y a moins de place libre dans les steamers à cause de l'emplacement nécessaire à la machine. Le poids des provisions à bord de *l'Alerte* était de 136 tonnes (1),

(1) La tonne vaut 1015 kilogrammes.

outre 178 tonnes de charbon. *La Découverte* en avait
à peu près autant, les deux navires étant à peu près
de même dimension.

La traversée de l'Atlantique se fit par un mauvais
temps que leur lourd chargement rendit encore
plus sensible à nos navires. C'est le 11 juin, que le
vent du nord-ouest se mit à souffler avec violence,
entrecoupé de furieuses rafales. La tempête, dès le
début, sépara *le Valeureux* des autres navires. Le 13,
la Découverte se sépara de *l'Alerte*. Enfin le 27, après
une succession de gros temps, *l'Alerte* se trouva à
l'ouest du cap Farewell, se dirigeant sur le cap de
la Désolation sur la côte ouest du Groënland. C'est
le 27 juin, que *l'Alerte* vit pour la première fois la
glace, spectacle nouveau pour une partie de l'équipage. Le 28, *le Valeureux* fut en vue, et les deux
navires remontèrent la côte du Groënland. Le 29,
l'Alerte traversa un courant de puissants glaçons,
quelques-uns long de 2 à 300 mètres, d'autres
fragments de *hummocks* hauts de 30 à 40 pieds, et il
en reçut plusieurs chocs violents. Dans la nuit de ce
jour il eut à supporter un nouvel ouragan. La mer
se troubla et de hautes vagues perpendiculaires tombant sur le navire le firent rouler panne sur panne,
et lui firent embarquer des lames par l'arrière et
par l'avant. Une lame terrible tomba dans la grande
chambre et plusieurs voies d'eau se déclarèrent au
pont supérieur. Le 1er juillet, on aperçut *la Découverte* qui avait eu le même temps. La longue succession des gros temps avait fortement éprouvé le
gréement des deux navires et laissé de sérieuses

traces. Deux baleinières de valeur avaient été défoncées et démolies, une sur chaque navire, et il y avait encore d'autres dégâts à bord des navires.

Après le 1er juillet, *l'Alerte* et *la Découverte* remontèrent la côte de conserve, dépassant Sukkerton le 3 ; Holsteinborg et ses dangereux récifs le 4 ; les *icebergs* échoués au large de Rifkoll le 5. Le matin du 6, *l'Alerte* et *la Découverte* jetèrent l'ancre dans le port de Godhavn ou Leively, à l'extrémité sud-ouest de l'île de Disco, où *le Valeureux* était déjà arrivé le 4. Godhavn est le principal établissement danois au Groënland septentrional.

Un court séjour à Godhavn permit aux officiers et aux savants de l'expédition, de se familiariser avec la géologie, la flore et la faune des régions arctiques. Ainsi les officiers recueillirent plus des deux tiers des deux cent six espèces qui forment la flore du Groënland arctique; sur les hauteurs des environs de Godhavn, on trouva une grande quantité de cette curieuse poussière d'origine encore obscure qu'on appelle de la neige rouge (1). Plusieurs officiers s'occupèrent d'observations magnétiques ; le capitaine Nares fixa la position de Godhavn. On employa surtout ce temps, du 6 au 15 juillet, à transborder sur les navires d'exploration les provisions et le charbon du *Valeureux*. *L'Alerte* avait à bord, quand il quitta l'Angleterre, 178 tonnes de charbon, mais

(1) On a déjà, en France, recueilli de la neige rouge à Versailles, à Lille, et plus particulièrement dans les Pyrénées. Ce curieux phénomène peut expliquer le prodige des *pluies de sang* dont parlent plusieurs écrivains de l'antiquité.

il en avait dépensé 44. Il en reçut 66 du *Valeureux*, ce qui lui fit un total de 200 tonnes. Sur ce total, 114 tonnes sont du charbon destiné à la machine, quantité suffisante pour vingt-neuf jours de navigation à vapeur. Le reste, 86 tonnes, est pour la cuisine et le chauffage. *L'Alerte* reçut aussi du *Valeureux* un supplément de provisions. Il reçut beaucoup de gréement, et deux embarcations, une baleinière à quatre avirons et un petit canot, sans parler d'une petite embarcation en toile. — *La Découverte* qui, dans la tempête, avait éprouvé à peu près les mêmes dommages que *l'Alerte*, reçut également du *Valeureux* du gréement et des provisions. — En outre, *l'Alerte* embarqua vingt-quatre chiens à Godhavn, et un Esquimau pour les conduire.

Le 15 juillet, l'expédition quitta Godhavn pour remonter la baie de Disco jusqu'à Ritenbenk et de là descendit le détroit de Waygat. A Ritenbenk *la Découverte* embarqua vingt chiens. Le Danois Neil Christian Petersen qui a fait partie de l'expédition du Dr Hayes en 1860-61, est à bord de l'expédition. On devait essayer d'enrôler, comme conducteur de chiens, à Proven, l'Esquimau Hans qui a fait partie des trois expéditions américaines dans le détroit de Smith. Le 17 juillet, à Ritenbenk, *le Valeureux* se sépara des deux navires d'exploration, prenant M. Markham à son bord, et revint en Angleterre. Il rapportait le premier rapport du capitaine Nares sur l'expédition, rapport qui fut lu dans la séance du 31 août, de l'Association Britannique pour l'avancement des sciences.

Dix jours après, M. Nares laissait aux îles Carey, dans l'Eau du Nord de la baie de Baffin, un message sous un *cairn* ou pyramide de pierre. *La Pandore*, capitaine Allen Young, l'y a trouvé et apporté en Angleterre. Ce sont les dernières nouvelles de l'expédition.

A bord de *l'Alerte*, aux îles Carey,
3 h. après midi, 27 juillet 1875.

« *L'Alerte* et *la Découverte* sont arrivés à minuit et
« repartiront à six heures du matin pour le détroit
« de Smith, après avoir laissé ici un dépôt de
« provisions et un bateau.

« Nous avons quitté Upernivik dans la soirée du
« 22 de ce mois et les Iles Brown dans la soirée
« du 23.

« Passant à travers la glace pendant un calme,
« nous sommes arrivés au cap York le 25 courant.

« La saison est très-ouverte et nous avons toute
« perspective d'atteindre une haute latitude.

« Tout le monde va bien à bord des deux bâti-
« ments.

« G. S. NARES, capitaine,
« commandant de l'expédition. »

Il est permis d'espérer que l'expédition a pu hiverner par une haute latitude : sa tâche ultérieure sera par là rendue plus aisée et plus fructueuse.

TABLE ALPHABÉTIQUE

A

Aarstrœm (Capitaine), son voyage avec Tobiesen, 91.

Abel (Ile) (île de Wiche), 93.

Adams (Capitaine W.), du baleinier l'*Arctique*, 149, 151, 154, 156.

Advance, voir *Avance*.

Æolus, voir *Éole*.

Agrippeur (L') (*Griper*), navire du capitaine Clavering, 71, 119.

Albert (Voyage d'hiver de l') pour secourir les équipages pris dans la glace au Spitzberg, 99.

Aléoutiennes (Iles), 201.

Alerte (L'), navire de la marine britannique, choisi pour un des deux navires de l'expédition arctique de 1875, 322.

Alexandre (L'), navire du capitaine Ross, 139.

Alexandre (cap), dans le détroit de Smith, 140, 142, 166, 171.

Alfred (Le roi) raconte l'histoire de la première expédition arctique, 4.

Allemandes (Expéditions) au Spitzberg, 86 ; à la côte orientale du Groënland, 123, 127.

Altmann, capitaine norvégien, découvre de nouveau la Terre de Wiche, 92.

Américaine (Expédition), *voir* Kanes, Hayes, Hall.

Américaine (La Société géographique) reçoit le capitaine Hall, 171.

Amérique (l') découverte par les Normands, 113.

Amirauté anglaise (Première expédition envoyée par l'), 34 ; seconde, 66 ; troisième, 69 ; envoie Parry pour atteindre le Pôle, 77.

Amirauté (Crique de l'), (*Admiralty Inlet*) explorée par des baleiniers, 151.

Amsterdam (Ile d') (Spitzberg), 41.

Amsterdam (Recherches arctiques protégées par les marchands d'), 9, 11.

Anadyr (Golfe d'), 200.

Anglais (Pêcherie baleinières des), *voir* Baleinière (Pêcherie).

Anjou, amiral russe, voit de l'eau libre, 18 ; ses expéditions, 202, 203 ; ses exploits, 215.

Anthropologie, *voir* Ethnologiques (Résultats).

Arkhangel (Burrough arrive à), 61 ; trafic des Hollandais avec — 9 ; navires de découvertes arctiques construits à —, 65 ; les Russes font voile d'Arkhangel le long de la côte de Sibérie, 198.

Arctique (L'), baleinier, 149 ; fait voile de Dundee, 151 ; sa perte, 155.

Arctiques (Comités), 315.

Arctique (Entrevue de la députa-

C

19.

D

E

H

TABLE DES MATIÈRES

CHAPITRE PREMIER

LES PIONNIERS DES DÉCOUVERTES POLAIRES

CHAPITRE II

GUILLAUME BARENTS

20

CHAPITRE III

HENRI HUDSON

CHAPITRE IV

VOYAGES DES BALEINIERS ANGLAIS ET HOLLANDAIS
DANS LES MERS DU SPITZBERG

CHAPITRE V

LA ROUTE DU SPITZBERG

CHAPITRE VI

LA ROUTE DU SPITZBERG (*Suite.*)

CHAPITRE VII

LA CÔTE ORIENTALE DU GROENLAND

CHAPITRE VIII

LA BAIE DE BAFFIN ET LE PASSAGE PAR LA GLACE DU MILIEU

CHAPITRE XIV

LA MEILLEURE ROUTE POUR UNE EXPLORATION ARCTIQUE

CHAPITRE XV

RÉSULTAT D'UNE EXPÉDITION ARCTIQUE

CHAPITRE XVI

L'EXPÉDITION ARCTIQUE DE 1875

POST-SCRIPTUM DU TRADUCTEUR.

FIN DE LA TABLE

ERRATA

Page 20, ligne 22, *au lieu de :* inférieur — *lire :* inférieure

Page, 24, ligne 19, *au lieu de :* méridien — *lire :* cadran

Page 26, ligne 4 du sommaire, *au lieu de :* H. Hudson — *lire :* M⁰ Hudson

Page 36, ligne 13, au lieu de : *le Bon-Espoir* — lire : *le Bon-Succès*

Page 38, ligne 10, *au lieu de :* dans les méridiens — *lire :* sur les méridiens

Page 40, ligne 3, *au lieu de :* 69ᵉ nord — *lire :* 79° nord

— ligne 12, *au lieu de :* découverture — *lire :* découverte

Page 49, ligne 4 de la note, *au lieu de :* Jhisp — *lire :* Weesp

Page 53, ligne 1 de la note, *au lieu de :* Dickszoon — *lire :* Dirkszoon

Page 53, ligne 2 de la note, *au lieu de :* Krimpen — *lire :* Kampen

Page 55, ligne 22, *au lieu de :* 81° 30' — *lire :* 86° 30'

Page 65, ligne 16, mettre une parenthèse après *débarquées)*

Page 81, ligne 14, au lieu de : *yutchsmen* — lire : *yachtsmen*

Page 87, ligne 25, — — — —

— n. 2, *au lieu de :* Nordpolarmer — *lire :* Nordpolarmeer

Page 93, lignes 10-11, *au lieu de :* Tordenkiold — *lire :* Tordenskiœld

Page 116, ligne 11, *au lieu de :* Frosbiher — *lire :* Frobisher

Page 118, ligne 28, *au lieu de :* Nurgalik — *lire :* Nugarlik

Page 124, ligne 12, *au lieu de :* le 17 juin — *lire :* le 14 juin

Page 127, ligne 17, *au lieu de :* janvier — *lire :* septembre

Page 144, lignes 3-4, *au lieu de :* Melleville — *lire :* Melville

— ligne 13, *au lieu de :* des scènes — *lire :* la scène

Page 145, ligne 3, *au lieu de :* d'émeraudes et des saphirs — *lire :* d'émeraude et de saphir.

Page 149, ligne 2, *au lieu de :* eau de baleine — *lire :* os de baleine

Page 154, ligne 29, *au lieu de :* balcine — *lire :* baleines

Page 174, ligne 7, *au lieu de :* harponeur — *lire :* harponneur

Page 175, ligne 23, *au lieu de :* septentrional — *lire :* le plus septentrional

Page 177, ligne 23, *au lieu de :* Buldington — *lire :* Buddington

Page 210, ligne 12, *au lieu de :* Kellet — *lire :* Kellett

Page 234, ligne 22, *au lieu de :* précédent — *lire :* précédents

— ligne 27, *au lieu de :* hrasses — *lire :* brasses

Page 256, ligne 22, *au lieu de :* vissé — *lire :* laissé t.

Page 2 6, ligne 6, *au lieu de :* pouvait — *lire :* pouvaient

Page 268, rétablir ainsi la fin de la dernière ligne : nord, le point

Page 284, ligne 26, *au lieu de :* dans — *lire :* pour

Page 289, ligne 1, *au lieu de :* la science géographique. — *lire :* la science hydrographique

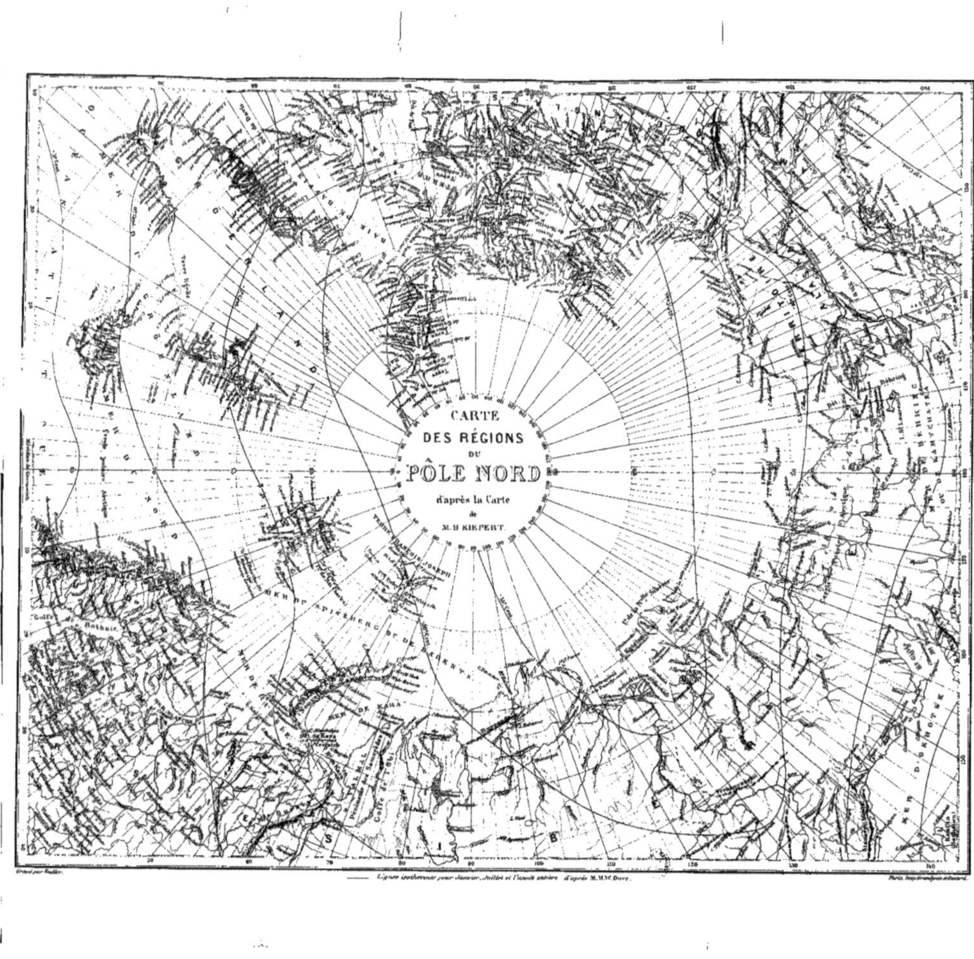

CARTE
DES RÉGIONS
DU
PÔLE NORD
d'après la Carte
de
M. H. KIEPERT.